北京口述历史

北京口述历史

学院路上

——口述中的北航

胡懋仁 著

北京出版集团公司
北京出版社

图书在版编目（CIP）数据

学院路上：口述中的北航／胡懋仁著. —北京：北京出版社，2014. 10
（北京口述历史）
ISBN 978－7－200－10928－3

Ⅰ. ①学… Ⅱ. ①胡… Ⅲ. ①北京航空航天大学—校史—史料 Ⅳ. ①G649. 281

中国版本图书馆 CIP 数据核字(2014)第 199756 号

北京口述历史
学院路上——口述中的北航
XUEYUAN LU SHANG——KOUSHU ZHONG DE BEIHANG
胡懋仁 著
*
北京出版集团公司
北京出版社 出版
（北京北三环中路 6 号）
邮政编码：100120
网 址：www. bph. com. cn
北京出版集团公司总发行
新华书店经销
鸿博昊天科技有限公司印刷
*
787 毫米×1092 毫米 16 开本 18. 75 印张 300 千字
2014 年 10 月第 1 版 2014 年 10 月第 1 次印刷
ISBN 978－7－200－10928－3
定价：58. 00 元
质量监督电话：010－58572393

主编的话

定宜庄

这套《北京口述历史》是由北京出版集团与我，以及几位年轻同人共同策划的。我们的宗旨，是希望用口述历史的方式，为北京这个城市独一无二的历史文化，以及它所经历的这百余年的变迁，尽我们所能地，留下一些记录，哪怕只是些断片和残影。

北京作为一个数百年的“京城”，一个大国的首都，研究和介绍它的各种学术著作和其他出版物，乃至描述它的故事的文学作品和民间传说，早已经是汗牛充栋。而我们这个口述系列与其他诸多作品的不同，就在于这是以北京人自己的口，来讲述的他们在这座城市所亲历的生活、感受，以及对祖先记忆的一套丛书。我们试图以这样一种具有学术规范的访谈方式，让北京人自己说话，自己来展现他们的性格与待人处事的特点，反之也通过他们，来深入具体地观察北京这个城市和它的历史。

之所以选择这样一个角度，是因为北京的文化，与其他任何“文化”一样，它的载体都是“人”。无论这种文化的历史多么悠久、多么辉煌灿烂，一旦承载着这种文化的“人”逝去，那些名胜古迹、琼楼玉宇、风味美食、时尚服饰，便都成为徒具形式的空壳而再无灵魂。而“人”的变化和消失，又远远比“物”更为迅速，尤其是在如今这个因“城市化”而使旧的一切都急剧消失的时刻。

如今是个“大家来做口述史”的时代，口述史的重要性已经被越来越多的人们认知，以口述的方式记录各种事件、各种人物的做法正在遍地开花。但即便如此，像我们这套系列所提出的主题之厚重和想要完成的规模之宏大，在以往国内口述史中还不多见，这对我们来说也是一场挑战，正是出于对北京城的感情和对抢救它的文化的急切，我们这套丛书的所有作者和编辑才会走到一起，才情愿以我们艰苦的努力和探索，来完成我们共同的心愿。至于这个尝试能否达到预期效果，还需读者的检验。

这套丛书既然做的是北京人的口述历史，就有必要先将何为“北京人”交代一下。

首先是时间的断限。如今北京居民中的大多数都是在清朝覆亡之后陆陆续续从全国各地涌入的，据1937年的人口统计，民国之初北京人口不足百万。民国四年（1915年）将京城四郊划入，人口增至120万。迄至1937年，北京人口为150万人左右。到1949年，常住人口达到420万。此后一直持续增长，到1990年就已经突破千万。到2009年，则已经突破了3000万。尽管这3000万人口毫无疑问地都是今天的北京人，但如果我们将这么庞大的人群都划在我们的口述访谈之内，范围就未免太大了。

本来，我们拟将寻访的“北京人”限定在1949年以前来京的420万人口之内。但在实际操作过程中，却发现在20世纪50年代初期那个新旧政权交替、新的政治制度和社会生活开始创立并生长的时代，有着更为生动丰富的内容，并对北京的今天仍然产生着重大的、持续的影响，将这一切记录下来，也许比此前的某些内容更有意义。而亲身经历过这个时期并且能够述说的人，如果以当时18岁计算，到如今六十余年，也都已经80岁有余，也就是说，如果再不抓紧记录，不出几年，对这段历史的所有记忆也都会迅速消逝。所以，我们不得不将寻访的北京人的时间断限再延后五年左右，也就是将20世纪50年代初期进入北京的人也包括在内，并将这一特定时期的历史，也与老北京一样，作为我们进行访谈的重要目标之一。

其次，是北京所辖区域的界限。民国以来，北京的行政区划变动频繁复杂，总的趋势是城市不断扩大，四周的区县被不断划入城市之中。简要地说，民国十九年（1930年）北京被降为北平特别市，管辖区域包括内城六区、外城五区和东西南北四个郊区；1945年以后作出调整，为内城七区、外城五区和八个郊区。直到1949年，这种“内七、外五、郊八”的区级区划仍然保持着。1949年以后，北京的行政区划又经历了多次的大调整，其中变动最大的一次在1958年，当年3月将河北省通县专区所属通县、顺义、大兴、良乡、房山等五县及通州市划入北京市。撤销通县和通州市，合并设立通州区；撤销良乡、房山二区，合并设立周口店区；撤销大兴县，改为大兴区；撤销南苑区，划归朝阳区、丰台区和大兴区；撤销顺义县，改为顺义区。同年10月又将河北省所属怀柔、密云、平谷、延庆四县划入北京市。到1958年底，北京市下辖13个市辖区、4个县。以后又经过撤区设县、撤县设区等反复调整，到2010年为止，北京共有14区2县，[①] 我们相信，北京市辖区的范围还在继续拓展中而远未停止。

我们决定将访谈的“北京人”范围扩展到郊区包括远郊区县，是出于这样几个考虑：

第一，清朝时的北京，是皇室与八旗官兵居住的重地，不仅驻扎在京郊与京师周边的八旗营房的官兵与京城内的旗人属于同一整体，是京师八旗中不可分割的组成部分，而且为皇室供应粮草和各种生活必需品的八旗庄园，也都主要分布在京郊各地，他们被纳入专为皇室而设的机构——内务府的名册之内，其生活方式乃至心态，都与皇室、与京城有着千丝万缕的联系而不同于一般以务农为生的农民。所以，当我们将清代京师旗人的生活形态纳入我们的访谈重点时，也不得不将这些人包括

① 北京具体的行政区划为：①首都功能核心区：东城区、西城区（相当于过去的城区）；②城市功能拓展区：海淀区、朝阳区、丰台区、石景山区（相当于过去的近郊区）；③城市发展新区：通州区、顺义区、房山区、大兴区、昌平区；④生态涵养发展区：怀柔区、平谷区、门头沟区、密云县、延庆县。（③与④相当于过去的远郊区。）

在内。

再者，如今城市改建拆迁规模空前，人口流动异常活跃，大量世代居住于城内的老北京人已经迁居在郊区甚至远郊区的居民小区之中，城市与郊区的区别已经越来越不明显。事实上，这种变化早在1949年之后即已开始，尤其是城墙被拆除、大量郊区县被划入北京市之后。老北京胡同的生活既然已经成为越来越久远的记忆，我们对北京人生活的寻访，也无法仅仅局限于胡同之间。

当然，即使我们将口述访谈的时间和地域范围都予以扩大，还是尽量以1949年以前生活在四九城之内的北京人为重点。从时间上说，我们希望被访者年龄越大、记忆的年代越久远越好；而从地域上说，即使访谈的范围扩展到京郊，我们寻访的，主要也还是那些依赖京城为生、而非以务农为主的人们，我们想要展示的，主要还是城郊与城市之间存在的相互依存、难以割舍的关系，因为这也是北京城的一个显著特征。

正如人们都知道的那样，虽然口述史目前正处于方兴未艾的阶段，但作为一个学科，至少在中国还尚不成熟，有关它的理论、实践与整理等各方面的探索都还在进行之中，口述史究竟应该如何来做，也就没有一定之规。正因为如此，我们这套口述史系列强调的，是无论从题材和风格上都能够不拘一格，能够根据参与者的学科所长和特定条件，来进行多学科、多角度的尝试。譬如将口述史的访谈与人类学的田野作业结合，或者以口述与史家所擅长的考证与检索文献相参照，等等。从题材上，可以是一个人的传记，也可以是一个人群、一个家族的记忆，还可以是一个店铺、一所学校的历史。总之，能够通过我们的工作，为北京这个城市的历史和文化开拓更多的研究视角与领域，是我们努力的方向。

目　录

序

在北京城西北的三环与四环之间，有一条“学院路”，从20世纪五六十年代过来的人应该还记得，它之所以得名，是源于当时赫赫有名的“八大学院”，而这“八大学院”的建立，则是新政权建立之后，对全国各高等院校实行“院系调整”中的一项重大举措。

1952年，中央人民政府效法苏联模式，在北京的西北郊建设了“学院区”，从当时北京大学、清华大学、燕京大学、辅仁大学院系中，按专业设置拆拼并重新组合成立了八个专业理工科高校，即北京地质学院、北京矿业学院、北京钢铁工业学院、北京航空学院、北京石油学院、北京农业机械化学院、北京林学院和北京医学院。“八大学院”之名由此产生。这八所学院，于当年（1952年）暑期就正式招生开学，可见当时的办事效率。

八大学院在学科上各有侧重，包括了农、林、地质、矿业、钢铁、医学、石油、航天等几乎所有重要部门，在新中国成立之初成为中国工业经济起飞的摇篮，从这里诞生的科学家、知名学者和劳动模范无数。它们的建立，使昔日北京城的文化教育面貌发生了决定性的变化，也对此后北京的文化事业和高等教育格局，产生了重大而深远的影响。

正因为如此，要了解北京60年来的发展史，八大学院不可不提，而北京航空学院，也就是今天的北京航空航天大学，正是八大学院中的一所。也是历经沧桑，当一些学院已经迁出、改建之后，却仍然留在原地的一个。这便是我们决定将这部学校的口述史，纳入“北京口述历史”系列的原因。

北京航空航天大学，简称“北航”，是新中国第一所航空航天高等学府，是由当时的清华大学、北洋大学、厦门大学、四川大学等八所院校的航空系合并组建、在中国航空航天事业中的地位不言而喻。但这部口述史却并不等同于一般的校史，而是通过14位被访人之口，以他们个人的经历、感受为主，讲述这个学校的历史，以及他们在这里工作的体会。而作者所访谈的人，包括了院士、教授、知名学者，以及年轻教师和职工等不同的层面，这既符合了我们的口述史要让“不掌握话语权的”人说话的宗旨，也使这部口述史，呈现出多角度、多层次的特点，这是用其他方式记述校史所难以达到的。

航空航天是专业性极强的学科，而从事口述史实践的学者，大多数是史学、人类学等人文学科出身，既难以与航空界的专业学者对话，也难以进入他们的圈子，这也是口述史的题材更多局限于社会、人文等领域的原因。胡懋仁先生的专业为哲学，尤有兴趣于科学哲学，又在北京航空航天大学读书任教多年，耳濡目染，又有志于口述史的尝试，实属难得。这便是我们将这部从风格、做法和题材上都与我们其他成果有别的口述史纳入这个系列的原因。

丛书主编　定宜庄

前 言

2006年的夏天，中国科协制定了一个研究课题，是关于青年科学家研究环境方面的。当时，中国科协下属的技术哲学学会在北航正在召开年会，自然辩证法研究会的庞薇老师在会场上询问有没有愿意参加这个课题的人。我看到之后，表示有参加的兴趣。

我想，青年科学家的研究环境，还是应该找现在的青年科学家了解。反正让我坐在屋子里瞎编一通，我做不来。为此，我找到当时任我校理学院的党总支书记李卫国教授，请他帮忙。他很热心地给我介绍了几位在理学院工作的青年博士。先后有六七位青年博士接受了我的采访。采访之后，我整理出来，写成文稿。

这些博士主要都是涉足基础领域的，有数学家，也有物理学家，即使在数学领域里，也有太多的分支领域。这些领域对于我，都是极其陌生的。但是在倾听他们讲述的过程中，我听得很有兴趣。从他们的讲述中，我学到了很多东西。这其中不仅包括这些学科领域中的知识，更有他们对这些领域的思考。例如，有位数学家向我介绍了他的一个学生，原来不太喜欢数学，但毕业后在做一个程序设计的工作中，他这个不是计算机专业的学生，却做出了那些计算机专业的人没有做出来的成绩。当然，在这个过程中，他回到学校请教了他的老师。这份成绩让他的公司对他十分重视，不仅提职提薪，而且交给他更为重要的工作任务。这位学生对他的老师说，过去不重视数学实在是太愚蠢了，以后有机会一定要回到母校考数学的研究生。我虽然原来也知道数学的重要性，但通过这位数学家讲述的这个故事，我对数学重要性的印象就更深刻和丰富了。

2006年年底，中国科协要召开关于这个课题的研讨会，我带着这篇文稿参加了。在会上，我介绍了我做的工作，没想到，得到与会者的好评。其实我自己心里很清楚，我只是先做了别人没有来得及做的事，并不是因为我做得有多好。但是，这也激发了我进一步的设想，我想进一步展开我的采访工作。这也受益于我的中学同学、本系列丛书的主编、中国社会科学院历史研究所的定宜庄教授。她一直在做北方民族史的研究工作，特别是她采访16位旗人妇女所做的口述史，我读了之后，非常喜欢，也非常感动。所以，这也促成了我也想做这样的记录口述的工作。

最初，我的心气儿很高，想把我们北航的中科院院士和工程院院士都采访一遍。但在采访了两位院士之后，再找其他的院士，就发现非常困难。一来是他们都很忙，二来是他们接受的采访都太多了，他们不了解我的采访与那些媒体采访的不同。这样，我想采访学校所有院士的期望看来就很难实现。当然，有的人会因此锲而不舍，一定要实现自己的愿望，不达目的决不罢休。我没有那么坚定，我得拐着弯走，于是我把目标从院士转移到学校其他的教职工身上。这些教职工，有教授，也有普通教师，还有实验室工人。在这个采访过程中，我发现，这个丰富的立体的群体，构成了一幅生动而色彩丰富的画面，我一次又一次从他们身上学到很多东西。我觉得我的这个工作做得实在太值了。

当然，在采访中，他们谈到的有他们的经历，有他们的工作和生活，也有对学校工作的意见和批评。我以为，如果是学校方面主持编写的此类口述记录中，这些批评和意见不一定能以它最本真的面貌表现出来。但在我做的记录中，我没有理由掩盖这些直率的意见。虽然有人读了它，会感觉不太舒服，但这都是真实的，而且提出这些意见和批评不过是希望学校的工作能做得更好。所以，我没有权利隐瞒这样的东西。

在接受我的采访之后，当我把记录稿拿给老师们看的时候，有个别老师表示不想公开发表这样的东西。我对此表示尊重他们的意见，虽然这让我觉得非常遗憾。历史就是历史，我们生活在当代的人，有责任把这些东西尽可能完整全面地展示出来。但是，每个人有每个人的想法，他们不愿意公开发表也有他们的理由。这样的遗憾在任何时代都存在，要不然，历史也就不会让人那么着迷了。不过，在我的努力争取之下，也有的老师同意发表了，但条件是只能使用他们的化名。

在做这份采访之初，我主要是想记录老师们对学校的教学、科研都有什么样的想法和做法，以及他们认为应该有哪些改进的方面。但在实际上，这些采访涉及的方面就不是采访者与被采访者控制得了的了。思想天马行空，自由驰骋，一切有关的事物和思想都会自然而然地流动或喷涌出来。我们没有理由去堵塞它们，而这些东西的展现使我们的记录更为精彩，更为生动。

在采访过程中，也有过失误，甚至是重大的过失。有位老师的谈话，十分精彩，但由于记录不全，只留下了很少一部分，非常遗憾，这次就没有办法把他的访谈记录加入本书之中。还有一位老师，访谈记录很完整，但不幸却全部遗失，也实在让人扼腕叹息。这些遗憾，几乎是无法补救的了。也许，任何作品的问世，都会带有不同程度的遗憾，这也许就是宿命吧。

访谈录的排序本来是按照采访时间的先后来排的。后经主编指点，决定将两位院士的访谈放在前面，其余的人按年龄大小顺序排序。这里并没有对非院士的老师们有任何不敬的意思，只是两位院士的采访是最早进行的，如果有年龄相仿的，则按进入北航学习或工作的时间先后为序。主编说，这样也许能把这所学校几十年来的历史进程简略地显现出来。

在此，我感谢那些接受我采访的老师们，也感谢帮助过我完成这个采访和记录任务的朋友们，谢谢你们啦！

作　者

2013 年 6 月

自古有国才有家
——高镇同院士访谈录

采访时间：2007 年 2 月 27 日晚

采访地点：北京航空航天大学院内高镇同先生家里

被采访者：高镇同（以下简称高）

采 访 者：胡懋仁（以下简称胡）

[**访谈者按**] 高先生是我第一个采访的北航教师。因为事先联系过，高先生欣然接受了我的采访。对北航的教师，无论是院士还是讲师，我一般都称老师，但唯独对高先生，我一定要称他为高先生。其实，先生本来就有对老师称呼的意思。但对于我，这个先生的称呼似乎比一般老师的称呼要更有分量一些。

在我认识高先生之前，已经知道高先生的大名了，但对他具体的工作不是很清楚。这次采访，让我进一步了解了高先生工作的一些细节，从而知道高先生的工作，不仅复杂，而且很多大量收集数据的工作也是很枯燥和单调的。另外，高先生捐款奉献爱心的事我也听说过，但具体的情况也是在这次采访之后才有了进一步的了解。特别是他对那些对他做捐款奉献背后的异议坦然处之，安之若素，以及他对这些问题的思考，都让我受益匪浅。

另外，我不太喜欢用慈善来形容高先生的捐款奉献。一般所谓慈善，是指有钱人把他们赚到的利润拿出一小部分来资助贫困群体。这是我对所谓慈善的理解。而高先生绝对算不上有钱人，他捐出的钱也不是他投资所获得的利润，因为他压根儿就没有过投资活动。

他希望在发表这篇采访记录的前面，刊登他个人的简历。现遵高先生之嘱，将他的简历发表如下：

高镇同，1928 年 11 月出生。我国航空领域结构疲劳专家、教育家，北京航空航天大学教授，1991 年当选中国科学院院士。国防科工委专家咨询委员会委员，中国力学学会荣誉会员，中国航空学会资深会员，北京市慈善协会理事。曾任首届亚太地区材料和结构强度会议主席、第四届亚太地区强度评价会议主席，第四届国际疲劳会议技术委员，第二届国际产品研发与可靠性会议名誉主席。

他从教 60 余年，为本科生、研究生、专业进修生、工农兵学员，企业、科研院所的技术人员，中央电视大学等分别讲授过《材料力学》《弹塑性力学》《疲劳统计学》《疲劳强度》《疲劳性能测试》等课程。培养了 40 余名研究生，其中多人已晋升为研究员、教授。3 名学生当选院士。1989 年获国家优秀教学成果奖，并获“全国教育系统劳动模范”称号。2002 年被评为“全国优秀博士学位论文指导教师”。他 40 多年来从事结构疲劳与可靠性研究，在国内外发表论文 80 余篇，主编 6 部专著。2000 年，他主编的《攀登书山另有路》（是科普丛书“科学家爷爷谈科学”之一部）获第十二届中国图书奖。他在 1985 年至 1989 年度撰写的两篇论文被中国金属学会评为优秀论文，还有两篇论文先后在 1990 年、1991 年作为邀请报告在国际学术会议上宣读。他主持研究的 4 项科研成果，分别获国家科技进步一等奖、二等奖、三等奖，1 项获国家自然科学三等奖，9 项获部级成果奖。1990 年被授予“全国高等学校先进科技工作者”称号。1999 年获何梁何利基金科学与技术进步奖。他乐善好施，扶贫济困，2007 年获中华慈善事业突出贡献奖，并被授予“中华慈善人物”称号。

他提出了中国专有的飞机结构寿命预测理论，与厂、所合作建成结构寿命可靠性评定的专家系统，已成功地用于歼击机、强击机、轰炸机、客机、运输机、直升机等 20 多种机型、数千架飞机的定寿和延寿。

经空军主管部门确认，经济效益达数百亿元，为保障部队的战斗力和飞行安全做出重大贡献。他创立了“疲劳统计学”分支学科，提出了一系列疲劳性能测试方法，优于国际上通用方法，已列为航空工业标准（HB/Z112－86）。《国际疲劳学报》主编 James 教授赞赏他对疲劳认知进步的贡献，特别是对可靠性问题的贡献令世人瞩目。

一、科学家与人文精神

胡： 我上次跟咱们理学院的几位老师谈过，觉得收获特别大，有好多东西，非常好的，非常宝贵的东西，我们平时不知道。他们在各自的领域里做的事情，各自领域里的人都知道，但是别人不知道。我是搞哲学的，也愿意研究科技哲学这块儿。前些日子，中国科协有一个课题，是关于青年科学家创新环境研究的。他们别人做这个研究，都是从理论到理论。我不知道青年科学家都在做什么，就想了解青年科学家，就得采访。咱们学校理学院的书记挺帮忙的，我跟他也比较熟，他就介绍了几个他们学院的青年博士，有数学的，有物理的，还有李未①他们实验室的一个博士，就跟他们聊了聊。当时聊的时间都不太长，了解的东西就比较有限。但是我觉得已经有很多收获了。在参加中国科协召开的有关这个课题的讨论会上，我把我的这个采访写成一个调查报告，他们很感兴趣，说你干的这件事不错，因为别的与会者都是纯理论的东西，你这个有点实证的东西。这就给了我很大的鼓舞和启发。我就有一个更大的想法，把咱们北航的院士，这些方方面面的经历、思想、学术上问题的各种考虑，包括对本学科的，也包括对科研的、对教学的这些思考，都是非常好的宝库。我觉得这个宝库绝对不能错过。不光我不能错过，我也想把它推出来，介绍出来，让更多的人了解。

高： 我呢，我就介绍我的教学跟科研方面的，已经写成文了。这是我自己写的，这是学生写的，这是组织部的。这是当时被评为优秀党员

① 李未，北京航空航天大学教授，中国科学院院士，时任北京航空航天大学校长。

时口述的。这是学生采访我的。

胡：这是什么时候的事？

高：2005年。有一个特色，别的都是写我过去的事情。这个学生是写我的人文精神。因为我虽然是搞科技的，但是我觉得人文方面很重要，就是中国的这个人文，中国的文明吧。这么说吧，几千年的历史，蕴含着极其深奥的哲理。它把人类的一些思维活动和行为准则，已经把它写得十分的透彻，甚至现在的人还有所借鉴。国家领导人也好，包括国外，都很尊重中国的文明历史。为什么在美国一个闹市，都有一个孔子园地。在纽约，在中国城附近，有一个园地，一个孔子塑像，从地到房顶这么高吧，好像还不止。没有几个人在美国的大都市里能设立这么一个塑像。我有一个日本朋友，挺有意思，他甚至问我一个问题，他说三人行，必有我师焉，这句话怎么理解？三个人里头，怎么就能有我的老师？他们是从一种机械的思想来考虑问题。我当时的反应就是，他在研究中国的传统文化。他才提出这种问题来问我。第二个呢，他的想法是：三个人里头就有你一个老师，你这个老师也太多了。我说，他那个全文大概是这样子：三人行，必有我师焉，择其善者而从之，其不善者而改之。我说，这三个人里头，总有你的可学之处啊，是吧，他的长处你能够学到，他的短处对你也是个教训。你也从中觉得哪点不对，你也有这种毛病，你也可以改掉。这不就可以作为老师吗？我当时是用英文给他做的介绍，我跟他们日本人交流都是用英文交流，看样子他是听懂了，即使不完全懂，他也点头称赞。他说这个Confucius（孔夫子）说的话是非常正确的。

我接到你给我送的材料，我看了看，我这个教学科研，和一般的老师们，或者再扩大一点，跟社会上的科学家们，很多方面都有共同之处，也没有什么特殊的想法，或者在局部的地方，我侧重某些方面。那么我感到能够代表我现在思想的一种状态，比较特别的，我怎么用中国的古诗形式来表达现代科学的观点，或者对世界的认识。我比较推崇这个人文学院的学生杨立远，他将我的思想活动写成一篇文章《用诗歌诠释人文精神》。我不知道他的这篇文章发表了没有，现在这个学生还在吗？

胡：在。

高：杨立远把我的这种思想都给记录下来了，这里还夹杂着个人的发挥，主要的还是我的一些个想法。他写得挺好。就是说，我用诗歌来诠释人文精神。用诗来表达我的人生观、世界观、价值观。

我觉得我在晚年以后，对人生的一些探讨吧，我回忆我的一生过程中，如何把思想给整理整理。我如果简单地用文字来表达，有的时候还不如用古体诗歌来表达更深刻。你看他这里写的，这黑体字都是我自个儿作的诗。现在我上午血压忽高忽低不稳定，要不我怎么请你晚上来呢，晚上这段血压比较稳定，头脑比较清楚，比较清醒。我现在保持一个清醒的头脑，有个原因，就是我过了70岁以后，我的血压就开始不稳定，后来有人就说，人的左脑主导科学推理、逻辑思维，右脑主导形象思维、文艺创作。我就想，近年来，我搞这个是不是造成我这个结果，也不得而知。我现在看一点书，看一点科研的东西，只要差不多超过半个小时，血压马上就高，即使到晚上也不行。所以，我在晚上这个时间，包括白天也用一点儿时间，我就写诗，来做我的回忆录吧。他阳历年访问我的时候，我正考虑这方面的问题，这是我当前的思维正在活动的主要内容。现在我这几年除了参加一些技术咨询，社会活动之外，我就搞这种写作。等于把这个文艺创作和过去的科学推理、科学研究的一些过程结合在一块儿。这在过去好像认为不应该这么干。作诗的对象都是风花雪月之类的东西，但是我的诗里头不少都是有点儿像是科研治学，用古诗的那种韵律写法。但是我作诗，就这两三年才开始的，没有什么功底。我只本着这么一个精神，就是形式服从内容吧。没有严格遵守古诗的韵律，那东西规矩太多。因为我一查，从李白那儿他就没有严格遵守。真正严格遵守的那个不太多。他们那些大诗人都没严格遵守。所以我也就基本上符合那个韵律，不那么严格。

胡：我有时也干点儿这事，我有时候也写。

高：你也写？

胡：古体诗，现代的诗我都写。我在北航咱们那个网站上转过几首，转上一般都给登出来，在网站上登，没有印出来。

高：那太好了。我这儿还有个学生，叫葛磊，知道吗？

胡：噢，就是那个校报的。

高：对，校报的。他还常常跟我和诗，两个人。登在校报上。你是不是也登在校报上？

胡：我的不是，就登在网站上。

高：贴在网站上。噢，这也不错。

胡：您说这个事，让我想起来了，就是李政道，讲物理学的时候，就让那个谁，有个画家，叫吴冠中的，他就给画了一个，根据李政道说的那么个东西，他画了一幅画儿，就是水墨画，就像那个阴阳两极，但又不是纯粹的那种东西。赶明儿我上网上找找，找出来给您看看。他从画家的角度，对物理学的这个理解，我觉得您这个做诗和科研的结合，倒不是说，跟过去有什么不符合。您这也算是一种创新。

高：对，我想在古诗的神韵中融入新的科学内涵。这是我的一个特色。在我自述的这个文章里头，也是用我的这个特色来表达。你是什么专业，是人文？

胡：哲学。

高：哲学。哟，哲学在你们眼中，科学技术实际上都属于哲学。

胡：对。它反正原来是这样。

高：人文科学、自然科学，实际上都属于哲学部分。

二、科研的艰难历程

胡：现在是这样，咱们国内搞哲学的，它也分成不同的领域，大部分搞哲学原理的，或者搞西方哲学理论的，就比较侧重于那种人文的思考，但是对科学，相对思考得就少一些。另外还有一种领域，就是科学哲学，现在也叫科技哲学，也单分出来什么技术哲学，这些分门别类挺多的。我对科学哲学这块儿比较感兴趣，所以，我和理学院的老师一谈，就觉得有收获。我虽然不是专门研究他们专业的，但是我能明白他说的话。所以我采访咱们院士，也有这个想法，就是说，您涉及专业的问题，没关系，你就尽管说，不用怕我听不懂。我要真不明白，我就问您。基本的东西，要是我能明白，就不用问了。你说到诗歌创作和科研的结合，我就特别想听到具体的，有没有研究具体的想法的时候，或者做一个具体的课题的时候，您的诗歌和您的科研怎么结合起来，我对这个很感兴趣。

高：我这一时没做准备。

胡：没关系。我看您这里有句“拨云见日”，有点关系。

高：对。“疑团困扰20年，数据采集亿万千，一旦思维灵感至，拨云见日现蓝天。”

胡：这都涉及什么具体问题?

高：你看，这疑团困扰了20年，这就说你要认识一个世界，不是说，一下子就能拿到手。我这历程20年，说明经历的时间很长，就为了一个问题，所以，解决一个复杂问题，不是说一天两天的，甚至一年两年才能把这问题解决了。20年，数据采集亿万千，这说明什么呢?这数据采集是来自客观实践，是经过20年的实践。对吧?我有一段对这个的认识，就是通过数据采集，数据代表了客观实践的一个定量性的反映，是吧?我采集了20多亿的数据，这是国内外任何书本上都查不到的。

胡：20多亿呀?

高：对，20多亿的数据。这不是用手工，是计算机做的。我专门有个数据库，采集什么样的数据?就是载荷数据。飞机呀，飞行起来的时候，它随时间变化所受的载荷呀，不是很规则的。看这张图的坐标，纵坐标代表力，受的力，横坐标代表时间，就是它随时间的变化。我研究的问题就是这个。

胡：那它这个没有规律，没法弄出一个函数式啊。

高：没法弄成函数式，没法表达。为什么没法表达？如果这是一种确定性的，也好办。比如说，某一个飞机，它受的力就是这样，那也好办，我呢，一点一点扫描，跟着你走，我用函数不行，我用各种级数啊，我总能够给你采集下来。是吧？扫描下来。关键的问题，麻烦在哪儿呢？它这一个飞机呀，比如说，第一次飞行的时候受的这样形态变化的力，它第二次飞行啊，它换了，它又差不多是这样，但又不完全一样，这里有的一样，又不完全一样。它第三次又变了，我要研究这个飞机受力以后，它的损伤到什么程度，那我得知道你受的这个力，它是怎么变化的。现在没有一个确定性的表达式，那我怎么下手研究它的损伤。所以我就得从这个数据采集下手。你不是没规律吗？我就想办法从你的无序到有序，这也是一种哲学的思想，对吧。从一个小的范围数据，看起来好像不遵循任何规律，随机地变化。但是，当数据采集多了以后，重复次数多了以后，你会从它们中发现，遵循一定的统计规律。

所以为什么采集了这么多数据呢？就是通过这些数据发现：从个别的时空来看，它是无序的，但是它遵循统计规律。从统计上，从概率上讲，它是具有一定的规律。我就抓住这一点，这就是我这第三句，一旦思维灵感至，是吧？你不是无序吗？我使它在概率上有序。在某种变化形态，它出现的概率特别大，有些形态方面它也出现，可是它出现的概率特别小。我得抓主要矛盾，抓住它概率特别大的，代表我的典型的受力情况，对损伤占主导地位。这样我就可以好分析了，是吧？最后就可以拨云见日现蓝天了。

胡：您说这个是不是，就是类似的研究，都是只要我采集数据达到足够的数量，就一定会出现这种情况呢？就一定会得到这样的结果呢？在这上面你觉得有没有这种规律呢？

高：很多方面是有这种规律的，但不是绝对的。它首先是，当你统计的数据到了一定的程度以后，你可以发现它的走向、趋势。应该说，普遍性寓于特殊性当中，是吧？它的个体的行为，代表着普遍性的一角。当你把它的个体行为大部抓住以后，它的普遍性也就有了。

胡：这个问题，是不是就是说，在研究中，你得有很长的时间，还得有足够的样本，但是现在呢，好多研究呢，没有给你这样多时间。

高：都急功近利，你要想解决一个比较复杂的问题，前人没有做过的问题，它不允许你那么干。但是，你要想彻底解决这个问题，不是一蹴而就的，就可以达到。因为人们的认识，它是逐渐形成的，谁也不可能说，看到了一点，我就知道了它的全貌，那不可能的，是吧？所以有的时候，那叫什么，瞎子摸象吧。你看不见它的宏观的整体，你要想了解它的宏观的整体，整个的发展规律，它的走势，需要一个长期的大量的数据累积过程。我这个里头就说明这个情况。

另外，还有一点很重要，思维、灵感，就是说你不能够光单独地说，我数据收集完了，这问题就解决了。你也得再思考，不是简单地重复，而是螺旋式的一种上升。中国有一句老话，叫熟能生巧，就是认识上的飞跃。你认识上怎么飞跃呢？就是你得经常地思考。不过，简单的重复劳动啊，只能原地踏步。你得拿这些数据仔细分析、认真地分析，才有量变到质变的飞跃，是吧？怎么叫灵感呢，就像牛顿，他解决地心引力，看着苹果落地，为什么别人也都看见这苹果落地，怎么就想不到这是地心引力？怎么就单独他能够想到？因为他老在思考这个问题，所以他看到这么一个外界的事物，触动了他。这个灵感不是说，从自己的内心就自发出来的，它是外界的一种触动，使得他的思维突然有一种反应，而这思维的反应，就是因为长久的思维活动。你要根本就不注意这个问题，你认为这个苹果落地就是理所当然的事。那就过去了。你的灵感，那叫什么之门哪，智慧之门，也不会打开。拨云见日现蓝天，就是说，它得历经一段过程以后，你才会在一瞬间认识到这个世界。这就是说，我们要从事一项复杂技术的研究，时间是要很长的，要有一种坚持不懈的精神。要通过大量的实践，这个科学实践是十分重要的。同时在实践过程当中，还要不断地思考。简单地重复劳动，只能原地不动。要沿着没有先验的思路探索，敢于想前人之所未想，勇于向传统的观念挑战，开辟新领域。这样的话，你每走出一步，都是新的。我这段诗，就是解释发明创造的由来。

它蕴含着是这么回事，当然它这里头没有像我这么解释，但是它把这实质，给说出来了。还有一件事情，这是在2000年的时候，咱们国家的直11飞机，就是这架直升机，直升机的尾巴后头，出现裂纹。

胡：是尾巴还是尾翼，还是支撑架？

高：尾巴。就是机身的后半段，不叫尾翼，叫尾段。我曾经做过这么一首诗："直升飞机腾空难，尾段裂纹肇事端，追本溯源排故障，飞行驾驶保平安。"

当时这架直升机出现的裂纹都是纵向的，这是整个直升机的机身哪，前半段坐人的，后半段是尾段，裂纹沿着尾巴这个细长的这段。当时出现裂纹以后，不是一架，很多架。而且都是这样的裂纹，不能再飞了，这是陆军航空兵使用的飞机。当时停飞以后，好几十架哪，影响训练任务啊。那么就找到厂家，说在设计上有问题。设计方认为没问题，说制造上有问题。制造方认为，我们没问题，就是按照你们给的那个图纸造出来的。两家吵得不可开交，这样闹到主管单位，主管单位连主持会议都主持不下去了。那时还是航空工业部，好像还没分成集团公司呢，2000年的时候，当时就让我到那儿去负责分析一下事故的原因。按照过去常规的理解，这个尾巴是细长的，这么上下一振动，来回这么一弯，很自然就可以想到，弯的时间长了以后，它就出现裂纹，这个裂纹应该是横向的裂。它用久了以后，你这么来回反复弯，反复弯，疲劳了，它那疲劳裂纹就应该是横向的。实际上它这裂纹是纵向的，所以它麻烦就麻烦在这儿。我是怎么考虑，怎么分析这种现象呢？我要研究它这个尾段哪，尾段裂纹产生的必要条件和根源，是什么样的一种力，才能使得它产生这样的裂纹。那就是我所谓的追本溯源。追这个根，你才能够从结果上，从表面上，你去讨论。如果说你制造上有问题，或者说你设计上有问题，这都没有说到根本上。要想解决这样的问题，你就得找出来，在什么样的条件才会产生这样的裂纹，它的根子在哪儿，起源在哪儿，这是最重要的。我后来注意到，它在这个尾段上头，还有这么一根和尾段平行的轴，这根轴有几个支座，这尾巴上不是有尾翼吗，是通过这根轴过去的。在这个传动轴支座上，安装一个一个的轴承，它们不同心哪，这根轴就这样左右振，来回这样振。你这样的裂纹，只有左右来回这么掰它，才能出现这样的裂纹。所以，就启发我想到，支座有问题。它不是上下振，而是左右振，恰恰这裂纹，就在这支座的边上。这就更印证了我的想法，是这个支座导致的。那么再追究一下，怎么会让支座这么振呢？哦，那就是说，这些支座不在一条线上。支座上的轴承不同心，这根轴硬穿过去的，你这么慢慢转哪，它不显，一转快了以后啊，它就逛荡，它就左右掰，来回掰这支座，是吧？总之因为这轴是直的，轴承不是一个一个孔吗？孔的中心不在一条线上，所以引起支座的振动，而支座的振动就是横向的振动，因此引起了纵向的裂纹，就这样一点一点刨根。这就像搞侦探工作一样，出现了一个案子，你怎么破这个案子。你就得像福尔摩斯，逻辑推理。逻辑推理的规律，实际上就是追本溯源，就是查它的根儿。你光表面就事论事，不行。所以我就靠着这个，追本溯源，把这个问题解决了，我就写的这首诗："直升飞机腾空难，尾段裂纹肇事端，追本溯源排故障，飞行驾驶保平安。"就是说明了一个真理，你要想探讨一个规律，不能够停留在表面上，你要寻求它产生的必要条件和根源。

胡：那它到底是设计的问题还是制造的问题？

高：显然是制造。后来开会，我把事件过程作为一堂课讲给他们听，有个北航的毕业生叫王贵宝①也在场。

胡：是那个捐款的学生吗？

高：对，是那个捐款的学生，他当时是军代表。我明确指出，一定是这个制作，它不同心。当时你从表面上看，你哪儿看得出来？就拿尺量，你都量不出来。那么小，可能就差十分之一毫米吧，比如说制作，

① 王贵宝，曾是北京航空航天大学学生，时任某厂军代表，他多次捐助北航在校生完成学业，曾获"感动北航"优秀人物称号。

它这个轴承在这儿，挨着它的这个轴承在这儿，你这儿错开一点，你这眼睛没法看得出来，绝对看不出来。他们拿那个光学仪器，一看，果不其然，不同心。

马上，他们都同意这一结论。会没开完，他们就去干了，一查，果然是没有装配好。重新调整过来以后，也不振了。这事情也就没了。振太厉害了，那裂纹就振出来了。还乱七八糟，乱振，你根本就不知道，你要不从裂纹产生的必要条件，不从根上去一点一点去挖掘，你就从表面，笼统地说就是质量问题，那质量问题也太大了，设计也有质量问题，设计不好，是吧？制造也有质量问题，没制造好，是吧？这都不解决问题。最后找到根上，是装配上的问题。

胡：所以我就想到这个，咱们国家从设计上讲，或从基础研究上讲，可能都还好点，就是这工艺的这样一种粗糙啊，这样对咱们技术的发展，对产品的制作，问题还是很大的。

高：对，这就是缺少中间这批人，高级技师，少。熟练的工人，少。

胡：我也去过企业，搞过调研，我是2003年去的012基地[①]，他们年年都有考试，有考技师的，有考高级技师的。我问了一下，它还是偏重理论多，考试偏重理论。也有考加工的，据他们介绍，也有，但不是特别看重这个，它也不能没这环节，但好像还是理论的考试多，还是这样的问题。

高：就拿你这个笔记本电脑来说，你这是Sony的吧，人家这个加工制造就挺好。恐怕这个东西啊，理论上咱们绝对没问题了，自己可以做了，但你要做得像它这么好，寿命这么长，你这不就是一个质量问题吗？一个材料，一个加工、装配，就这三个工序啊。手表没有什么更高深的理论啦，尤其那机械表，你打开了，那些零件都是可以测绘的。咱们有个表厂，我当时也看过，就在西安那边，材料是从瑞士进口的，机

---

① 012基地，即汉中航空工业集团公司。

床是瑞士的，就是工人是自己的，你做出的手表就是不如人家。

胡：北京的双菱厂就是这样，我不知道您有没有印象，20 世纪 70 年代，北京有一个双菱表，商标是两个菱形套一块儿，它跟您说这个情况一样，机器是瑞士的，材料是瑞士的，咱们工人装出来就是不行。请人家瑞士的工人来，同样用你这儿的机器，你这儿的材料，装出来的就是罗马表水平，就是英格表水平。就这么个状况。

高：对，就是缺少这个，你说这个例子最生动不过了。一个就是，咱们操纵现代的机器呀，也都是自动化的，电脑，是吧？电脑操纵的，或者是数控机床，过去咱们的老工人，过去的七级工，八级工，又不行，搞数控又不行，但是新的工人又没上来，材料这里头掌握的那个淬火啊，这个冶炼过程啊，这也十分重要，这也是靠着计算机控制的。这得层层地把关，刚才说这手表，只说它最后一道工序，如果材料也是自己的，机床也是自己的，哎呀，那就不知道哪个环节不行了。就是任何一个环节，质量上没有控制住，都达不到完美的地步。

所以说系统工程，怎么叫系统工程呢？它就是一系列的这么样的一个工程，不是说某个单独的一个环节，它是一环扣一环，是一个链条。有一个环节失效，你整个链子也达不到它的功能。我们就是，谈到什么问题，都常常提出来是个系统工程，但是就是做的时候，没有按照系统工程的要求来执行，所以，系统工程要把它看成是某一个环节都是一个重要部分，有一个环节失误了，都会影响整体。

以下是高先生于 2013 年增补的意见：

我曾经有机会把陈放在一起的国产飞机和先进国家生产的飞机做了对比。国外飞机工艺质量比我们的质量好，所以国外飞机寿命比我们的飞机寿命长得多。但是我们定寿定得准，维修到位，管理得当，飞机飞得最安全。2010 年，我个人做了一次调查，全世界飞机发生的重大事故，造成机毁人亡的，共有 121 起。中国只有一起，2010 年 8 月 24 日，河南航空公司一架巴西研制的客机 ERJ190 在伊春市坠毁。另外，国产运七、运八系列飞机，在 100 余条航线上飞行了数百万小时，30 余年结构从未出现疲劳破坏事故。我一个人的调查资料虽然不很准确，但还可以作为事实的佐证。

三、捐款奉献

高：我再谈谈我近年来捐了不少钱，这你知道，是吧？（胡：知道您捐款的事，但具体数不太清楚。）我从20世纪80年代末，到现在，对贫困老人，贫困残疾人、孤儿的捐助。

胡：50多万吧？

高：有80多万元。这20来年吧。这里头呢，有些个精神的动力呀，说得理论一点，就是克己奉公，多做贡献。

这我不重复了，我谈谈我这个过程。个人的思想变化，它不是说，我一下就认识到这一点，我就那么爱捐钱？谁都知道，这钱是不能缺少的。那俗话不是说，缺什么不能缺钱，没有什么不能没钱，是吧。

胡：我第一次听这种说法是听天津方言说的：吗都有别有病，吗都没有别没钱。天津话就这么说。

高：谁都知道这钱是很有用的，你知道，我又不是一个什么富商，你看我这家庭也不是怎么豪华，可是我怎么能拿得出去？它有一个过程。我分几个阶段，一共分成三个阶段吧。第一个阶段，从20世纪80年代末开始，我以不同的形式周济一些贫困学生。看看我给贫困学生的钱，有这么一大摞，都是他们给我写的收据。这是1991年。还有早一点的，1987年的。那会儿是给学生，因为我看到有的学生挺困难的。我有一个学生叫王洋，他在硕士生考试的时候呢，脸色苍白，那会儿我就给了他两袋奶粉。当时在90年代初，那奶粉还是很珍贵的。他就记住了我，后来我也忘了，过了十几年以后，他拿一块表，说送给我。我说，你为什么送我一块表，他说，我报答你。这完全出乎我的意料，令我十分感动。

到了20世纪90年代末的时候呢，我的思想境界有一些变化。我就有意识地捐献，扩大到社会的贫困群体。在1998年，抗洪救灾，洪水泛滥，当时，我就捐献了3000块钱。在那个时期呢，在思想认识上有一种特别的感触啊，就是做善事的确有一种乐趣，有利于他人，受益于自己，情趣自得，其乐无穷。概括这么几句话。

我还作了一首诗，这个诗呢，也表达了思想境界：

攀越青山戏海河，世间乐趣何其多，琴棋书画皆称道，为善最乐且自得。

这思想境界的变化还有一点，就是它可以起到什么作用啊，它可以起到净化心灵的作用。我想，我那么多钱都捐了，我还有什么利害得失可言？所以，思想上有点提高，提高什么呢？无私无畏，心态平和。以科学精神办事，能逐渐做到这一点了，我也不求什么了。

胡：这我能理解。

高：说我淡泊名利，我也不敢那么说。反正名利对我，看得不是那么重要了。你想那么多钱我都捐了，你能给我几万块钱吗？你想通过我做点什么事，给点劳务费，能给我那么多钱吗？你能给我一套房子吗？我那院士楼都不去住，是不是？

能按科学精神办事，就不怕得罪人哪。所以，我在做那个结论的时候啊，说裂纹是装配不好引起的，很多人不高兴啊。这一下，我给他们做那个结论，就是说，是他们装配有问题，开始他们不服气呀，后来毕竟是事实，最后他们也服气了。经过修整后，过了一段时间，确实看到裂纹不再出现了，他们服气了。开始不服气，他说你就敢说是这儿的毛病？那还可能有别的毛病，你干吗把责任都推到我们身上？说装配得不好，反正负责装配的人对我有意见。我当时做结论，这东西不是立竿见影的，它得过一段时间才能看出来我这个结论对不对。你就敢这么斩钉截铁地说？但是我当时就敢，我就公开说，就是这儿。我虽然没说追究责任，无形中，你们是负责装配的人，就有责任了。当时我并不害怕得罪人，因为我没有私心，是不是？我是按科学办事，就有这个好处。无私无畏，是吧？要有私心，就明明知道，也不敢说。

还有一点，我认识一个道理，勿以善小而不为，这是中国的一句古训哪。有人哪，还是在一次宴会上，谈起我捐献的事，他说高先生，你这点钱根本解决不了什么问题。中国的贫困人口那么多，你这几十万能解决什么问题？但是我思想是这么认为的，人人都有一种潜在的感染力。我说我一个人的力量，确实有限，众人拾柴火焰高嘛，是吧？我这样看问题，就像王贵宝吧，他在北航设立了“贵宝奖学金”。那次会你参加了没有？

胡：没有，我知道这事，我只是知道。

高：哦，1996 年的时候，很早以前，我给他的题词他还拿着呢。在一次大会上展示出来，在场的人都十分惊讶，证明我对他有感染力。他捐献了，其实不止他一个人，学生陈耀明，企业家，提供我 10 万元设立了“院士奖学金”。挚友吴鹤华教授也加入到慈善事业行列中来。为此有所感悟，赋诗一首：“点滴甘泉形影单，积策成著巨石穿。涓涓溪流声寂寂，润泽四方育良田。”后来我收入比较多了，逐渐有条件大笔捐款了。那么现在呢，最后一个阶段，我觉得济困扶危，抑恶扬善，是构建和谐社会的组成部分。要想构建和谐社会，不把这些贫困的群体安抚住，对社会就是一个不和谐的因素。

所以我就作这么两首诗。

第一首：

和谐社会展宏猷，乐业安居且畅游。济困扶危行善事，文明礼仪继千秋。

第二首：

政通人和抚民心，自主创新基业深，抑恶扬善拯疾苦，协调有序崇德馨。

从我这个过程里头，我也有一些诗词来表达，也可以更深刻地表达我的一些思想活动，我现在科研，自然科学搞不了了，搞一点人文科学，我这人文科学搞的就是把自然科学怎么和古典文学结合，我用古典文学美丽的诗歌韵律来表达自然科学的内涵。

胡：我上课给学生讲哲学时，也经常涉及爱国意识方面的问题。

高：对。我也有关于这个爱国的问题。写成诗句。你看，效果更好。我这个勿忘国耻里面，这样写的：

法军兵举犯台湾，败走谅山镇南关，昏庸腐朽清朝政，中法新约苟求安。

中法战争，中国打胜了，结果还签署那种屈辱条约。还有一个，是日俄战争。他们跑中国这儿打来，这是一种非常大的屈辱。我写的是：

俄日相争殊死杀，硝烟迷漫我中华，直逢解放复兴日，奇耻大辱方洗刷。

这让年轻的学生不忘掉这些事情。我这儿还写了一首诗：

负重提携走天涯，流离失所卧黄沙，国之不盛家何在，自古有国才有家。

在电视上看到的阿富汗战争，无数平民老百姓，扶老携幼，负重奔波，无家可归，流离失所。同时回想起中华民族百来年蒙受丧权辱国之苦，我写了上面这首诗，表明：要没有国，你的家，你的小家也存在不住。

要创新，也有要社会责任感

——李椿萱院士访谈录

采访时间：2007 年 5 月 25 日

采访地点：李椿萱办公室

被采访者：李椿萱（以下简称李）

采 访 者：胡懋仁（以下简称胡）

[访谈者按] 结识李老师的经过已经记不起来了。但是给我印象比较深的是，李老师经常对学校工作和学生中存在的不良现象提出直率和尖锐的批评。1989 年的 6 月初，国内形势有些动荡。当时李老师在国外的亲友纷纷给他打电话，希望他离开北京出国。李老师回答说，北京很安全，不觉得有什么必要离开这里。这个回答也给我很深的印象，也让我由衷地钦佩李老师。

李椿萱院士简历：李椿萱，1939 年 11 月出生于云南省昆明市，广东新会人。我国空气动力学、航空航天飞行器设计、高速碰撞力学专家。1963 年毕业于台湾省成功大学，获学士学位，1967 年、1972 年分别毕业于美国新墨西哥州立大学与纽约州立大学，获硕士、博士学位。回国前在美国洛克希德导弹及空间公司从事航天飞机及导弹的型号及预研工作。1997 年当选中国工程院院士，第九届全国政协委员。现任国家计算流体力学（CFD）实验室主任，北京航空航天大学图书馆馆长，北京航空航天大学航空科学与工程学院教授。

一、参加保钓运动与回到祖国

胡：谢谢您接待我。上次跟您提到，我想听您谈谈以下几方面的问题：您大致的经历，您的学科研究方向、内容以及在研究过程中您认为值得一讲的事，还有对当前整个教学、治学、科研方面的想法。我要求的是不是多了一点？

李：其实也没有那么多可谈的。

胡：我觉得您的经历还是比较特殊的，国内像您这样的情况不是太多。

李：我在抗战期间出生在昆明，抗战胜利后随父母到印尼生活、上学。在我上高二时，印尼排华，我们全家回到台湾。高中毕业后考上成功大学机械工程系，毕业后工作了两年，然后到美国留学，1972 年拿到博士学位后便到中国驻加拿大大使馆申请回国。由于当时国内正值“文化大革命”，我的申请一直没有回音，只好留在美国工作了一段时间，直到“文化大革命”结束后才实现了我回国的愿望。从小学、中学到大学，我一次次地学习我国近代史，再三背读西方殖民主义者和日本强加给中国的不平等条约的内容。也许这也是我出国留学但并不准备待在国外的原因之一吧。能把自己在国外学习到的知识和积累的工作经验带回国，为自己国家做点事，我便满足了。

胡：您具体哪一年回国的？

李：我是 1980 年回来的。回来后一直在北航工作。1987 年，“863 计划”开始实施时被选为专家组成员，参与了国家航天高技术发展的规划。可以说我是“文化大革命”以后的第一批“海归”，能够赶上用粮票排队买食品的岁月的末班车，成为这 30 年天翻地覆变化的参与者，我感到相当欣慰。30 年来在人才培养、航空航天技术发展方面做了一些工作，算不上什么了不起的贡献，也感到一些遗憾，因为我还可多做一些。

胡：和您同时在国外的那些人，因为都受同样的教育，同样的环境，您怎么想起要回来，这有没有什么特别的原因？

李： 前面已经提到，中国近代史对我人生观形成的影响很大。我在台湾、美国生活了20多年，在20世纪70年代也参与了海外华人和留学生的“保钓运动”和“统一运动”，看了不少社科人文书籍，对西方式民主和社会主义有我自己的认识。虽然在美国工作的收入远比国内高，生活富裕，但总觉得是在为人作嫁衣裳。总之，我没法剪断自己同祖国的纽带，所以就回国了①。

70年代，在海外工作、学习的华人专家和留学生，主要来自台、港、澳和东南亚，各有不同的成长环境和经历，有不同的价值观和政治认同，要面临现实生活中的不同制约，对于去留自然会有不同的安排。这种多元化思想在西方应该说是很正常的。我想，是“保钓运动”和“统一运动”促成了部分具有类似思想和理想的人在“文化大革命”期间和“文化大革命”后回国，但也有部分决定留在海外继续为祖国的统一而奉献自己的力量。

胡： 有些情况我们真的不知道，像“保钓运动”，当时我们看报纸，看《参考消息》也知道了，但是具体的细节就不太清楚了。好像是1972年美国正式交给日本的。

李： 对。但海外是在1970年日本宣布要和美国在琉球“归还”谈判时便知道了。当时，台湾《中央日报》报道了关于台湾宜兰县老百姓对他们世代鱼场可能在美日私下收受中被掠夺而表示愤慨和关切的消息。虽然台湾当局很快便把这一消息封锁，但是已引起海外一些华人和

① 1970年年底，由于台湾的报纸披露美国要把钓鱼岛（台湾称为钓鱼台）归还日本，引起旅居美国、加拿大的台湾留学生的强烈不满，激发了他们爱国保土的热情，而掀起了一场轰轰烈烈的“保钓运动”。这场运动迅速扩大到港澳学生和华侨中，迅速扩大到欧洲、日本的台、港、澳留学生中，甚至扩及到台湾，在台湾造成很大的影响。经过这场运动，广大台湾留学生提高了觉悟，认识到只有国家统一，增强总体国力，我们才不会被帝国主义欺负。于是“保钓运动”把重点转到台湾和祖国大陆的统一，在1971年年底发起了“中国统一运动”。“中国统一运动”是“保钓运动”的延续和发展。（林盛中《“保钓运动”与祖国和平统一》，刊于《台声》1995年第6期）

留学生的震动。年底海外“保钓运动”正式爆发，从1971年初到1972年间，先后在美国纽约、华盛顿、旧金山、洛杉矶等地以及欧洲一些城市举行了多次大型游行示威。同时，许多地区纷纷出现了手抄的保钓刊物。随着美国在1972年正式将钓鱼台列岛的行政权移交日本以后，海外的“保钓运动”便转入了“统一运动”。

事实上，这是西方殖民主义者惯用的伎俩。你看，巴基斯坦和印度、中东巴勒斯坦和以色列、麦克马洪线……，不都是拜这些殖民主义者之赐吗。

胡：1971年日本首相是佐藤，1972年换的田中。

李：对。1971年，在华盛顿游行时，在日本驻美大使馆前焚烧的就是日本国旗和佐藤的纸糊像。

二、对科研与教学的认识

胡：您那时候学的什么专业？

李：我们那个系叫工程科学系，我的专业是航空航天工程。

胡：哪个大学？

李：纽约州立大学布法罗分校。

胡：航空航天本身不是有好多具体的专业吗？

李：按国内的体制是对的，但国外高校的专业设置没有这么细。比如，我的博士论文是流体力学的课题，但在选课上必须至少包含相当于北航五系的所有专业的基础和专业课。事实上，我们系当时是一个交叉学科，包括航空航天工程、核工程、工程科学和生物工程四个专业。所以我涉及的专业面比较宽。

胡：您回来以后，主要在哪些方面做工作？取得什么样的成果？

李：我开展的工作比较宽，包括空气动力学、等离子体、磁流体动力学、高速列车空气动力学和原子氧、紫外辐射与空间材料相互作用等。主要还是在飞行器空气动力学方面。

胡：您被选为院士的主要成就是什么？

李：我想，工程院对院士的当选主要是考虑他在工程系统上的成就吧。我也说不清楚。

胡：不是需要您报什么材料吗？

李：报材料就是把自己所做的代表性工作如实写出来。我想也许是“863”那十年的技术科研组织、管理和大型设备建设工作，加上自己的一些科研工作，还有在美国的工作成果吧。

胡：您对咱们现在的教学方面有什么意见？

李：我个人的看法是教学仅仅是整个教育的一个环节，而问题涉及整个教育。教育的问题相当复杂，也不是今天可以全面谈的。近年来，“培养创新人才”是一个热门话题。在两会期间，“教育行政化”也成为一个热议的话题。也许可以把这些作为切入点。我国将面临国民经济转型，需要大量的创新人才，但是教育行政化与培养创新人才的目标是背道而驰的。目前，教育行政化体现在政府部门和学校、特别是高等院校行政机构的过分膨胀，以及过多且缺乏科学的指令和各种指挥棒，不仅占用可观的、本可用于保证和提高教育质量的教育资源，一些因噎废食的规章制度往往还束缚了创新力的培养。例如，为了防止个别不尽职的导师，不知何时把研究生培养计划表中原为研究方向的一栏变成了论文的题目栏。几年后当学生完成论文的题目哪怕只改了若干与几年前培养计划表中填写题目的同义字，都要导师写个说明。事实上，几年的培养，不排除学生的研究进展可以超越原拟计划，甚至是新方向上的突破。学生论文的学术水平自然有论文评阅和答辩委员会的学者、专家来把关。对于个别不称职的教师尽可根据学生培养计划、论文的评审等进行处理。这类因噎废食的规章例子很多。

美国高校博士生需要完成一定学分的选课，在进校一年左右要进行博士资格考试，通过后开始进行论文课题的选定和研究工作，在论文研究进行到一定时候要再进行预备“preliminary”考试。博士资格考试的范围比国内博士生的入学考试大，淘汰率高；虽然各校的预备考试标准和内容未必一样，但除作论文研究进展报告外，还可能包括关于学科的口试。学校对课程考试成绩、抄袭造假等有严厉的规章，系里对领取助教资助的学生有一定的规范，除此之外，行政部门对学生的科研工作并无任何干预。美国高校的本科和研究生的淘汰率很高，高校教师和学生的流动也很正常，除非涉及法律或职业道德问题，一般在再就业、再入学上都不会受到歧视。教育行政化往往体现在利用规章保证其行政范围内的事务得到“落实”，堵住可能出现的负面影响。其结果却往往是“捂”住了负面，堵住了可以获得更大成绩的机遇。我不清楚小学语文课是否还有关于夏禹和他父亲鲧的治水故事的课文。

自恢复高考30余年来，各级学校只重视与升学有关的课程的教学，忽略甚至取消与升学无关，但却关系国民素质的提高，社会责任感的培养的人文教育。汉字书写训练便是其中最具代表性，也是最基本的一点。我国古代儿童启蒙时即必须开始练习书法。清朝末年新式学校出现以来书法练习一直是小学教育中的常设课。但30余年以来，应试教育导致学校和一般家长忽视学生的文字的书写。当前即使是受过高等教育的部分中青年人手书汉字几不成形，难以辨认。个人电脑的迅速普及已令两代人几乎以键盘代替写字。常此下去，不用几代，中国人将不再会写汉字。当前网络上充斥着文句不通、错别字连篇的博客；大学普遍过于重视英语而忽视本国语言，研究生学术和学位论文的文字表达能力普遍不足。美国英语课程贯穿小学至大学本科二年级。自小学开始即强调写作，包括语文阅读和其他课程实践的总结报告，并计入考核成绩。大学本科所有科系一、二年级的英语课均由英语系开设，与英语系学生同上。我想，将书法列入中、小学作文课的实践环节，规定每周上交的书法作业量并不是很难的事，应该不会增加中、小学生太大的负荷。在大学本科适当强化语文的训练；要求所有院系的专业基础和专业课程必须设立课外阅读和实践环节并编写报告，提高学生的写作能力和表达能力。本科生通过上述训练还可以逐步将中、小学时代养成的被动学习转化为主动学习，有利于培养学生的独立思考能力。当然，这要取决于教师对教学的责任感和行政部门如何调动教师的积极性。

近10年来高校课程设置的变化非常快。课程的削减本意是好的，可将原有专业过细时的一些内容较窄、与其他内容更基础、更宽的课程重复的，或缺乏理论性等课程撤销，再结合课时的削减，可以给学生腾出更多可自己支配的时间投入课外学习，提高学生的独立思考和工作的能力。这本来是学生、基层教师关系最直接、教育实质的最基本的组成部分。但在院校合并、素质教育、研究型大学等大问题下，课程设置的改革似乎变成了边缘问题。课程的增减和学时的压缩变成了院系行政部门的事，只要满足教育部和学校的量化指标，很少有人过问具体课程增减和学时压缩的合理性和对学生掌握知识的影响。课程增减和学时压缩似乎变成了只是为了扩招腾出教学资源，而不是提高教学质量。一个典型的例子是张量①。北航过去一直把张量作为全校（工科）本科的基础课，但在好多年前讲课老师退休后便停开了。相信现在全国开设这门课的院校（工科）恐怕已没有几所了。没有张量知识，对深入学习力学和电磁学理论不是说不可能，也是很困难的。而从事相关领域的数值模拟研究也是必须用到的。这种例子很多，例如，许多院校的力学和工程学科不重视热力学（热工）课程，北航五系的空气动力学和结构力学也如此。对于高马赫数飞行器的设计，必须考虑气体的热力学特性和高温材料的结构设计。没有本科的热力学知识很难深入了解气体在高温高速下的真实气体效应，也很难理解高温下结构的热匹配，甚至可能出现的流变效应。也许这是因为“文化大革命”前五系主要针对航空培养人才，空气动力学和结构力学对热力学知识的要求不高，以极少的学时

---

① 张量（tensor）是一个可用来表示在一些向量、标量和其他张量之间的线性关系的多线性函数，这些线性关系的基本例子有内积、外积、线性映射以及笛卡儿积。其坐标在n维空间内，有 n^r 个分量的一种量，其中每个分量都是坐标的函数，而在坐标变换时，这些分量也依照某些规则作线性变换。T称为该张量的秩或阶（与矩阵的秩和阶均无关系）。在数学里，张量是一种几何实体，或者说广义上的“数量”。张量概念包括标量、向量和线性算子。张量可以用坐标系统来表达，记作标量的数组，但它是定义为“不依赖于参照系的选择的”。张量在物理和工程学中很重要。例如在扩散张量成像中，表达器官对于水的在各个方向的微分透性的张量可以用来产生大脑的扫描图。

开设，或甚至可以在相应课程里加入相关内容就足够了。但现在高超声速飞行器的发展已成为国内外的一个热点，我们是否应该做相应的调整？看来，学分制是保证教学质量，解决课程设置的可行办法，不过需要有足够的教学资源来支撑和其他条件的配合。与国外相比，国内高校的行政机构所占的教育资源过高，教学资源自然受到挤压。但是如果教育部和相关部门的指挥棒不削减，所制定的指挥棒不更科学一些，恐怕院校的行政机构也难以瘦身。

近年来，越来越多的用人单位喜欢招聘研究生，本科生的就业开始出现问题。扩招固然是其中一个原因，但本科教学滑坡导致部分毕业生难以胜任单位所安排的工作也是其中的原因。导致教学滑坡的原因不仅是不合理的课程设置和学时压缩，课程建设没有得到足够的重视也是原因。我的理解是，近 10 年来我们国家的教育是在与西方接轨。但我们只是“貌似”，也就是说，在课程设置上相似，在课程和教学方法的建设上并未能与课程设置和学时压缩相匹配，并且学时的压缩往往不按学科的需要、课程内容的深浅等因素实事求是地考虑。前面已提到过，如果不从中、小学养成的被动式学习模式在本科中转变成主动学习模式，在当前环境下很难保证本科生的质量。这里就不再展开谈了。光是改变学习模式还不够，课程建设还应该跟上。对于这点，上面也举过例子了，也不再展开谈了。在国外，“自学”（independent study）从中、小学就开始重视，并且需要交阅读报告。几乎所有本科和研究生的课程除安排比我们多的作业外，都要安排文献阅读和“学期报告”（term paper），并在课堂上作报告，甚至于不止一次。事实上，只要上网看看 MIT[①] 的网站就清楚了。第三点，应该严格淘汰制。我们的大学之门是难进易出，国外是易进难出。国外由于学习被退学的学生可能在下一年度又可以在另一所大学入学，而且也没有年龄的限制。而我们可能就难说了，不仅仅是入学考试的问题以及其他相关的条例的制约，社会特别

① MIT，即麻省理工学院（Massachusetts Institute of Technology）的简称。

是学校的宽容性也促使学生和家长无法承受。但是不是就因此而要因噎废食呢？这问题太大，我不敢再想。另外一点，要保证教学质量还取决于学生的自觉性和教师是否对教学尽职。大家都说整个社会存在浮躁心理，这是大环境，无法逾越。这个问题也是太大。我想，如果制定政策的人不浮躁（这是他们的责职）不应该出现这个问题，并且如果各级行政机构能适当瘦身，浮躁和教育行政化对教育的不利影响也会减少。我们国民经济的快速发展自然要求教育作相应的变革，来适应经济发展的需要。因此，也需要与时俱进的教育方针。但这些与经济发展同步的教育方针的改变必须依赖于具有连续性的政策，因为大家都清楚十年树木，百年树人。不连贯的朝令夕改违反教育的规律，过多的并且是一刀切的“统”不利于创新人才的培养。

百年树人就像一个动力系统，它的初始条件的设定应该不会有太大的问题，但是体现在边界条件的给定和强制项的教育行政化可以导致它变成超定系统。就像一出（教师树人的）木偶戏，如果参加演出的大小师傅都想把他手中的线或棍棒捆到木偶的动作部位，这出戏还能演吗？20 世纪 80 年代我刚回国时，常听到关于“一放就乱，一统就死”的话题。20 年过去了，看来还是没有办法解决。“统”和“放”是唯一可操作的吗？是不是可以从“堵”和“疏”来考虑？“疏”和“放”的不同在于前者会有导渠，虽然导渠的开挖，涉及的因素很多，但是只要有决心和魄力，这个导渠的开挖是可操作的。

胡：现在咱们老是强调创新教育，等等，具体上做了些什么？

李：我想你的意思是培养创新型人才的教育。培养创新人才，培养将才、帅才等确实是近年来的一些时髦话题。30 年来，我们突飞猛进的经济依赖的是技术含量低、劳动密集的低端出口产业，但这并不是说我们就没有创新。农业的成就和越来越多的科学研究成果在国外重要学术期刊的发表都是创新。虽然在国外学术期刊发表更多的学术论文并不能全面反映我们工程技术上的创新成果，但 30 年来在高新和国防技术上的快速发展应该可以体现。北航近年来的科研成果也非常出色，相信很多院校也一样。所以，应该说已经有了一些具体工作。我对教育工作会议纲要中提到关于要培养创新型人才的理解是，主要培养具有原创性科研能力和创造自主知识产权技术的人才，以适应国家国民经济转型的需求，这要求给培养创新型人才的教育创造一个合适的环境。我想，目前还不完全具备，原因上面也大致谈过了。总之，教育行政化和创新、培养创新型人才是不相容的。目前，学术界甚至于科研机构往往把论文的发表、专利的申请数量，以及成果所获得的各类奖项的数量和等级，并以个人在论文、专利和奖项中的排名来衡量创新。对于工程技术的创新，这仅仅是一个方面，因为这些论文和专利能在多大程度和多长时间内转化为技术或产品？而在当前的评审标准下，申报任何一类奖都会存在一些学科专业难以获得高等级的奖项。在以培养人才为首要任务的高等院校如果过分强调这些，并把论文的发表一刀切地量化，未必对素质教育是积极的。例如，目前的指挥棒往往导致教师队伍趋于个体户化，或者是彼此难以合作的金字塔式的团队。

我并不反对要求研究生发表论文，同时认为这是衡量学生科研能力的主要指标之一，也是提升学生科研能力的手段。但对一刀切的定量化感到无法理解。不同的学科专业、不同的研究方向、不同类型的课题不可能在学生培养周期内可以发表同样数量的论文。更重要的是为什么要发表论文？是为了把有质量、有深度的研究成果公之于众，还是为了行政上的考核？特别是硕士生，由于本科教学质量的下降，专业基础打得不够扎实，在硕士培养阶段除了学习之外还得找工作，真正能用到科研的时间也只有半年左右，如果只靠他们自己，能在期刊发表有一定质量的文章吗？当然，个别特别优秀的确实可以做到。我离开学生时代已快40年，离开美国也已快30年，或许美国学校现在也在讲究让学生发表文章。但我相信不会有行政性的量化指标，而主要是由导师掌握。事实上，对导师的考核本身就会让导师自己去督促学生完成科研任务和发表文章。

胡：现在我们已不做硬性指标了。

李： 事实上还是。

胡： 您上了这么多年课，您对教学有什么看法？

李： 我认为，每一名教师都有他自己的教学特点，只要课程的教学大纲设计得合理，教师有敬业精神和责任感，没有必要强求一致。教师是否敬业、尽职固然直接和他自己的师德、人文素质等直接相关，但教育行政化、科研管理体制、家庭和社会大环境等都有一定的关系。师德的问题太大，这里不适合谈。倒是想谈谈近年来成为话题的多媒体教学。虽然准备多媒体教学要花些时间，但确实可大大减轻教师的体力和精力。这种教学适合于大课，但是必须配备有完善的答疑课作为前提。我开设的研究生课虽然很多，但只开了一门本科生选修课高超声速空气动力学，其余都是小课。有些课的学生很多，甚至达到七八十名。我也曾经试用过多媒体，但是我认为在昏暗的教室里，让昏昏欲睡的学生坚持两到三个小时把 PPT 上的文字和图同我的嘴巴发出的声音联系起来是很困难的，大部分学生也表示教学效果不好。所以，30 年来我一直坚持抄黑板。虽然我现在的年纪上课抄黑板，特别在人数较多的时候还必须放大嗓子，确实很吃力，但为了提高效果，我认为是必要的。我并不反对多媒体教学，只是我自己还没有找到比抄黑板更有效的多媒体教学办法。

教学效果只是教学质量中一个很小的组成部分。要保证教学质量，学生对基础和专业基础课的掌握是最重要的，这是大家都知道的。对我们专业，对流体力学的物理现象进行数学建模，或者说将流动现象以数学语言表达的能力，应用数学模型通过解析方法或数值方法对具体的流动问题进行求解的能力，以及分析所得到解的物理图像的能力，是学生在学完空气动力学以后应该掌握的能力。一般来说，我们学生的第二种能力很强，另两种能力较弱。国外对我们学生（包括台港学生）的评价也是如此。另外，从我开设多年的本科专业选修课和研究生课发现，学生在上述能力的变化比较显著。典型的是我开设的研究生粘流课。在 80 年代，曾有些学生建议：“李老师，你可以适当讲快一些”。这 20 多年来，随着学时的压缩，我把讲稿的内容按学时进行删减，但深度基本保持原样。到90年代，学生普遍反映讲得太快。现在，有些外校考进来的学生表示听不懂，三个航空院校的学生觉得太深。和学生的交流以及学生答题也可发现，虽然有特别优秀的，但平均来说上面提到的第二种能力稍有下降，另两种有明显的下降。当然，这仅仅是我个人的经验，不能以偏概全。

三、对科研的一些建议

胡：您现在谈的是学术问题，教学问题，那么作为教师，在开展科研工作中您有什么更好的意见或建议？

李：我觉得科研也同教育一样，同样存在行政化问题。我不想对这个问题展开谈，因为这问题太大。我只想谈一些具体的问题。目前国内高校教师在科研工作上同美国高校很类似，但压力更大。首先是争课题上的类似。在美国，没有课题经费，即使已拿到永久聘书也很难待得住，待下来也很难受。在公立学校，教师的科研项目需要收一定比例的管理费（overhead），私立学校要收相当于教师年薪数倍的管理费。我们大概是百分之几。课题开支也按所列款项进行管理。但由于我们在考核上、在学生招收和学制上、课题来源等可以放到桌面上的原因外，还有一些拿不到桌面上的原因，导致除个别“有办法”的教师外我们的压力要比美国院校的教师大。其次是我们的课题管理不到位，该管的有漏洞，不该管的统得过死。不过，近30年来的科研体制改革和国家不断提高对科研投入，以及对教师考核的强势措施，院校的科研工作的确卓有成效。如果针对以上各方面能在体制上做的更科学、协调一些，少一些浮躁、功利，给教师较宽松的环境，相信在原创性成果上可以取得比现的更好的成绩。相反，教师在科研上变成了商人、推销员，很难保证科研不会出现伪劣产品。

目前教师在科研和教学上投入的精力一般都不平衡。这不只是由于教师的科研压力过大和行政管理的指挥棒问题，也存在一些现实问题，以及同目前市场经济相关的消极影响问题。常听人说，只有甘于寂寞的人才能在科研上有所突破。虽然这有些言过其实，但是对科研工作确实需要有严肃的态度。目前科研似乎过于功利化，导致从选项目到成果的申报奖项多存在不尽如人意的地方，更不用说所存在的不正之风。好几年前（记不得是哪一年）国家准备颁布教育工作纲要时征求部分全国政协教育组别的委员的意见。纲要征求稿中提到要培养创新人才作为目标，记得我提出应该在创新后面加上“以及具有社会责任感”。虽然，最后没有加上，但我相信以后还会有人提出的。如果要培养出具有社会责任感的学生，首先教师就应该具备社会责任感，既然身在育人的殿堂内，就应该有所为、有所不为。

胡： 我觉得现在科技奖要自己申报很有意思。要自己申报才去评，那许多人不想申报就没有机会获奖。

李： 不错，确实是这样。还有前面说的，有些学科、专业由于自身的特点，按目前国家评奖的标准是不可能获得高等级的奖项。过分重视奖项往往带来不公正等多方面的负面影响。国外的奖项一般都是设奖单位遴选或专家推荐，好像没有自己申报的。同时，除了少数像诺贝尔奖等国际学术奖，一般奖项对获奖人的事业帮助不大，获奖人自己也不会放在心上。奖的数量越少，含金量就越大；奖多了就不值钱了。

胡： 我没有问题了，非常谢谢您。

访谈者补充：

关于像李椿萱老师那一批原在海外工作的来自台湾的学者回祖国大陆定居工作的历史，当年保钓运动的积极参与者和组织者之一的林盛中①有如下记述：

> 1970 年，美国宣布要把原来由美军管辖的钓鱼台列屿连同琉球群岛的管辖权移交给日本，台湾媒体报道说，钓鱼台列屿在日据

① 林盛中（1942—2011），中国台湾省台北市人，获美国布朗大学地质系博士学位，地质学家，当年保钓运动的积极参与者。1972 年回到祖国大陆，1984 年加入中国共产党。

属于台湾总督府管辖。第二次世界大战日本无条件投降，台湾、澎湖回到中国怀抱，所以钓鱼台列屿的主权也应回归中国。台湾留美学生为了爱国保土，在各大校园掀起了轰轰烈烈的保钓运动。

由于过去在台湾长期受反共教育，视中共为毒蛇猛兽。在美国新闻媒体对中共的报道也几乎都是负面的，所以广大旅美台胞对中共都有不同程度的反共、恐共心理。后来保钓运动的一些积极分子开始了解社会主义，了解社会主义新中国，特别是在海峡两岸隔绝22年之后，李我焱、陈恒次、陈治利、王正方和王春生等5位保钓运动的代表架起了沟通两岸的桥梁，到中国大陆访问，还受到周恩来总理的接见，从晚上10点谈到次日凌晨4点。他们还没回到美国，《中央日报》就登了他们到大陆访问并被吊销护照的消息。这等于替他们做了宣传效果最好的广告。他们回到美国之后，到各地作报告，介绍大陆之行，吸引了无数旅美台胞的关注。美国国务卿（访谈者注：当时还是美国总统国家安全事务助理）基辛格到大陆秘密访问的消息被披露，接着在1971年10月25日，大陆取代台湾成为联合国的常任理事国，使得大陆的国际地位空前提高。

社会主义新中国变成对一部分台湾留学生、学者专家有吸引力的地方。周总理见过几个保钓运动的代表团，团员之中有的当面要求到大陆定居工作。周总理说要做两三年的准备，才让海外台湾学者专家到大陆工作。后因多种原因，周总理生前未能实现这个愿望。

保钓运动期间到1976年“文化大革命”结束，大陆只批准十几位海外台湾学者专家到大陆定居工作。1977年邓小平复出后，国务院科技干部局着手引进海外台湾学者专家，1978年到1980年到大陆定居工作的台湾学者专家人数最多，有100多人。保钓运动高潮时期想到大陆定居工作的台湾学者专家估计有一两千人。但事隔多年，他们在海外已成家立业，多数人就不想动了。[①]

---

① 引自台湾同学会网站 http://www.wcaddl.org/article-344-1.html。

我们搞无人机的那些年

——苏兴（化名）老师访谈录

采访时间：2007年8月4日下午

采访地点：北航院内苏兴（化名）老师的家里

被采访者：苏兴（化名，以下简称苏）

采 访 者：胡懋仁（以下简称胡）

［**访谈者按**］认识苏兴老师纯属偶然。2007年初，我因病住院，苏老师与我住在同一间病房。当他得知我也是北航的老师之后，就很高兴跟我聊天。苏老师很健谈，而且头脑清楚，记忆力很好。他说的当年的那些故事，我都很喜欢听。出院后，我就跟他继续保持联系。当我提出要采访他的时候，他也很痛快地答应了。

在采访之前，与苏老师闲聊时，他说过不少故事，只是当时没有记录下来，甚为遗憾。他曾经讲过，20世纪50年代，有一次他出差坐火车，在火车上碰到一个白俄后裔。此人冒充苏联专家，跟苏老师闲扯，结果差点把苏老师出差携带的公款骗走。幸好苏老师警惕性高，叫来铁路警察，才把这家伙抓住。后来在采访的时候，我不好意思再问这件事，所以苏老师的访谈里就没有提到这事，故立此存据。

在访谈中，苏兴老师提到最多的话题还是无人机。因为这是北航在“文化大革命”中所做的一件比较大的项目。20世纪60年代中期，中国击落不少架美制高空无人侦察机，有的甚至是当年刚出厂，当年就被击落。这些被击落的残骸，成了包括北航在内的国家各科技单位研究的重要对象，并在此基础上进行仿制。“文化大革命”中，北航虽然也折腾得很热闹，但是在后期，特别是在党的“九大”之后，北航各系那些不愿意在“文化大革命”中跟着瞎折腾的教职员工都纷纷参加无人机的研制工作。经过几年的努力，这个型号终于完成，为国防事业做出了贡献。

在访谈时，苏兴老师还做了大量的准备工作。因我在事前曾告诉他我准备采访哪些方面，苏老师就写了一篇提纲，密密麻麻，写了有好几页纸。我看到这些，心里也很感动。在采访之后，我感觉苏老师虽然文化程度不是很高，但是表达能力很强，记忆力也很好，很多细节都记得相当清楚。在述说时，逻辑也很清晰，没有多余的赘语。

苏兴老师简历：苏兴（化名），男，1932 年出生。18 岁参军入伍，后复员到沈阳飞机发动机修理厂工作。1955 年调到北京航空学院发动机系任实验室工人。其间曾读过夜大学，因“文化大革命”发生而未能读完。

一、我从修发动机学起

胡：原来您讲过的那些我没有用心地记，所以不太全。我想听听您的具体在工程技术方面的情况。您就讲您熟悉的这些东西，不用讲您觉得很拘束的东西。您就把您原来讲过的东西，再讲一些比较详细的细节的东西。比如您那次在操场上说起无人机这个事，我听着就挺有意思的，但是当时我没记下来。您要不然再从无人机这儿开始说，或者前面的也行，比如您在北航上那个“夜大”，虽然没有最后完成，但是从学习到工作，到最后接触到实际的东西，您给说说一些细节的过程，就跟咱们随便聊天的时候一样。您就从无人机有人驾驶和无人驾驶的区别开始吧。您怎么琢磨的，当时您说的，我现在还有一点儿印象，但是具体过程我记不太清楚了。

苏：我可先声明啊，我文化低啊。

胡：这一点关系都没有。

苏：先讲讲前面吧。当时从我这么一个学徒出身，到参军，参军以后到工厂，是解放军的工厂。从修飞机，修发动机开始，后来到抗美援朝，抗美援朝后调到沈阳去了。当时来说，这是我们国家第一个修理航空发动机的工厂，也是第一个修理喷气式飞机的航空发动机的工厂。当然，与它配套的，就有一个修理喷气式飞机的工厂。前者叫××1厂，后者呢，叫××2厂，都在沈阳。××1是发动机，××2是修飞机。当时从时间上来说，我是1951年9月份调去的，那时候工厂还等于零哪。我们去了以后，都是从头开始。一直到1955年的2月，调到北航来。这么短短的三年多的时间里，当时有些情况也没有仔细地去考虑，现在回过头来这么一看哪，当时又在抗美援朝期间，而我们自己的这种喷气式飞机也少，很少，具体多少我不知道。是苏联老大哥当时提供的嘛。但是在这三年多时间的里，我试了多少台发动机？1000台。1000台发动机对能够提供出来的合格的发动机，就是500台。一台发动机适合的，要试两次。上两次台架，下两次台架。就是试了1000个台架次，能够合格交出来的，就是500台。那个数字也是很可观了。而且这里头我还有半年多的时间呢，是住在××2厂，试飞厂，专门要解决我们发动机到了飞机上面以后，产生什么故障。要在那地方就得排除。当然也不是说，所有的故障我都能排除。那么我自己排除不了的，可以回到××1厂，请苏联专家去指导，有这么一个优越的条件在那儿。

1955年2月，我就调到北航来了，也可以这么说吧，像我这么一个学徒的，或者说工人出身，那么进入高等学府啊，而我要面对的呢，是大学生。幸好，我在工厂里的这一段时间，对于发动机的故障，产生的故障，在试车台上调整，调整过程中又出现一些故障，这方面的知识或者技术方面，我摸得比较好。因此，到了学校里头以后呢，发动机上仪表方面出现什么问题，一直到发动机目视，出现什么现象，外部的情况，或者内部燃烧的情况，包括听声音，那么基本上这三层：仪表、外观、听声音，基本上能判断出发动机有什么故障，怎么排除，这些东西在工厂的时候帮我打下了扎实的基础。因此到学校里头来，跟学生解释试车当中出现的这些问题呢，能够做到对答如流。但是要问到你为什么要这么做，为什么要进行这样的调整，这就叫知其然，不知其所以然。有实践知识，而没有理论。理论方面很欠缺，一问是一个大红脸。这样反过来，就要促使我文化上、理论上怎么进步提高。那么在这种环境下，我白天工作，晚上上夜校，短短的五年时间，学完了初中、高中，并且考上了夜大学。同时，我还利用教研室，因为教研室的老师在那儿讲理论课，我还可以抽出点儿时间听老师的课，又可以得到进一步的提高。这样在工作当中不仅一边干，一边摸索，而且在这种环境下，我理论上提高得很快。

二、理论一定要联系实际

苏：到了学校以后，我感受到解放前和解放后，对知识分子的态度或看法的变化。过去，由于劳动人民缺乏知识，有好多事情都不清楚。解放以后，接触到这些知识分子，由于当时在党的领导下，强调知识分子要和劳动人民相结合，劳动人民要知识化，在这种情况下，也能够自觉地去向知识分子靠拢，向他们学习。当时在学校里，也感觉到解放以后，我们作为一个工人来说，或者劳动人民来说，也看到了知识分子，包括教授们，对我们工人的尊重。这方面也有很深的感受。当然由于这种情况，应该向知识分子学习。一方面是建设国家的需要，同时也是提高自己知识水平的需要。当时也感觉到，进了学校以后，从20世纪50年代到60年代整个这一段时间里，我觉得我们学校里对于知识分子解决理论脱离实际，或者说怎么理论联系实际，在这方面做了大量的工作。比方说，当时这个三馆，就是发动机原理实验室，光是试车台，比方说华斯普试车台，发动机试车台，它主要测试螺旋桨的特性，螺旋桨不同的角度会产生多大的推力，不同的推力，这是一个。还有M11活塞发动机，就是测量在不同高度上面活塞发动机的特性。类似这种发动机试车台，当时，就我们发动机原理实验室来说，就有15到20个。各种实验台，有20个左右。这对当时理论联系实际，起到了很大的作用，而且每一个年级，在这个学习期间，特别是学专业课的时间，都要通过这一系列的实验课，来和书本上的理论相结合。有些实验是学生自己操作，让学生自己操作，自己录取实验数据进行分析和研究，这对理论联系实际，起了很好的作用。对专业的学生，已经上到专业课的学生，就是三年级到四年级，已经进入专业课的时候，这些实验都要一个一个经过的。这个还仅仅是发动机原理方面，另外还有发动机的热功、传导这些，热工实验，那么有相应的热工实验室来承担相应的实验课。总而言之，这些实验课都是和实践相结合的，提高学生的实践能力，都是非常重要的。

另外加上一个，当他们入学以后，还在上初级，就是一二年级基础课的时候，学工的时候，学焊铁壶、水壶，自己动手学气焊，学电焊，甚至于学车工，到学工艺的时候，他就会学习车工。工厂，相应地说，有个实习工厂。对学生来说，自己动手，这就克服了过去理论脱离实际，而且上了大学以后，真正像一个理工院校出去的，能自己动手。

后来，我们学校还自己生产板翅式的煤气加热器，燃气转换器，洗澡的燃气热水器。这边烧燃气，放在炉子上边烧燃气，另一方面接凉水。

胡：我用过这种热水器，那还是在用液化气的时候。

苏：对，用液化气的时候，已经可以做到。那时候还没有煤气热水器，我们已经出现这个了，叫板翅式热水器，解决洗澡的问题①。

胡：那时候北京市有类似的产品吗？

苏：没有。

胡：那是哪一年的事？

苏：这时候已经到了60年代、70年代。60年代已经开始有了热水器，有了煤气以后不久，这个就出现了。

---

① 这种热水器由铝合金制成，形状扁平，面积与液化气灶的灶面相仿。内有暗水管，连接在自来水龙头上，另一头连在淋浴器或者其他用水终端上。当龙头开启后，再点燃液化气灶，即可对热水器里流过的水加热。

胡：我看见有这个东西的时候是80年代。

苏：那是有60厘米长吧，40厘米宽。

胡：就好像跟液化气灶大小差不多。

苏：对，液化气灶，正好往上面一放，两个液化气气灶炉眼儿。这就是我们那儿出的。在"航院"独此一家。我概括的这一段就是1955年到"文化大革命"前，学校这一段理论和实践相结合，应该说是做得比较好的。

这里还有一个包括学生毕业前下工厂实习。这就有进一步的教学与生产相结合，就更进一步了。当时教学，在教育方面，人的认识是从实践到理论，提高理论以后再回到实践，再去认识实践，再提高。这种循环，我觉得在这方面，我们学校是做得不错的。

"文化大革命"开始以后，当时大家都停课闹革命了。学校里也是首当其冲的，停课闹革命。当时在1966年之前，1964年开始，美国的高空无人侦察机就老不断地侵入我国领空，对我国探取地面的情况，来干扰我们，探取我们国家的情报。在这种情况下，我们自己的飞机怎么打掉它？这是一个课题。而且我们的飞机呢，它当时的高空无人侦察机，能飞到1.9万米到2万米那么高，而我们自己的战斗机，喷气式战斗机，也只能最高达到1万米。即使能到1.5万米，还有4000米差距。这个高度的差距你打不到它。怎么来打到它，这是非常大的一个课题。为了打下美国的高空无人侦察机，战士们，就是空中飞行员，为了消灭敌人，不顾自己的安危，使飞机进入了失速状态，结果飞机自己掉下来。这种掉下来，是无法返回的。它不是平飞，平飞还有一点高度，我俯冲这么下来，它是可以返回的，我升降舵一放再飞高起来。但飞机失速以后，它自己像个秤砣似的，呜——掉下来了……

胡：那掉到一定高度再打开发动机也不行吗？

苏：不行了。因为它这么直着下来。这个时候的速度最快，它只要横过来呢，飞机就可以飞了，但它横不过来，这个时候，只有直上直下。你哪怕是这样子的，翻过头，这么下来，它有可能把自己的尾巴压下去。你这么下来呢，它操纵不过来了，包括你变升降舵，把方向的升降舵翻过来，它翻不起来，因为后面的重量，升力产生的太小。所以这种情况下，我们的飞机损失了好几架。这以后，怎么吸取教训，为什么会失速，找原因哪。后来通过摸索，解决的方法是什么呢？先摸它飞机的规律。比方说，我第一仗没有打到它，那这架飞机就回来，后面再摸索。这一架回来以后了呢，根据它的方向，这个时候，我们还不会准确地估计打到哪儿。反正不管我怎么说，我在你前面，下面这一仗，我让它飞机起飞，起飞以后，我待在半路上等着它，等着这架高空无人侦察机，等它飞过去，飞得差不多呢，再逐步接近它，在快要看到它的时候，地面雷达还要帮助联系，就是敌机在你上方多少角度，多少高度，在这种情况下，你赶紧拉起来，就是往上蹿哪，蹿到 1.4 万米，还不到你极限的时候，你赶快把你的火箭、空对空导弹瞄准它，打得到就打到，打不到你赶快就下来。你尽量把那个空对空导弹套在那个靶心中间，赶紧把它发出去。那个 4000 米高度差呢，就靠这个火箭、空对空的导弹来打它，打到了就打到了，打不着就放走它。那第二站你就下来，那么第三站就赶紧把第三架的信息告诉第三个雷达站，让第三个机场的飞机起飞，第三架再在半路上等它。就这么一步一步，传过去，一直打，直到打到它为止。如果它中间跑出去，那算它走运。只要它不跑出去，那我们一架、两架、三架，就用这个办法打它。第一次，可以说，十个有九个打不掉它，但是它来得也随便哪，当时我们的飞行员，第一次没打到它，我第二次也应该更熟悉一点了吧。就这样，把我们的飞行员逐步地培养出来了。到最后，来一个打一个，这有一个过程。到最后，我们一共打掉它 20 多架无人机。

三、参与无人机研制

苏：打掉一架以后，那就有它的残骸，架次多了以后，残骸也积攒了不少啊，就要研究这种飞机为什么能飞到这么高。而我们的飞机为什么达不到那么高，要做这方面的研究。第一个呢，就是要测绘，用这些残骸来测绘。测绘以后，找出它为什么比我们飞得高，作为一个课题来研究它。如果能为我们服务，或者我们自己能够制作出这种飞行器，那对于我们的国防，可以用来保护我们自己的领空，这不又是增加了力量了吗。那么在这个情况下，国防科委就下达给我们一个任务，测绘高空无人侦察机。测绘，是把打下来的飞机残骸，拼拼凑凑，尽量能够测绘出来整体的东西。刚接到这个任务以后，1966 年“文化大革命”开始，这项工作就停下来了。

但是，就我们学校来说，因为这是国家交给的任务，还要想办法测绘出它的这些东西。当时就有那么五六个人来做这项工作。测绘那个过程，基本上完了。测绘是专门有一部分人在那里测绘，那么下面能不能把这些破破烂烂的残骸进行修复，或者装配出一台发动机来？或者我们在地面上能不能把它试出来，开动起来。这个任务，当时我们四系，有那么五六个人，叫作情投意合吧，一方面，把这个发动机残骸拼凑起来，目的是能够把它拼凑好试车，能转起来。当然要把它转起来，要能试车，必须有个试车台的设备，从这方面来说，我们又可以分出两路：一路，就是继续修残骸，一路，做试车台架，改装试车台架，要能够把这个发动机在我们新研究的方案里头把它试出来，运转起来。当时，我的重点就是怎么把发动机运转起来。因为，当时我是接受了这方面的任务，介入到这项工作中，当时就这么几个人吧，利用我们原有工厂里学到的知识，例如，喷气式发动机试车里的知识，用这些器材来改用到我们现在就叫“涡喷 11”吧，实际后来的型号就叫涡喷 ××，是 WP ××。那时候还不叫 WP ×× 喽，叫 7049 吧，哦，那时候的型号叫 216，这是我们学校里头自己起的型号。代号 216 发动机，怎么把它运转起来。哎呀，这段时间，一直在摸索，因为没有残骸的资料，没有任何说明书之类的，那真是摸索。实际上，我们是到 1967 年开始改造试车台的台架，改造设备，到了 1969 年，放到台架上面试车，试车过程当中大约经过了两三个月，果然把它转动起来了。转起来后的第三天，空军工程部的副部长，叫王久晨，就到我们试车台来参观。来了以后呢，一个是我们感觉到，这个消息他是怎么知道的？第二个，来了以后，总是要看看我们试车吧。在这种情况下，我们把发动机打开让他参观。然后，我们将发动机开动起来、转起来，部长看完以后非常高兴。回去以后，没有多久，我们就接到了正式的任务，恢复修理高空无人驾驶飞机。那时候型号的名称就叫作 7049，即 1970 年的 4 月 9 日。

原来他是没有交给我们这个任务的。当我们发动机能转起来以后，修复飞机这个任务就这么下来的。我们是在 1969 年在台架上试车成功的。由于发动机试车的成功，推动了研制高空无人机这项任务的开展。1970 年 4 月 9 日，把这个修复无人机的任务交给了北航。紧接着，我们这个无人机的第一次试飞，我想想啊，好像是 1970 年的 10 月份吧。

胡：那很快呀。

苏：很快，从"7049"真正到飞机试飞，是在 1970 年的八九月份，在南苑机场，可能还会早一点。1970 年 10 月份到东北去投放，说我们肯定是在这之前，空中起动还有个过程。空中起动，因为它不像在地面，在地面，我可以用电动机带着它，它自己的上面有个电动机，带着它起动起来。空中电动机没法给它加电，没有那么大的电源负荷，要靠空中的飞行速度冲压，一般叫作空中加速，风车加速。就是飞行当中，它的气流啊，风车，也叫风车转速。这个风车转速，远远低于电动机起动的转速。所以这个上面的起动有很大的困难。为什么呢？飞行母机带着这个飞机的速度太低，只有 280 公里，那么最理想的速度是七八百公里/小时。只有在这个速度下，它才能有正常的速度。所以，这种启动是很困难的。我们在这中间摸索了两三个月吧，两三个月，到最后才空中启动起来。但是这种空中启动呢，由于处于一种非状态下，不是正常状态下的启动，所以出现排气温度过高，发动机虽然启动起来了，但是这个排气温度超过规定指标，是冒着烧掉涡轮叶片的危险，尽管启动起来，但是它不是正常的中期启动。因为它的温度超过了正常涡轮工作的温度。这个时间，由于时间很短，也可以一下子速度就过去了。尽管成功了，但是要冒一定的危险。这里头还有危险，一直到后来，也曾经烧掉过涡轮叶片，1976 年那次，就把涡轮叶片烧掉了。到了那个时候，再回过头来检查以前我们这个启动方案，确实是错误的，不对的，里头有不合适的地方。为了验证这期间我们空中启动的方案，要摸索出它正确的方法，那么只有在地面上做实验。1976 年在徐州烧掉涡轮叶片以后，再回过头来，到我们的试车台再重新摸索实验，摸到空中启动的方式。如启动方式里头，什么时候供油，什么时候点火，供油应该分段供，还是一次供油？这些都需要我摸索出规律来。那么到最后，终于摸索出了在空中启动的时候，供油要分两次进行，由原来的一次供油改为两次供油，从而避免了以前一次供油温度过高，烧坏涡轮叶片的危险。改成两次供油以后，后面这些启动都是很成功的，再也没有出现过启动之后，排气温度过高的现象。

1976 年那次试完了以后，我们这架飞机和发动机正式通过了空中的试验，试飞成功，交给部队。就是说，问题解决了，通过了。到了那个时候，我们自己空中试飞，已经进行了七个架次的试飞。达到完完全全交给空军使用。到了那时候，我们已经生产出七架飞机了。

胡：它所有的设备是不是都是测绘出来以后仿制的？

苏：我们又多一个什么手段呢？第一步是测绘，测绘了以后，它那个是英制，我们国家是公制，那么怎么把它的英制转化为公制，在这个过程中，就有一个叫作圆整化的方法。什么叫圆整化呢？小数点后面两位三位没有用了，就把它去掉了，就全部由英制变成了公制，这是一个尺寸上的变化。第二个过程呢，也可以说是与此同时进行的，叫作反设计。所以我们不完全是仿制，我们进行了反设计、反计算。本来应该是先计算，后有东西。我们现在先有了东西，然后再进行反计算、反设计。到第三步，才真正是把我们自己的东西设计出来，包括材料的设计。还有过程化的问题，这里头一些材料的过程化，用我们自己国家的材料。因为你美国人不可能给我们提供材料，这里包括工艺上的过程化，材料上的过程化。这就是说，借鉴我们工厂里头正规的研制过程。第一步，是性能定型，也叫设计定型。第二步，工艺定型。有了这两个定型，拿出来以后，才能交给部队使用。而我们的发动机，是确确实实通过了这两次定型，定型试车：第一步设计定型，第二步工艺定型，工艺定型上就包括了材料定型，也就是寿命定型。我们这个发动机到了1976年，这些实验都完成了。那么飞机到了最后一次完成就是1976年试飞定型。这次试飞，航程是从东北的大土山，一直飞到武汉大桥，再返回来，返回的回收地点是郑州的落马湖，这是一个较长的航程。经过这次实验以后，就交给部队了。

胡：后来无人机所是到了1986年才解散，是吧？

苏：说到这地方了呢，无人机的任务那时候还一直是我们自己在做。后来说是要转到天津的一个厂生产，那么对我们学校来说，就是把我们学校的科研成果，转到外面去生产。我们学校不是生产工厂，这个任务已经定型了，我们再接着研究新的东西，这可以理解，我也能够接受。但是，飞机和发动机看起来虽小，但是技术含量却很高。当初天津的这个厂接受了这个任务。遗憾得很哪，生产不出来呀，天津的那个厂没能完成这个任务。

胡：为什么生产不出来，你工艺都成熟了呀？

苏：不是那么容易。一个小小的天津厂，包括整个天津，天津的国防工办出面，由天津市承担。天津这个厂承担不了，我们来做他的后盾，用天津整个的力量来完成。其中，陀螺，飞机上那个多普勒雷达，电器的东西，他完不成。发动机的零部件，他造不出来。好多零部件他弄不出来。

胡：那怎么回事啊？

苏：这一步在安排上是上面的错误。就国防工办来说吧，至少他对天津工办，对天津这一块，了解得不够。

胡：那他们为什么给天津，不给东北呀？

苏：这个问题我就不好解释了。至少从现在看，犯了几个错误。第一个，对高空无人侦察机的技术含量估计得过低。有些，如工艺上，发动机的爆炸成型，他没能过关。真空铸造，他没有过得了关。钎焊，看起来这两个东西烧到一定温度，它钎料先融化了，融化了以后，温度慢慢降低，降到了那个钎料融化了以后，这两个东西不就合在一起了吗。

钎焊。我一说起来，好像很容易的，等到它这个温度融了以后变成固化了嘛，当然这两个就结合在一起了，然后温度再进一步降低，一直到能够拿出来。我们自己就这么完成的，但是他就过不了这个关。看起来，我们就那几个钎焊工，但是他们没拿得下。刚才我说的这几个工序，他们都没有能拿下来。后来安排到了成都去生产，成都是什么厂，我现在想不起来了。它那个发动机，现在还在生产。年产量 100 台。每台就是 100 万，一年就是一个亿。那么这个发动机这么批量的生产，一开始装起来，试车台它就是烧发动机。很有意思。后来进行不下去啦，还是它这些东西，拿到我们这地方来装配，这就需要用我们的师傅了，我们的师傅在试车台上进行装配，很容易试车就成功了，这很有意思。然后，在这个状态过程当中，他们也来学。学了回去研究，还是这个东西，就是一张纸，没有触摸以前，就是解决不了，他的零件他装起来，一试车就烧掉。装起来试车，还不是一次，两次以后，他不敢试了。好，还是这些零件，拿到我们这里来装，一试就成功了。后来他们把这个东西再拆开来，自己再去装，也成功了。这中间，他们过来看到我们装了以后，知道一个地方他们没装好，这个问题解决以后，马上就过去，一直到现在，现在这些关口都能过去了。钎焊问题，真空离心铸造问题，这些都已经解决了。要不然他不会一年一个亿，一年 100 台。但是反过来说，我们在第一次啃这个骨头的时候，也是花费了等于是全院的力量。

四、无人机下马

到了 1980 年初吧，我们当时的北京航空学院，还有南京航空学院，西安的西北工业大学，这三个院校在无人驾驶飞机的技术上，就是掌握高空无人驾驶的技术方面是遥遥领先的，应该是北航第一。那是真正的遥遥领先。那飞行高度，能飞到一万九、两万。那两个兄弟院校，还是停留在比较低一点的水平上。遗憾的是，到了 1982 年，由于当时学校的领导人，以强调加强理论基础为借口，把所有的型号都下马了。这是太大的损失，对北京航空航天大学来说，是一个太大的损失。

胡：你下马型号，那部队也不干哪。

苏：是啊，部队是不干。当时航空部也明确对北航说了，你们这种做法，将来是要犯错误的。一个是不赞成嘛，第一个是不赞成，因为已经列入到国家的第五个五年计划里，列入到装备部队的机种，已经列入到装备部队的一项计划吧。你们这样做是不合适的。

胡：那他胆子那么大，不听部里的？

苏：就没听，这下完了。这是对外。对内，你比方说，你是搞无人机的，你要下来。你不下来，那用什么东西来卡你呢？你今年多少个学时啊？讲课讲了多少学时啊？那用这个来压你。因为你这时候，你在那地方全部是搞无人机的。当然，你讲课的课时是弱项。当时涨工资，是以这个为标准，这就非常明显地用这个来压你。那么在这个情况下，有些人是含着眼泪离开了无人机。有的人就调出去了嘛，就离开了北航，当然也有改行的，改行的嘛就像杨为民他们那个十四系。他们后来就转到搞那个什么？

胡：可靠性。

苏：可靠性，到那个地方去了。当时 1982 年，不光是一个型号，所有的型号都下马了，包括当时的“红航一号”，还包括刚才提到的板翅式燃气热水器，都下马了。但那个是民用，影响大的，一个是“红航一号”，一个是高空无人驾驶飞机。

胡：“红航”是什么？

苏：是高空高速靶机。所以现在一谈到这个，最先是北航，是北航先搞的。所以“红航”现在还能压得住的，一说起来，我从什么时候，比你搞得早。

这个里头咱们航院是做得不对的。部里说，第一个，你们是会犯错误的，甚至说严重点，说会成为人民的敌人吧，你们这种做法是错的。

明确地指出是错的。第二个，已经列入到国家计划里的，已经列入到部队的装备计划里的，两个列入，你们这样做是错的。两个错的。有这么一句话，你们学校是党委负责制，我没办法管你们。我只能说到这儿。这都是原话。由于我不是参加这个会的，是第二个人又转给我，原话大概就是这样。你看，当时他就不考虑嘛，一根筋嘛。人家说话说到这种高度了，而且是部里的谈话，你为什么不考虑呢？是部里的态度。我们下面的人听到这些，觉得你太不负责任了。光我们学校，光这个项目来说，是牺牲了四个半人哪。为什么叫四个半人呢？因为有一个是怀了孕的，飞机掉下去把她砸到，砸死了。我们试车台的班长，当时他是正班长，我是副班长。那天我到南苑去了，他在家里头指导，结果他指导，对实验部分，哪儿危险，哪儿不危险，毕竟没有我熟悉。

为什么他会犯这个错误呢？我在的时候，他就没有犯这个错误。有个教师，他是负责性能方面计算的，算出来以后，性能总数差 2% 左右（与美国公布的性能相比），我们的测向是 2% 。那么怎么造成的呢？他想来想去，会不会是北风。由于预报北风，我们有几个窗口是冲北的，那北风一过来呢，我们排出去的废气又进入到发动机了。会不会由于这个问题，废气进来，那再燃烧时，氧气不够了。是不是这个问题？那么我在的时候，我就不同意他这个观点。因为这地方我们是连续性地测量的，我也承认，有废气进来。那么废气进来肯定多多少少要影响到这个。但是，我为什么坚持我们这个地方影响不大？测量上面影响不大？第一个，我这个整个测量系统，在某个仪表，可能是 5‰，或者只有 1‰，我的精度能达到多高这个数量级。但是我不能够以此来作为说我这个精度是 1‰，不行，这是一个综合的东西。那么既然是个综合的东西，我恰恰测量推力的那个仪器，精度不够，只有 5% 。那你那 2% 来说呢，我根本就测不出来。所以我不同意他，这是一个不同意他的地方。第二个不同意他的地方呢，我在沈阳的时候，我刚才说了，我在几年的时间里头，1000 台发动机，6 个试车台，也就是 6000 台呀，没有 1 台到了外头推力小，没有发现过这个问题。为什么没有发现过呢？尽管有这个北风，搀和到里头有废气，它不足以影响到它。它得连续性地工作，不足以影响到它，而且那个沈阳的试车台，主要的进口就是一个北边的大窗户，高一点。下边北边的那个大窗户，是排气口，这是第一点。同样的废气到了一定程度都是北边进，北边出。而我这地方呢，北边进，还只是 1/6，其他还有 5/6 是从南边和东边进。所以对北边的影响比较小，比东边的影响还要小。但是我这个都能说服那个管性能的老师。所以我在的时候，我就直截了当地说，你算了吧。当时他没想到会有那么大后果。可是那天我走了，试车的前一天晚上，我走了，上南苑去了，那天有飞机第二天要飞。那么家里头呢，我在试车台里头这部分，也给了他。他就是一个人又要负责里头，又要负责操纵，照顾操纵的人帮他看表。结果，他进到那个危险的地方，以前都是我在里头，他进不去的，没有机会进去。但是我走了以后呢，他得要进去看了。另外还要说到，如果说有影响的话，那天外头刮大风，他应该把发动机停下来，把转速降低下来，再让人进去，这是对的。然而他没有把发动机的转速降低下来，而是那个操纵间，通过一个小门，直接进到试车间里头去。这块地方，风速最大。我以前进来，都是从大门进，从来不从那个小门进，这是一。第二个呢，他由于第一次进去，又开着车，那他为什么要进去呢？他支配了一个人到上面去开那个窗户，这是错误的。到了车上去开窗户，窗户那儿的流速也很大，说不定人到那儿，人先就掉下来了。说不定哪天发动机里头，你试车的人可能还发现不了。那天，等人上去了以后，开那个窗户，人倒没有掉下去，当时那个人就已经看到后面有个死人在那儿了。那地方有个影壁，为什么有个影壁呢？要是没有这个影壁，外头一眼就看到我们里头这个筒子，透过筒子就能看到我们里头在试什么东西，所以有个影壁。那个人上去了，还没下来呢，就看见那儿怎么有个人哪？实际上，那个时候这个同志就已经不行了。那个人还没走到那地方，他这地方可能都已经抛出去了，是引射把他从筒子里吹出去了，发动机排气的引射，这个引射的力量是很大的。筒子中间，是发动机排出来的废气，从中间这一骨截儿走过去，四周围的空气都往这地方走，引射就这样产生了，也可能那个人还没到上面开窗户，他就可能都已经出去了。在这种情况下，这个人是不应该进去的，而且不应当走到那地方去，另外那地方是危险区，我从来不到那地方去。

胡：为什么这风出来会对人有这么大的伤害？引射力很大，也就是把人推出来，为什么会出现这么严重的后果？

苏：引射的力量到他出去的时候，这里头有一个 6 米多长的筒子。里头的速度是多少呢？是 600 多米/秒，700 多度的温度。虽然是一个瞬间，是炮弹出去的速度，炮弹从炮膛里出去是多大的速度啊？我这里是 600 米/秒啊。一个榴弹炮筒这地方也不过是如此。所以他撞在那个影壁上，让他们说，脑袋撞得都瘪进去了，脑浆子全部溅到墙上了。这就牺牲了一个，这还是在学校里头。

那么在外头呢，什么任务都试飞过。任务都试完了，回来了。最后都皆大欢喜了吧。就在回来的途中，后面的那个降落伞啊，飞机回收不是有降落伞吗？外头的那个筒子掉了，装降落伞的外壳是一个筒子，筒子里头装的就是那个降落伞。外头的筒子掉了呢，就必然引导它那个里头装降落伞的袋子，骨碌骨碌连降落伞一块儿都带出来了，一下子降落伞就开了，700 多平方米的一个面积，拽在飞机的头上面，这是一边哪，你这一拽着，飞机不就在这地方原地打转吗？到了这个时候，3000 米的高度一下子就落到还剩下五六百米，你再不扔下去，那大飞机一块儿就完了。已经低到这个时候了，那么这个时候团长下决心，把它扔了。万万没想到，在他扔飞机的一瞬间，飞机也扔出去，降落伞也断掉了。早知道降落伞会断，飞机不就不扔了吗？等于同时发生，降落伞也断了，飞机也扔下去了，就像个炸弹似的扔了，正好扔到人家房顶上。那家人，一个老太太，一个老太太的女儿，一个老太太的孙子，老太太的女儿还怀着孕，那么活人就有三个，包括孕妇肚子里的小孩，所以加上我们牺牲的一个，是四个半人。这里头还有个故事，那个老太太的女儿已经走了，走了都快有半里地了，又返回来，还掉了一个什么东西，落在这边，就回来取这个东西，结果东西没取成，人压死了。你不回来取不就活着呢吗？所以一个是我们的技师，另外三个是老乡，再加上在孕妇肚子里的小孩子，一共死了四个半人哪。

花了那么大的代价，而且是全院的努力。无人机上天，说良心话，也就是在当时的那种情况下才能搞成，才能生产出高空无人侦察机。因为那个时候我们大家都没事做。哥们儿们，能够出力吗？对不对？方方面面动员，三系的也有，二系的也有，一系的也有，五系的也有，可不就是全院吗？所以无人机的上天，确确实实是我们全院教职工的参与，还包括当时三年级和四年级的学生的一部分，投入了很大的力量。是这么个成果，才有的“红航”，才有的高空无人侦察机。如果当时我们还是各走各的，像现在这样的，无人机出不来。因为当时没有别的，全院就这么一个，而且又是国防任务，还有一个呢，就是对“文化大革命”，在一定程度上也有看法。我还是干这个吧，干点正经事吧，他就会把这个事当成正经事。反过来说，虽然没把“文化大革命”当成不正经，但是也是有点不正经吧。过去要说这个话，那不是现行反革命了吗？哈哈！

现在的这个无人机有它的独到之处。独到之处是什么呢？我把摄像机直接装到飞机上头，我可以通过卫星，然后我在家里头只要装台电视机，就可以在屏幕上面看到你飞机飞到哪儿了。你飞机尽管让敌方打掉了，但是这之前，我的情况都知道了。比方当时要装上一个录像机，那就都录下来了，现在已经都有了吧。对这个飞机来说，你打不打掉，我的情报，我的目的都已经达到了。只不过我损失大一点。你回来了，更好，不回来我也就认可了。

胡：这种低速的被打下来的机会是不是更多了？

苏：概率更高。但是为什么你不做一些速度更高一点的？受摄像的影响，它这部分现在还达不到。一个清晰度，一个雾的排除问题，怎么排？估计这两个问题解决不了。

胡：这个雾的问题，可能美国也不好解决吧？

苏：美国解决啦。它用照相机照下来，一个清晰度非常高。

胡：有雾它也能照啊？

苏：按照道理来说，比方说，我有红外线或紫外线这些，好像都可以似的。像那个红外线吧，夜里头照相可以看见对方，也可以说，这个飞机呢，逐步来说，光学问题上可能还没通过。

胡：那个它是光学的问题，不是咱们这儿的问题。

苏：不是我们的问题。如果把这个光学问题再解决了，那我这个飞机上去哗哗几下就拍完了。我这个动力问题一解决，别的就好办了。

胡：那结构也不一样啊，因为你低速飞机的结构和高速的结构不一样，外部结构都不一吧？

苏：不一样。外部结构当然要改变改变。

胡：美国当时飞机是照相机，不是摄像的，不是连续的吧？

苏：它是一定长度的胶卷，多少分钟的胶卷，照完就完了，而且胶卷只有等它飞回来，洗出来，才能变成战果、成果。我这地方呢，这套东西没有，不需要的，独到之处就是这个。先进来说呢，肯定没那个先进，那个我一照相就是一万九、两万米，我照下来的清晰度好极了。一张底片，拍下来的照片有这个一半，一张洗出来以后是这个的一半，然后，6 张拼出来，6 张就是 20 公里呀，这个宽度就 20 公里。

五、无人机的研制培养了一批人

苏：第三部分就不说了吧？

胡：没关系，您能说我就听。

苏：当然还可以说一部分。因为这个飞机，它是 1964 年出品，我们每次打下来的飞机，它那上面都有日期，出厂日期，生产日期，第几批什么什么，这都有。那么也可以看到当时美国的水平，我们看得最近的，就是它那上面离开我们打下来有 1964 年，也就是当年生产出来，当年就被我们打下来了。我们弄出来的，已经是 70 年代吧，等我们交给部队使用，那就是说，你 1964 年的东西，我们在 1975 年吧，1975 年我们交给部队吧，也就是差 11 年的时间。这个时候的差距，我们就说是11年吧。通过这些，带动了我们学校后来的，就是从先进的科技方面。你比方说，从发动机的轴来说，那时候，我们想象的发动机的轴，从老的设计来说，都是强调刚性放在第一位，有了刚性，再后面有个强度。刚性不好，后面的强度可能就不怎么样吧。但是，到了它这上面，这个涡喷××发动机的出现呢，恰恰它在刚性上面很弱，甚至像个弹簧似的。它的那个轴承柱，就变成一个弹簧式的。那为什么成了这个样子了呢？因为中间有两个共轴转系一起上。那就是说，刚性是很弱的，并且它那个轴，中间变成弹性的。要经过两个共轴转系，我们当时试车的时候，就碰到一个同一台发动机，要经过两个共轴转系，越过共轴转速两个，这么一来，就可以说，轴就可以大大地减轻，这一点也符合它后来做的波音飞机的翅膀。波音的发动机飞机起飞的时候，你明显地可以看出来，翅膀在那里呼扇呼扇的。原来的飞机那可不行，你要看到它呼扇呼扇在那儿扇着，那不行。

发动机的体重轻，对我们搞航空的来说，有非常重要的意义。从技术的进步这一点来说，也可以说是一个很大的进步。同样，通过搞这个发动机，我们从结构来说，结构教研室来说，像什么鼠笼、弹性鼠笼，弹性鼠笼有个轴承座，轴承装在这个弹性的上头，原来想不通的。你装在这个弹性的上面，不会把别的东西磨坏掉吗？对不对？一有弹性，我怎么来减轻它的弹性呢？相应地，它就用一个油膜来减震，消除它的震动。这也是它的一个窍门吧，使发动机的零件震动不大。

有工艺上面，刚提到的爆炸成型、离心铸造，而且是在真空状态下离心铸造，钎焊，这些东西都是我们学校自己来解决的。像七系，自己来解决的。像别的，多普勒雷达方面，还有像高能高频点火装置，这个是南京无线电厂帮我们解决的。还有一个是半导体电嘴，也叫火花塞，叫电嘴也行，叫火花塞也行，这也是他们帮我们解决的。那个时候，半导体电嘴还是空白点。带动了好多，就是工艺上的。还有技术上的先进东西。

当时，我觉得通过我们那时候搞型号，有一部分老师，那可是从操作能力到设计能力，大大提高。你看现在在岗位上的，像陈懋章、蒋浩康，宋早红，陈光，陈大光。陈光、陈大光这是两个人哦。还有一些人我这儿就不都一一地说了，这些都是那时候起来的。那边还有翟光明、杨为民，通过这个实验，锻炼了不少人，一大批人哪。那时，相应地，七系方面，从工艺这方面，他们也解决，他能够做出爆炸成型，真空铸造这方面，他也是从零开始。而且还有一个，铸造用镁呀，原来我们学校是不能铸镁的，镁是点火就着的。当时你要在六七百度把它融化，而且要做成东西，我们这里也可以。原来我们也是不会做的，现在我们不也做了吗？通过这些东西，就通过这个型号，我们锻炼了一大批人哪。

胡：现在学校知道型号的重要了吧？现在跟外面抢着要型号。

苏：现在呢，这是我们两个人谈。比如这次想搞飞机、无人机，没经过自己设计、自己制造，在整个试飞当中，他有好多东西是取不着的，想不到的。这不是你学校里书本上，这些东西是没有的。所以说，通过型号，搞型号，一方面他们是从理论上比较熟练它那个东西，再加上实践，实践了呢，又回过头来，又指导了理论，增加了理论。你像那个陈光来说，苏联的那个图－154 出事故，那陈光去了，一眼就看出，你那涡轮杆跟那个盘，跟那个地方的倒角太小了。倒角太小了，强度集中，就是力量集中。他去了一看就看出来，哟，你这地方有问题。

胡：是不是设计的问题？

苏：是设计问题呀。他们一开始还不相信，不相信就做实验，一做实验果然如此。所以陈光就这一项，他就得了一套房子，是奖励他的。陈光这个人，通过搞这个无人机，他那个教授就下来跟我们在一起呀，爬、摸、滚都在一起。都在一起之后，他的提高就快。在构造上的一些问题，一些看法，他摸得就熟。我说的得到提高的还有不少人呢。这部分人跟我在一起，时间比较长，确确实实，实践出真知。

胡：您那时候教研室是四零几？

苏：那个时候就是叫 401。404 是构造，陈光他们原属 404，但是工作的时候就不分了。到了这地方，就是 401，你领工资回去到 404 去。

胡：我刚来的时候，老听到404、404的。

苏：遗憾，学校搞到这个程度很遗憾。那么现在也不能说一无是处。也可以说，是跟着时代的要求吧。本来说，这是一个航空航天大学，比较专业的吧。现在把它搞成综合性的大学，搞综合性的大学，符合了社会的潮流。但是如果在这同时，我这个拳头产品，还能牢牢抓住不放的话，那么北京航空航天大学，还要神气，既有自己的课的特色，又有广义上面的大学的那一点，那是应该十全十美的。

说到陈懋章[①]，他以前也是学发动机原理的。他学的是以叶片机为主，也包括了发动机的整体，也比较早地介入平面叶扇。一说到平面叶扇，对我们发动机来说，就是叶片，就是对这个的研究。陈懋章研究叶扇，当时他就抓住了“云雀”这个直升机呀，到西藏，过不去那个喜马拉雅山，高度8000米，它过不去，动力不够。这个螺旋桨，这种发动机、压气机呀，它有个特点，就随着高度的增高，它的性能要下降的。它这个“云雀”的发动机也是个喷气式发动机，就在喷气式发动机的一个离心式压气机上头，又装了个东西，同样的转速下面，它压力就提高了，在同样的转速下面，我比原来多了一点儿东西。

胡：那消耗功率就加大了。

苏：消耗功率加大了，但涡轮的功率够呀，我还够啊。那温度提高，是这样子的。温度提高了，那我后面恰恰还有富余，温度就变成功能了，温度的提高就变成功率的提高了，油也烧得多了。但是它提高了多少呢？当时原来估计是15%，后来实际上是提高了18%到21%。做实验的时候我们去了，所以我知道这个。这么一来，我的功率提高了快20%了，我喜马拉雅山就过去了。还是这个飞机，我费用降低多了，我不用增加新飞机了，我这个就可以过去了。

胡：这是某某做的还是陈懋章做的？

---

① 陈懋章（1936— ），中国工程院院士。长期从事叶轮机研究，指导并参加了某压气机改型设计，提高了流量、压比和效率；提出一种新型装置，保证了发动机在整个飞行包线内稳定可靠工作，排除了空中熄火故障。他的这项科研成果获1999年国家科技发明二等奖。

苏：是陈懋章做的。某某就没有联系这个实际，陈懋章就联系了这个实际。按道理说，就我这个旁观者来说，某某要联系实际，应该是某某拿下这个课题。陈懋章那时候，就在那儿教书，教学生，而某某那时候当研究生，专门搞叶扇的。如果他知道联系实际，应该是他先去，结果他没去。陈懋章不知怎么，钻了钻了，联系实际了，结果还把问题解决了。

胡：他那个直升机型号是什么？

苏："云雀"。生产厂是370厂，现在在无锡。是七几年哪，我跟他去了，在那地方，做实验。后来是有了故障了，我去了。结果是陈懋章，他当了院士了。

胡：陈懋章没读研究生啊？

苏：他没读研究生，他就是本科，是1958年毕业的。

胡：某某在我来的时候，当时名字挺响。我们那边的几个研究生老找他，不知道是为什么事，那几个研究生是做航空史的。

苏：那时候，为了节省材料，为了价格能够降到最低，他当时用来做平面叶扇的材料，用的牙托粉，然后用水一和，一浇铸，一化以后，这不就成了一片片的吗？然后再按照一定的形状把它做出来，这样就好磨了，比石膏还硬，比一般的材料强度又要大一点。温度也能承受得了，这么做起来又省钱。所以那时候，我们哪位师傅跟他做呢？是汤林师傅，就整个跟着他一块儿，老是跟着他做这个叶片。

胡：这是说的谁？是某某？

苏：某某。某某做叶片，前前后后这个过程我们都清楚。我们帮他做实验都在一起。某某这个人当时还是相当不错的，和我们都能打成一片吧，我们还上他家里去玩儿。但是后来由于在这方面，你自己要出成果，你不在经济上面出效益，那你这个成果就差多了。恰恰陈懋章在这上面出成果啊。要有经济效益，你要没有经济效益，对不对？

胡：那他要是在理论上有突破也不错呀！某某要是在理论上有突破，他的经济效益是潜在的，他不是直接的就是了。

苏：对。所以说，任何一个人要出成果，首先经济上要能出来。当然平时你的底子，知识面的底子，应该还是强调这个。有了这个底子，又能够得到经济效益，这个就是成功了吧。现在还有一个谁呢？单鹏，单鹏是后起之秀。他现在做了个小发动机，十几个马力的小喷气发动机。你别看现在没大用，将来一旦打开路，它又是个很好的产品，所以你还可以这里头装些这个。

胡：它这个是模型的，还是可以实用的？它装在什么样的飞行器上？这十几个马力的喷气发动机……

苏：作为一个动力，将来比方说，需要用到它的时候，那它立刻就可以给你提供。作为它现在来说，无所谓的事。最好当时我就能考虑到我马上就用到什么什么上面，那当然是立竿见影的。但在当时还没有看清楚。

胡：它这个小发动机的材料和大的有什么区别？

苏：原理上没有大的区别，只有工艺上有很大的不同。工艺上越简单越好，工艺上反而越简单越省事，甚至于浇铸，浇铸就是那种浇铸出来以后不需要再加工的，这种叫作精密浇铸。精密铸造，那你一次成型就完了，再没有什么加工的工时了。

胡：那模具要求太严格了。

苏：对，模具是很严格的。

胡：精密铸造关键也是叶片吧？

苏：现在在国外，它精密铸造涡轮叶片，就是电解液来，电火花。电火花来一下，哗……一下过去，多余部分的电火花都给它去掉了。这挺厉害。它不是一点，也不是一条线，就这么过去过来了。你比方说，当时我在美国还看到，也是燃烧室本体，一个燃烧室有 60 多公分吧，这上头的那个小孔，也仅仅是 0. 1 或者 0. 2 毫米吧，很细很细的，密密麻麻。那么我们就把这种叫作发汗式，就像人出汗似的，汗毛孔里的，汗毛孔才多大一点？就形容它小，小到这种程度。但是这种小孔，你要钻上一个小孔，我估计你半天才能钻得出来，越小越不好钻。但是他用电火花来做呢，很简单了，他没有断钻头的问题。但是他再用，激起那个电火花一起成片地，像倪志福的群钻，那不就二三十个，四五十个，马上就出来了吗？对不对？像这种他怎么琢磨出来，他们也不告诉工艺怎么出来。我们知道就问，你这孔怎么弄的？他不告诉你。但是叶片，我们当时问得他，翻过身，你这个叶片一个月加工有两个困难哪，他透露了一下。结果，他就说了一个电火花。电火花怎么会成了一个面呢？电火花是点哪，点怎么成了一个面呢？那么到最后，我们想象了呢，电火花起动切割。我 1980 年到美国去，看到那个，而且 GE① 公司，总公司啊，让我们参观这个。能在那地方看到这些东西，那真是大开眼界。有人说外行看热闹，内行我们在那儿一看，马上就知道它怎么回事。

我一个工人，怎么说呢？如果没有厂里的基础，到了学校里头，要没有这个机遇，也提不高。但是你到了学校里头呢，有这个机遇，你怎么把它全心全意真正投入进去，当成一回事，不懂没有关系，碰到新的东西，你要学。同样的，我也没接触到美国的发动机，我也不比谁先接触到，但是你能不能把以前的东西举一反三？把它用进去。我也就根据我在厂里的喷气式发动机起动这个程序。那时候，我接触到四台发动机，四个型号，我把这个四个型号里头取出它四个型号的优点，我第五个型号不就是最好的吗？把它凑在一起，要动动脑筋啊。当时来说，真正搞喷气式发动机试车的，说实在的，就我一个人，在学校里的就我一个人。另外一个呢，他当时在厂里头，是我的试工员。那年大学毕业以后到了我组里当试工员，也就是技术员。我和他两个人是很好的帮手，我不懂的地方，就问，“哎，朱老师，你给我出主意，这应该怎么做？”因为他也一样跟我搞了试车了，我们可以很好地进行交流。弄这个我自然要拽着他，他也自然要拽着我。一个是他动嘴，一个是我动手，很快就把它搞出来了。

这个时候说回来，不是说我技术多高，技术上说实在的，我不高。

---

① GE，美国通用电器公司（General Electric Company）简称。

但是机遇在那地方，也肯努力，就能有收获。你要不去做“文化大革命”那个逍遥派，没我的事，他就得不到这个事。而我在这个方面呢，正好有这么个任务，正好我也全心全意投入到里头；另外呢，你说地面试车台，我首先碰到了，又在地面试车会试了，那么到了飞机上，无非也是一样，唯一是把我包进去，因为没人会试，这又是一个机遇。那么到了天上去了，后来我也得培养徒弟呀，我一个人也不能老待在那地方呀，总得有个生病什么的吧？那当然，就有意识地培养徒弟。那时候体质不行还是不行，又一个特殊性出来了吧。恰恰在这个问题上，我一到航空学院，就意识到，我搞发动机，有朝一日要上飞机。发动机根本是在飞机上面，那时候是战斗机，你没机会上去。但是飞民用飞机的时候，你有可能会上去。到了学校，发现一个什么？旋梯，就是像梯子那样，旋转的，那时候在东操场的东北角上。我一看那个，飞行员训练用的，那时候叫伏虎。这个同样的道理，他上天要平衡的问题，头晕的问题。你总得要适应它。你不能等要上天的时候再来训练这个吧，晚了吧？那个时候，1955 年一来，哟，这里有这个呀，我就有目的地去玩儿。看我是在那儿玩儿，但是我还有个心思，将来还要上飞机呢。这个到了一定时候，机遇来了，我胜任了。反过来，到那时候，哎哟，转了一个，我今天不上去，你上去，下来跟一瘫泥似的，我身体不行，苏师傅，今天还是你去吧。这不是我跟你说不行吧，你当时要跟着我，我在那儿玩儿，你也跟着我在后面一块玩儿，我玩儿是有目的的。

胡：我原来也爱玩儿那个旋梯，现在岁数大了，不敢玩儿了。原来能转六七十个，后来血压不太好，不敢玩儿了。

苏：伏虎没玩过吧？它还有个技巧问题，需要臂力。

胡：那个没玩儿过。

苏：我觉得，能够下来以后，头不晕，这就行了，目的达到了。那时最多也就玩儿十二三个吧。

胡：其实有个体验就够了，有心理准备了。

苏：对，有心理准备了。你看，这就这么随便说说。还有一个事没告诉你。我到了北航以后，我就想到还有一个问题。我是搞试车的，老了以后就没法搞试车了，换个地方没有试车台了。老了以后做什么？这是一个。还有一个，比方说，我离开了北航，调到别的地方去了，又没有试车台。这个试车台是个特殊的地方才有，不是家家户户有这个，那我不就又该失业了吗？到了学校以后，没有多长时间，我就有这个意思。如果万一将来调离发动机专业了，我还会干什么？所以，哪儿有钳工，我立刻就学钳工，哪儿有车床，电焊、车工、刨工、仪表，我就都去学。有好多仪表我会拆开来，自己去修。我还学了无线电，无线电是业余学的呀。那时候二极管还没出来，是电子管。后来学半导体单管收音机，从装那个开始，到后来还有一个电工。我只是没考本，不能算。到了那时候，我后来发现，特别到美国去，我不但把液压系统弄清楚了，后来帮人家弄液压系统，电的系统还没有深入到那种程度，但是简单的都能胜任。到了 1982 年，我女儿跟我说，爸爸现在要改革开放，改革无非是一部分厂要合并，一部分厂要淘汰，淘汰的不光是厂子，还有一部分工人。我想到这个，我会不会被淘汰？我一想，我会那么多东西，不搞钳工搞车工，不搞车工还可以搞焊工去。我说我不会失业。这就是到了航空学院以后的转变，怎么能够适应社会的需要。一个人要适应社会的需要。你要说我工人简单吧，我说要从这点看，我还不简单。

胡：不简单，不简单。

我最崇拜的还是爱因斯坦

——刘佑昌教授访谈录

采访时间：2011 年 9 月 19 日上午

采访地点：北航院内刘佑昌老师家

被采访者：刘佑昌（以下简称刘）

采 访 者：胡懋仁（以下简称胡）

［**访谈者按**］和刘老师的认识纯属偶然。本来我是想采访物理学院的另一位老师。这位老师来了之后，不知什么缘故，突然表示拒绝我的采访。我当时也很窘，不知道该怎么办。这位老师就推荐了刘老师，把刘老师的电话告诉了我。我和刘老师联系之后，他表示同意接受我的采访。在采访中，刘老师很少提到他的经历，由于我也表示我对物理学有兴趣，刘老师就对物理学里的一些话题侃侃而谈。我虽然是门外汉，但是对刘老师的讲解也很入迷，可以看到刘老师对物理学和物理学史的独特见解。虽然这篇访谈的风格与其他访谈有些不一样，但是我觉得这其中的一些思想和资料还是相当珍贵的。所以我希望把这篇访谈发表出来。

另外，刘老师不太想透露他个人更多的信息，也不愿意我给他拍照。在网上我也没有查到刘老师的履历，所以这里就只能留下一个遗憾了。所幸刘老师送我一首他自己写的小诗《七律·为师难》，我把它放在这篇访谈录的结尾之处。

本篇访谈录涉及物理学概念较多，要把它们都注释出来，工作量实在很大。好在并不影响对访谈者思想上的了解，我就偷了点儿懒，有关物理学概念的注释就省略了。

刘佑昌教授，1955 年到北京航空学院工作，讲授大学物理课程。

一、物理学里的相对论

刘：我把我的想法跟你说一下。我们都是当教师的，作为当教师的嘛，聊聊一般的一些体会，如果说指名道姓地要我谈一些什么东西，那就免了。因为我离开教学，离开工作很多年了，你现在让我谈什么东西，没思想准备。所以不好作为正规地聊。假定是要有什么调查的内容，要详细一些的话，应该让我有一个准备，才能聊得比较透。要随便聊，就更不能指名道姓。我们先说在前面，君子协定。那我们大家都作为退休的这样一个同事关系吧，大范围的同事关系。我跟你们搞自然哲学的一些老师都挺熟的。

胡：您那是自然辩证法那一块，我们是马克思主义哲学原理这一块的。

刘：对，自然辩证法。去年，我还送给他们两本书。

胡：您写的什么书？

刘：物理思想方面的。

胡：我就想听这个，我对这个有兴趣。

刘：是吗？我那本书是讲物理思想演变的[①]。

胡：是物理学史吗？

刘：跟物理学史有点儿关系，但是还不一样，侧重面不同，侧重在思想。这个东西你有兴趣，我可以送你一本。这是学术上、业务上的交流啊，搞马列的，也可以提提意见。

胡：提意见谈不上，主要是学习，我毕竟是外行。

---

① 这本书是刘佑昌老师所著的《现代物理思想渊源——物理思想纵横谈》（修订版），清华大学出版社，2010 年版。

刘：你搞马列的跟自然辩证法有点儿联系，你们是偏政治一点吧？

胡：严格地说，不是政治方面的问题，马列的东西肯定跟政治有关系，但是像《自然辩证法》，恩格斯的那本书，还是跟哲学与思维方法有关的。我还专门给研究生上过恩格斯这本书的课。

刘：那你很熟啊！

胡：也不是，对这本书我比较熟，但是对物理学，了解得肯定有距离。特别是近代物理，量子力学以后的这部分，我就只是非常皮毛地知道一点点。

刘：那聊聊这个东西，我们还可以聊到一起。你至少在马列哲学方面比较精通。

胡：精通说不上，就是上课。因为严格地说，我不是像他们别人是哲学出身，我是在师范学院政教系读的书。在政教系里什么都学。我考研究生考的是哲学原理，但是我本人对自然科学方面是很感兴趣的。1997 年在武汉开会，碰到中山大学，也是搞物理学的，叫关洪①。我当时就问他这个问题，我一直没想通，就是量子力学的这些思想，他们所说的那个环境或者境界，究竟是脑子里想的呢？还是客观存在的呢？关洪的回答是，就是客观存在的。好像是与测不准关系有关的一个情景，只是我现在想不起来了。他解释说是客观的吧，我就是不理解。爱因斯坦说，上帝不会掷骰子，玻尔说不是上帝在掷骰子，是骰子自己在那儿转。与这个问题类似，但肯定不是这个问题，只是我实在想不起来了。好像是与时空观有关系的一个问题。您说在爱因斯坦之后，还有人发展他这个相对论吗？

刘：爱因斯坦之后，发展主要是在广义相对论上，在引力波以及天

---

① 关洪（1935—2007），中山大学教授。著有《量子力学基础》《量子力学的基本概念》《物理学史选讲》《一代神话——哥本哈根学派》《原子论的历史和现状：对物质微观构造认学史讲座》，还在台湾出版了繁体中文版。他还翻译了《乱世学人：维格纳自传》《物理定律的本性》《基本粒子物理学史》《越来越快：飞奔的时代飞奔的一切》以及《站在巨人和矮子的肩上：爱因斯坦未完成的革命》等名著。

体物理、宇宙学的应用方面。广义相对论最后是要解决一个引力场的问题。在引力场的问题上，引力理论本身一直有对台戏，爱因斯坦有一套搞法，别的人也可能有一套搞法。为什么那个时候可以是那样的呢？因为那个时候，你搞理论主要是要说明牛顿理论不能说明的一些东西，对吧？牛顿理论那个时候不能说明的东西也就三个，那三个都是爱因斯坦搞的。除了牛顿理论以外，我还能搞三个什么玩意儿，是吧？这个跟牛顿的不一样。我的理论能说明，他说明不了，那我大概就成功了。但是你只能说明三个，那好多人就会说，你能说明，我也想办法来说明，不也行了吗？所以当时有几个跟他平行的引力理论，一直到“文革”时期，60 年代，还有人冲击爱因斯坦的引力理论。

胡：您说的这个广义相对论，我也没弄明白。它这个引力场到底最后解决没解决这个问题？

刘：现在应该说已经解决了。因为现在我们不止说明了三个嘛，现在我们用广义相对论解决了更多的问题，而别的理论都被它打败了。

胡：我的理解是这样，不知道对不对啊？当时人们认为引力的传递是瞬时的，几乎不要时间。

刘：那不是瞬时的，只是很快。与真空光速一样，不可能超过光速的。

胡：80 年代我读过介绍爱因斯坦相对论的一本书，作者的名字我记不起来了。

刘：狭义相对论比较成熟，现在还有一批人在批狭义相对论，我们国内就有一些人。

胡：我看网上就比较多。

刘：不光国内有，国际上也有。去年还是哪一年，在莫斯科开过一个国际会议，还在批狭义相对论。最近还有人写信给我，谈什么时空观哪，相对论错了，爱因斯坦错了。严格来讲，这些人哪，说不好听的，已经走火入魔了。就是前几年吧，我退休以后，学生会的一个组织找我去做一个报告。为什么要找我去做报告呢？这个事情荒唐啦。有人在某个科技报上登过两篇文章，那两篇文章是说，好像相对论有所发展，有所改变什么的。说原来相对论错了，结果我们学校学生会，就请那个人到我们学校来做报告，那个人当然就夸夸其谈啦，说了很多，好像他真是怎么样怎么样的，他就做这样的报告。学生会还一本正经地把他当回事，可能因为他们看科技报登了他的文章嘛。他们拿了两份他的报告到我这儿来，要我看看他这个怎么样，对他发表一点意见。我后来一看哪，实在荒唐。我就去做过一次报告，在学校里做的报告。

这类人我接触很多，送给我的书也不少。如果我要不扔的话呢，现在得有十几本。昨天我还收到一封从河南来的信，说狭义相对论的理解都错了，他的理解才是对的。然后他提出一个什么观点。我这个人哪，有一点什么东西呢，儒家思想啊，对我有一些影响。我最后看出来了，我认为批相对论的这些人，他们犯的错误，儒家思想可以纠正这个错误。孔夫子说了这么两句话，就是："学而不思则罔，思而不学则殆"。我昨天给他回信的时候，我说这两句话对你很有用，这句话，我觉得很经典。搞自然科学的人，搞任何科学的人，这句话都有作用。学，一定要思，学而不思是不行的。人家说什么，你跟着人家走，这个是绝对不行的，学什么东西，一定要思考。从你们搞辩证法的人来讲，这个话也是很经典的。这个叫什么呢？否定之否定。

所谓思考，并不都是我从正面接受你的思考，这个是不对的。思考一定是正面、反面，否定之否定，对吧？应该是这样反反复复地，然后螺旋式上升的，应该是这样子的，对吧？所以，学，一定要有思，然后思，一定要有学，"思而不学则殆"，这些搞批判相对论的人，就是思而不学，是思而不学的典型。他们这些人之所以搞成走火入魔，就是到后来不学了，就只是思，就是只凭自己的脑子去想，一定要一边思，一边还要学的。从正面学，也要向反面学。

胡：他们的思维逻辑就是在自己的头脑里面打转转，没有新东西进来。

刘：是，新东西他根本就没学。人家说的东西，他没学进去。

胡：他根本就不知道，想当然，自以为是。

刘：有很多人批判光速不变，包括“文革”期间也有人批判光速不变，这些人里有很多人也是念过大学的，有一定的学习基础，他就是批判光速不变有什么不对。按照他的那个框框，他的那个逻辑，就圈到旧时空观里面，就是出不来，他不学呀。比如说，爱因斯坦提出光速不变原理，你要批判人家，你就得研究，人家是怎么提出来的，为什么要提出这个东西，他的基础在哪儿，他的实验情况怎么样。

胡：他是不是从迈克尔逊－莫雷的实验①那儿搞出来的？

刘：不，以前这个关于狭义相对论的书，对这个很多写得不清楚。

胡：我们过去都不知道。我过去的理解是，因为实验结果是这样，所以不管什么原因，我只接受这个实验的事实。

刘：很多书，介绍狭义相对论，说实话，这个大多没说到点子上。狭义相对性原理的提出，这很容易，谁都可以把它写出来。因为把牛顿的、伽利略的相对性原理推广成狭义相对性原理，这是一个推广，这很容易解释。关键是光速不变原理的提出，这个原理要说得比较有说服力，要从历史材料里面来找。关键是有了狭义相对性原理，怎么落实这个原理，在具体的方案上要做出决策。在当时那种情况下，应该走哪条路。当然摆在面前的有两条路，爱因斯坦选择的路眼一般人想得不一样，反其道而行之。他提出光速不变原理，主要不是像大家说的，依赖某个实验。当然不是完全不受实验的影响，他说过，他提出狭义相对论，受过一些实验的影响，那些实验的影响不像大家说的，仅仅是迈克尔逊－莫雷的实验，或者光速不变的实验。不是的，那些实验也是对以太理论有利的。那些以太的实验，都是没有否定以太的，都是同意以太存在的实验。

胡：那光速怎么会一样呢？因为有以太存在，光速才会不一样啊？

① 1887年，阿尔贝特·迈克尔逊（后来成为美国第一个诺贝尔物理学奖获得者）和爱德华·莫雷在克里夫兰的卡思应用科学学校进行了非常仔细的实验。目的是测量地球在“以太”中的速度（即“以太风”的速度）。但实验的最后结果并没有发现“以太风”的速度与方向。

因为光速是一样的，所以他这个以太至少是没有办法证实的呀？

刘：不是那样的，不是通过光速都是一样的实验否定了以太，不是那么一回事。以太危机，不是有很多这方面的实验吗？开始这些实验，都是支持以太存在的。后来，才有了迈克尔逊－莫雷的实验。爱因斯坦是根据以前的实验提出来的，主要不是根据迈克尔逊－莫雷的实验。说得简单一点，他认为，原来电磁学的原理，对所有的惯性系都有效。原来电磁学的一些规律，只对什么东西有效呢？只对以太参照系有效。这是以前的理论。从以太参照系变换到其他的惯性系，都要变换过去才有效，但是实际上这个东西，有一点怪的。因为我们的电磁学理论，都是在地面上建立起来的。那就应该讲，你建立起来的电磁学理论，它的规律，直接对地面这个参照系有效就完了，干吗非得拉到以太上去？这个是最基本的思想。相对论是首先承认麦克斯韦方程式，对各个惯性系是有效的，但是为什么他能得到这个概念，那就不是一个实验，那是很多实验的结果得出来的一个结论。关于论证以太有还是没有，涉及找绝对速度，找绝对运动。

胡：牛顿就是要找绝对运动吧？

刘：牛顿搞绝对运动就是说说而已呀。他没有真的找到了绝对运动。

胡：他不是要找绝对运动，他认为这就是存在的，是没有疑问的，绝对运动是没有疑问的。

刘：他认为应该有一个绝对的背景存在在那个地方。牛顿相信有一个绝对背景存在，他相信有一个绝对空间嘛。

胡：绝对空间，绝对时间。

二、相对论与麦克斯韦方程

刘：有一个绝对的东西存在，对吧？但是他搞出来的力学理论哪，完全不需要那个东西，不需要那个绝对背景。而且根据他的理论，也找不到那个东西。后来的力学规律，完全不要那样一个背景。对任何惯性系都有效。所以这个带有讽刺意义的，他相信有一个东西存在，但是他那个理论呢，又不需要那个东西。而且搞的理论也找不到那个东西。后来，麦克斯韦搞电磁学理论，电磁学那一套，发展到最后的时候，它是需要有个以太。因为光的传播需要有个媒介，需要有那个东西，所以他那个方程式，按照他那个思想发展的话，就非得要有个以太不可。所以他那个理论一定要有个以太。他那个方程式就是对那个以太写出来的。所以整个的电磁学是需要有个以太。后来，这个事情就走到反面，好啊，你说有个以太，我就根据你的理论，设计一些办法，来找以太。结果始终找不到，始终没找到。最后，是一个更高级的实验，也没找到。这个找的过程是分两个层次的，前面都没找着，我们可以这样简单地回答他，你的实验准确度不够。你的实验为什么找不到呢？这个不能简单地说你实验精度不够。我还得要从理论上分析。理论上实验精度不够的时候，是一定会找不到。要算出来，这样才使人信服。这个工作，物理学里头都做过了。你找不到，然后根据以太理论说，你活该找不到。这就很完整了，所以这个以太理论就很完整了。这样一来，好像就没问题了。一部分人认为，你活该找不到的，你就没必要找了，就算了。另外一部分人说，活该找不到，是一级实验找不到，我搞二级实验总该找得到。这么走下去，就走出一个迈克尔逊－莫雷的实验。结果这个实验也没找到。

爱因斯坦说的是什么呢？他关于这方面的谈话是很多的。爱因斯坦有一个文集嘛，图书馆都有。他在很多小文章里面谈到过这些。他几次谈话不一样，他有一两次谈话很明确地说，他说我这个相对论，不是受这个迈克尔逊－莫雷实验的影响，他就是受一级实验的影响。一级实验没有找到，这个时候，爱因斯坦就认为，以太这个东西是不存在的了。为什么呢？因为一级实验不是没找到吗？没找到，大部分人都认为，你活该找不到。因为按照以太理论来计算，这一级是应该找不到。这部分人是不会动以太的，还是相信以太是存在的。因为这么多实验，以太都能说明得了。爱因斯坦不是这样的，爱因斯坦说，之所以找不到，你理论能说明它找不到，我不依靠你这个理论，也可以说它找不到。本来就没有这个东西嘛，没有这个东西当然找不到。那我是不是比你更简单一点呢？这个就更彻底一些了。他是从这个角度来考虑的。所以他自己一直说，之所以引导我走这个搞相对论的道路，就是这几个实验。

胡：你这个说法我还没明白，就是说，一级实验没找到，那些人说为什么找不到呢？是因为精度不够吗？

刘：就是精度不够，精度不够就是所谓一级实验，一级干涉实验。一级干涉实验的结果呢？在这种情况下，就应该找不到。在这些实验里面，计算得到的结果，就是找不到。因为你这个实验，只能给出这个级别的结果。

胡：既然求不出来，那我们就不要在这个级别上继续做实验来证明以太的存在了？

刘：那就要提高精度。要二级实验的精度。二级实验还很多。如果你按照二级实验计算，是应该能找到的，无论如何都应该找到。你不能像一级实验那样，说你活该找不到。

胡：如果二级实验还没有找到，那些还支持以太理论的人，他们的根据是什么呢？

刘：那个就有矛盾了，那就想办法修改。迈克尔逊－莫雷实验出来以后，有很多人来修改以太理论，发展以太理论。到后来，有很多办法来解释这个迈克尔逊－莫雷实验。修改以太理论，不是不可以。但是，往往遇到比较尴尬的局面，修改了以后，我能解释这一部分实验，解释不了另外一部分实验。如果我能解释另外一部分实验，又解释不了这部分实验。所以当时物理学有危机呀，这是一个危机。

爱因斯坦的工作完全跟他们不一样，撇开他们。他首先肯定的是麦克斯韦方程式，麦克斯韦方程式如果在各个惯性系里面都有效，得出的结论一定是光速是不变的。光速等于多少，是由麦克斯韦方程式算出来的。这一点很多人没有这个认识。这个知识，有的时候讲普通物理的时候，讲得深一点，才讲。讲得浅一点，这个地方就带过去了。但是这在电动力学里面，是最起码的知识。如果有麦克斯韦方程式，经过直接推导，就能推导出一个真空里面的光速。真空里面的光速是多少，能算得出来，当然跟实验是一致的。

如果麦克斯韦方程式对所有的惯性系都有效，那当然算出来的光速在每一个惯性系都是一样的。这就是光速不变原理。不是什么实验直接测出来的光速不变。

胡：麦克斯韦方程提得那么早，那为什么别的人没有想到它对所有的惯性系有效，那么所有的人不都能看出来光速不变吗？

刘：不对呀。我刚才不是跟你说了，以前不是这么认为的，以前人们认为，麦克斯韦方程不是适用所有的惯性系。

胡：以前麦克斯韦方程只对以太有效，对其他的惯性系不一定有效。

刘：所以说，现在教学里面，有一个很有意思的现象，好像我学相对论，只是有了相对论的名字，我学的才是相对论。其实，我们现在学电磁学，严格来讲，你就是按相对论学的。为什么呢？我们现在学电磁学，往往忘记交代，这个电磁学的参照系是哪一个。就是说，这个参照系是惯性系。实际上我们这个电磁学，这个麦克斯韦方程式，搞电磁波的，搞无线电的，都认为，只要是惯性系我就用，这是什么思想？这就是狭义相对论思想。这是爱因斯坦给你的。

以前的电磁学理论，这个是很怪的。本来这些实验都是在地球上做的，怎么后来转来转去转到以太上去了？这个要真的作为科学史来研究，很有意思。库仑实验，安培实验，这都是电磁学的有名的实验嘛，这些实验都是在地面上做的。最后搞出来的这个理论，怎么一下子就转到以太才有效？这不是很有意思的事吗？

胡：是不是他们考虑，地球也是充满以太的？

刘：那不一样。这个问题就复杂了。这个到后来，以太的理论变得要牵引以太。地球如果要运动的话，地球表面的这些东西，带不带着以太跑，很麻烦的，很啰唆的。最早嘛，以太的理论是相当多的。发展到后来的是菲涅耳的弹性以太理论。菲涅耳的以太理论是物体要牵着以太跑。牵着以太跑，怎么牵，牵多少，这个当然都是要定量的。定量的这个以太理论当然很复杂，到后来，迈克尔逊－莫雷实验出来以后，这个理论还要发展。洛伦兹的功劳很大，他也要修改以太理论。关于以太及电磁理论的发展史，有一本英文书，很有权威性。以太理论怎么发展，然后相对论怎么提出来。不过这个人比较大的毛病就是不谈爱因斯坦的狭义相对论。所以你看他的书，看不出来爱因斯坦的狭义相对论。他是贬低爱因斯坦的。对老的以太理论的发展，跟洛伦兹他们那拨人，那他谈得特别多。

胡：按照牛顿的理论，不是所有的天体都是惯性系吗？

刘：那不是所有的天体都是惯性系。应该是恒星系，那是一个大的惯性系。地球、地面是一个很粗糙的惯性系。惯性系的概念早就有，爱因斯坦只是说，电磁学的基本方程，对所有的惯性系都有效。在狭义相对论提出的时代，最大的一个背景就是：牛顿的基本定律，对所有的惯性系有效。而电磁学的方程不是对所有的惯性系都有效。

胡：那牛顿力学对所有的惯性系都有效，这个结论是怎么出来的？

刘：是推导出来的。

胡：那么为什么麦克斯韦方程不是对所有的惯性系都有效呢？

刘：推导不出来。就是说，牛顿的基本定律，经过变换哪，它还是牛顿定律。经过老的绝对时空变换，变换以后，比如说加速度是绝对的，力是绝对的，质量更是绝对的。于是，牛顿第二定律是不变的。为什么？很简单，加速度是不变的，我可以通过这个东西算，算出来是不变的。力，我通过各种办法算，算出来的各种力也是不变的。那好了，牛顿定律对所有的惯性系都有效。这个就是所谓牛顿定律是绝对的。

麦克斯韦方程式为什么是特殊的呢？很简单，我用一个图就能说明。光对这个参照系是 C，对另外一个参照系就不应该是 C。对不对？这是按照旧的时空观嘛。按旧的时空观就不应该是 C，这是按照平行四边形法则。很多人批相对论，就是根据这个。你光速不变原理错了，这是逻辑混乱。说它错了，这是基于什么东西？基于老的时空观得出来的。根据老的时空观，你这个就是错的，得不出光速不变的。光速既然不是不变的，那就是说麦克斯韦方程式有特殊性。只能在一个参照系有效，在这个参照系有效，根据旧的时空变换，对别的参照系就没有效。这个逻辑很简单。所以当时摆在物理学面前的，这个矛盾很清楚的。当然一般的人不一定那么清楚，搞物理学的人应该非常清楚的。牛顿力学对所有的惯性系有效，麦克斯韦方程式只对一个惯性系有效，对别的惯性系无效。局面就是这个局面。怎么打破这个局面？一般人应该是修改麦克斯韦方程。你麦克斯韦方程不适合这个东西，对吧？我牛顿力学适合这个东西，所以按一般搞科研的，一般的指导思想，应该怎么走？修改麦克斯韦方程。这很容易嘛。麦克斯韦方程修改了以后，就对所有的惯性系都有效。

爱因斯坦不是这样的。爱因斯坦说，麦克斯韦方程就不动，应该动其他的。那就是说，我首先肯定光速不变，实际上肯定什么？肯定麦克斯韦方程不变。我开刀不向麦克斯韦方程开刀。向传统时空观，向牛顿，向伽利略开刀。一般人谁有胆量，向传统的时空观开刀？谁也没有这种胆量。爱因斯坦伟大就伟大在这个地方。这一般人做不到。一般人写狭义相对论提出来，轻描淡写的。好像是由某个实验提出来光速不变。这叫什么？太肤浅了，把爱因斯坦的思想风格写得不够。如果连这个局面都看不清楚，那就夸夸其谈了。

三、与物理学相关的哲学问题

胡：明白了。最近《光明日报》办的一个《博览群书》，8 月份的这一期，它专门讨论犹太人。就说为什么犹太人取得这么大成就，它就提出一个求异思维。犹太人习惯于求异思维。你刚才说，爱因斯坦的这个做法，我就把这个联想起来了。大家都认为牛顿不能动，只能动麦克斯韦，但是爱因斯坦想的是应该动牛顿。他这就是一个求异思维。但是他们为什么会有这种求异思维，这个我不知道。

刘：这个严格来讲，不是说犹太人。真正搞科研的人，多少都这样。这个所谓创造性，什么叫创造性，那就要真的创造些东西来，要敢于标新立异。如果老是人家怎么说，你跟着怎么走，那不行。爱因斯坦坚决地认为，麦克斯韦方程对地面惯性系是直接有效的。

胡：但是这样做很难呀。你要提出怀疑，你得有很充分的依据。你依据不充分，你也不敢提呀。

刘：你说的这点是对的。现在很多人哪，搞批相对论的，他也是求异思维。你们都说相对论对，我就说相对论不对。他也是求异呀，对吧？问题在于你是不是弄清楚了，现在很多人都没有弄清楚，人家光速不变是怎么提出来的，总说那是实验结果。到后来发展，说那个实验里的测量还不对，那个测量闭合光路实验，还有单程光路实验，等等，搞得很复杂。那就是说，这个实验解决不了问题啦？爱因斯坦有一句名言是怎么说的，他是跟海森堡说的，不是单靠实验来决定你的思想，而是你的思想决定了你的实验。原话我记不清楚了。这个对海森堡很有启发。这说明什么？一个实验结果，你的理论水平，你的理论指导思想，决定了怎么来理解它。

胡：这就跟普朗克似的。普朗克发现了量子化的现象，但是他不敢相信。

刘：同样的斐索实验，光行差实验，理解的就不一样。爱因斯坦有爱因斯坦的理解，别人有别人的理解。别人认为，这个以太理论还是伟大的。你这些实验还是驳不倒以太理论，对吧？爱因斯坦说，这些实验刚好说明你那个理论不必要。你那个实验既然测量不出来那个东西，你那个以太可能就是个没有必要的东西。同样一个实验，不同理解的人，不同水平的人，不同思想方法的人，理解得不一样。

胡：我还有个问题，物理学的两朵乌云，其中那个黑体辐射，我一直没太搞明白。

刘：搞物理学史的，有两种说法。一种说法是，那朵乌云，指的是黑体辐射。另外还有一种说法，说指的不是黑体辐射，是指的比热的现象。两种说法不一样。

胡：黑体辐射跟比热有点关系吗?

刘：在学物理的人来讲，这是两个东西。关于这个东西，我没有去查，到底他本人是怎么说的。因为我看过一本翻译过来的书，它说的比较含糊。似乎是引用他的原话，说的是两朵乌云，另外一朵乌云说的是热方面的，而那朵乌云最终导致了量子理论。但是没有说清楚。最早我也是那么说，说那一朵乌云涉及到黑体辐射。后来因为有人说，那朵乌云不是黑体辐射，我就没有管它了。后来写的时候，就写得含含糊糊一点。这是开尔文说的。开尔文就是汤姆孙，有很多汤姆孙，他是 W. 汤姆孙。他说的这个话。他是个权威嘛。

不管怎么样，物理学发展到今天，回过头来看，不是当时看，另外一朵乌云应该是黑体辐射。这是回过头来看，不管当时他怎么看。因为黑体辐射直接导致了光的能量子，那个也是很大胆的，但是那个大胆跟爱因斯坦的大胆不可同日而语。虽然现在我们把它们并列，都是顶尖级的。为什么说爱因斯坦跟他们还不一样?像普朗克，量子力学跟他没关系，等于他掉队了。所以普朗克谈不上是顶尖级的。后来量子力量那套东西，对物理冲击比较大。那个什么测不准也好，概率波也好，那是冲击比较大。前面这个能量子冲击不大，到后来搞量子力学的玻尔学派那拨人，他们搞的东西对传统冲击比较大。

我崇拜的还是爱因斯坦。为什么?时空观，最根本，最重要。这谁敢动?谁都不敢动。你敢冲击时空观吗?谁也不敢冲击。这个很了不起。

胡：马赫就怀疑牛顿的时空观。因为爱因斯坦自己说，他受马赫影响很大。

刘：那主要涉及广义相对论。马赫对牛顿力学有很多批评。

胡：爱因斯坦说的是时空观。因为牛顿的绝对时间、绝对空间，马赫从感觉出发，从经验出发嘛，他说我没有感觉到你这个绝对时空，你凭什么说这个绝对时空就是成立的?

刘：马赫那套思想在物理学里面是很有影响的。不仅对爱因斯坦有影响，我认为，他应该对海森堡也有影响。我这个书里面提到了。为什么这么说呢？因为我最后谈到一个简单性原理。这个简单性原理，谈到马赫。马赫有一个思维经济原则，这个原则我们老批，批得很厉害。

胡：列宁写的《唯物主义和经验批判主义》主要在批马赫。

刘：对，后来我们国内不是也批了吗？

胡：那也是跟着列宁走的。

刘：对。批得很厉害。其实他有些思想是很好的。他的很好的那些思想，我胆子也是不够大，多少说了一点。说得很简单。

胡：这其实没有关系。

刘：我就是说他有合理的部分，他的思维经济原则里是有合理的部分。海森堡是不是自己说过这个东西，我懒得去查。他本人说了没有，我不知道。就是根据我的了解，我把他们联系起来了。我认为海森堡是受马赫的影响。你要查，可以查海森堡关于马赫，说了些什么。这个东西，你要做一个研究，可以搞。我觉得从科学思想上来讲，是有关系的。海森堡在建立量子力学时，立意排除那些不能被观测的物理量，很难说没有受到马赫强调“感觉”的影响。

胡：量子力学也提出了很多思想。

刘：对。量子力学要专门搞，也是很深的。我对量子力学没下太大功夫。我对狭义相对论下过一些功夫。广义相对论，我只是稍微弄了一点。

胡：我看过的那本书说，爱因斯坦说，并不存在引力问题，是空间弯曲了。在大质量的物体周围，空间发生了弯曲。

刘：引力弯曲时空，这是广义相对论的基本思想。

胡：那这里就是说，不需要引力波的概念。

刘：有没有引力波这个东西，爱因斯坦本身思想是有斗争的。怎么说呢？可能他先认为有，后来又认为没有。所以他后来写书的时候，就不谈引力波。实际上引力波是有的。引力波是物质的。

胡：至少他认为引力波概念不太成熟？

刘：既然把引力归结到时空，是不是还应该有一个背景的东西？这个引力场里有没有物质、能量，等等，一系列的问题，很长时间都没扯清楚。不过到后来，引力波是存在的。肯定有的，是物质场。

胡：这是实验证明的还是理论推导的？

刘：实验证明，也有理论推导。理论推导引力场里有物质存在，能量、质量都有。我这里也谈了引力波，稍微简单地谈了。承认引力波存在的实验，我也介绍了。有关实验的理论我就没有详细展开谈。这本书只谈思想，没有过多地谈具体的东西。一般你们搞哲学的，简单地看看思想，还有点意思。

附：刘佑昌老师自己写的诗：

七律·为师难

杏坛过客也匆匆，
未见为师不犯懵。
宇宙无涯仍有限，
阴阳互补又相冲。
因材授业殊非易，
解惑图新更费功。
事理层层撕剥去，
谁能说透小飞虫。

我们俩的侧重点不一样
——李宗瑞教授、朱自强教授访谈录

采访时间：2009 年 2 月 24 日

采访地点：北航院内李先生、朱先生家

被采访者：李宗瑞（女）、朱自强（以下分别简称李、朱）

采 访 者：胡懋仁（以下简称胡）

［**访谈者按**］我跟李先生和朱先生认识是在参加学校教学督导工作时。毕竟我是小辈，见面一般只是点头而已。后来知道他们二位是夫妻，每天早上我在操场锻炼时经常能碰到二位先生。我当时是慢跑，他们是快走。快走之后，他们还要做压腿、腰部转动练习等活动。这样经常碰面，就开始说话聊天。这样就知道他们都是北航早年入学的学生，到我采访的这一年，他们在北航学习、工作和生活已经有 50 多年了。我想他们一定是极好的采访对象，就向二位先生提出来了，二位先生也很高兴接受我的采访。

两位老师在几十年的教学科研中，各有各的侧重点，李老师主要从事教学，在教学上下过很大的功夫，这样的功夫在今天高校的教学里很少再能看到了。朱老师主要从事科研，他从事科研的出发点就是国家的需要。

在朱老师提到他的老师沈元院士和陆士嘉教授的时候，他内心的深情溢于言表。他认为，这两位都是大师，他们对教学与科研有着很深刻的思考，在国外也都有很杰出的成果。但是在北航工作期间，他们把全部精力都投入在高等教育与人才培养上面。他们不是为了个人，完全是为了国家的需要。也许有人会对他们回国后在科学上再没有新的发现有所遗憾，但是朱老师认为，他们本人并没有这样的遗憾，特别是陆先生，在提名学部委员（院士）的时候，她多次表示拒绝，这在今天似乎再也没有听说过同类的事情，不知道陆先生是不是唯一拒绝提名学部委员的人。我觉得在北航，给院士们悬挂出了他们的肖像，这当然很好。但是在学校校园里，却没有给陆先生应有的一席之地，没有看到陆先生的一幅肖像或者一尊塑像，这实在是让人觉得很遗憾。我后来向朱老师提出，以后是不是有机会专门给我讲讲沈元院士和陆士嘉教授的故事，他也同意了。只是后来再也没有找到适当的机会，所以也很遗憾。

一、李老师自述

李：我主要就说说我的一段经历吧。我不知道你以前念大学的时候，你们那个学校有没有提前毕业的教师，我是有过那样一段经历的。那段经历呢，可以代表相当数量的一拨人，应该说这拨人最少也应该70岁以上了，对吧？我主要想跟你说，它可以反映出来那一代人。我们那个时候大学是五年制，我念到四年级的时候，当时跟苏联的关系还可以嘛，那不是1960年以后才不好的嘛。我1954年上大学的，他（指朱老师）是1953年，比我早一年。所以1958年，我应该还有一年才毕业。那个时候苏联专家来给我们专业讲点火电器，我们是电机电器专业。当时我们那个专业教研室，是比较年轻的。我入学的时候，咱们学校的那个专业刚成立，所以专业教研室也没几个人，教师里只抽得出一位教师跟苏联专家学，于是就从我们班同学里面抽了几个人，出来跟苏联专家学。就是专家讲课，我们听课，然后我们几个讨论讨论，看有什么问题问一问。那个时候没有研究，光是学人家的东西。大概学了一段，这个专家就走了，那个时候我们就算提前毕业了。我们这几个同学，当时也不知道到底是怎么抽的，也不全是学习特别好的，也有的是原来年级的或班的干部，我现在也不知道当时他们是怎么考虑的，反正就抽了。

胡：您那会儿当过干部？

李：没有。我当时没做过干部，我想大概是因为学习成绩还不错吧。后来专家走了以后，我们就留在教研室，帮忙干些事。当时我们的工资是40元钱一个月，那个时候大学毕业应该是46元钱一个月，实习期是46元，我们是40元钱。大概时间不算太长，专家走了没太久，我不记得是多久，钱学森的那篇文章发表了，就是《根深才能叶茂》，强调加强基础研究，就是高等院校和科学研究要加强基础理论的研究。那个到底是哪一年？反正《人民日报》有一篇社论，就是《根深才能叶茂》。也就在这以后，比较强调基础。后来基础部的主任，也是电工教研室的主任，是交大调过来的一个老教授。当时他也不到60岁，我们已经觉得他很老了。他就跟我们系提出来，那个时候还是老的二系，后来的三系、二系都在老的二系里头。他就提出来要毕业生，要学生，因为他那儿缺教师。结果后来我也不知道他们怎么研究的，就决定要调我过去。那个时候，我也没有觉得有什么特别的思想波动，当时我倒曾经有过一些想法，就是学一个东西总是要对这个东西建立感情才好，但是我学到专业课的时候，我老觉得专业课比较乱，不如基础课很系统，理论性很强的那种。当时思想也比较矛盾，倒没有任何其他的想法。后来就调到基础课教研室。

我记得刚到基础课教研室，基础课总支书记就找我有过一次谈话，就是说对提前毕业抽出来的这些人，国家有点儿什么政策，大的我也不太明白，反正跟我谈的主要，就是这笔钱完全要由学校来想办法，来筹这笔钱，而学校就没有这么多的钱，所以给每个人每个月25元钱，等于是津贴。我现在想想看，那个年代的人在这方面真没有什么计较，就觉得党培养我半天，让我工作嘛，我就应该工作。

我就记得，我到电工教研室的时候，他们学生已经开学六个礼拜了，有一个大班，共有七个小班，却一直没有电工基础课的辅导教师，就是我说的那个从交大调来的教授，他讲课的大班。当时电工教研室就这么一个教授，他上课，那个时候是给我们二系的上。那时候的电工基础是240学时，分三个学期上。两个学期学电路，一个学期学电磁场。当时已经过了六个星期，没有辅导教师。那个时候是两个礼拜上三节大课，像现在两小节课算一节大课吧，45分钟一节嘛，对吧？就等于两个礼拜有三次，然后呢，这个礼拜有习题课，下个礼拜就有实验课，单双周交替。这些班就都没有上过，作业也没有改过，因为那一个教授他既是基础部主任，还是教研室主任，他也没工夫改。所以我去了以后，我记得我的工作量就是这样，那个教授讲课，我必须去听课。因为我不听也不行啊，你想想看，我就是当学生时学过一下电工基础，也没有经过培训，就到那儿去了，对吧？可我要负责的。当时我记得第一个小班的第一次课，习题课也好，实验课也好，都是另外一个讲课老师，年轻一点的讲课老师上一遍，带着我，然后以后的习题课、实验课，就全让我自己管了。我要管七个班的习题课，七个班的实验课，都是一个班一个班上。我还要改六个班的作业本。那个时候的作业本也不是说可以按学号分单双号改，那是每本都要改的。你想想看，现在就无法想象这么大的工作量是怎么样完成的。而且我没有一段专门的备课时间，我就那么匆匆上的阵。但是我觉得，那个时候真的没有任何其他想法，我一天到晚就是教学，我没有一天在晚上12点以前睡觉，就是从早到晚围着这些任务。当然以前的教师，他们积累的习题课、实验课，他们的讲稿，都可以提供给我，我有任何问题 可以找他们请教。然后我得再结合我改作业的情况，再去上这些课。

那个时候第一学期，我记得是特别狼狈。我记得那一轮完了，大概到了1959年9月份，我们那一届的应该正式毕业。从那以后，我开始拿46元的工资。在那以前，就是我那么忙，那么累的时候，我就是25元钱的工资。到了后来，教研室又让我当主任助理，因为比较年轻，也比较好使唤。我跟着那个教授辅导了好几年呢，反正一轮完了又一轮。这个教授的事情比较多，包括出研究生考题。那个时候电工基础的教授并不多，整个北京市也不多。别的地方请他出考题，他出了所有的题，都是让我先做，做标准答案。他要通过我做，来体会到底需要多少时间，他再放大一个系数，看看给研究生考试用怎么样，给本科生考试用怎么样。那个时候每个礼拜还得有一个晚上要给学生答疑。他还要求我答疑完了以后，要做一个记录，比如这次答疑，主要问了些什么问题，另外有些特殊的问题，我怎么答的也要写下来。我觉得那个时候的学生，确实跟我们当年念书时一样，观念很明确，学生应以学习为主，是吧？这个观念很清楚，所以他也钻研。确实有时候学生提出来的一些问题，真得好好动脑子才能去答。所以我也愿意给他做一个记录，就是请你看看我答得对不对，或者还可以从其他角度去答这个问题。

这个过程当然是很辛苦，确实很苦。但是从另一个角度，就等于说我的这门课的基础，应该说比较扎实。我当时去辅导的第一个大班，是1957级的，而我是1954年入学的，他们是1957年入学的。1957年入学的学生里面，有相当多的一部分是当年准备留苏的，后来没去成，就让他们在几个学校中选择。因为都是政治上比较好一点的那种学生，所以相当大的一部分到了北航。所以这一拨人有很多现在还在学校，在二系。有的比我年龄还大，因为我在我们班算年龄小一点的。他们在留苏预备部待了两年，实际就比我晚一年进大学。他们提的问题确实也让我经受了一下锻炼吧。后来有几年学校一搞什么教学法展览，我们基础部就会找我要当年我做的习题卡片，一大堆习题卡片，摞一大摞。因为我不是告诉你，教授出的考题老是让我给做标准答案吗？我当时也有意识积累了一下这个东西。所以我后来对提职称，有的老师搞教学搞得很多的，或者在教学上下了很多功夫，其他科研搞得比较少，或者论文比较少的，我就总会对这样的老师有一种同情。因为从我个人经历来说，我根本没法考虑任何其他东西。你可以算算那个工作量，你去上习题课，你去上实验课，你总是希望要上好。对不对？你也得花时间备课。你还得答疑，还得改作业。我们当时还不像在专业教研室里面，大概跟过一两遍，甚至有的没有跟过，就要开始上课了。我们那个时候要辅导好几轮，才开始有机会讲课。当然，给不同的讲课老师当辅导，也是一个好的学习机会。

这其中也有过一个特例，就是教授给了我一个特殊的班，都有点像干部培训似的，因为他们里面还有一些在其他学校教过电工的老师，他们是 1958 年入学的。不知道为什么，那一个班一个礼拜要上五天大课，五天讲课，是很集中的。但是给咱们学校本科正式的课，我大概一直辅导了起码有六年，六七年以后，我才有机会自己去独立上课。所以那个时候，我就觉得，在这个过程中，我几乎就完全没有科研的锻炼。只是后来时间充裕了，常到图书馆翻翻专业期刊，看看人家的科研成果而已。有一位清华的同学，是 1958 年毕业来教研室的，他在清华大概是学真空管专业的，所以对电场颇有兴趣。他那时候一直拉着我跟他去做一些实验。那个时候也没有什么科研经费，也没有科研课题，就是利用实验室里的有些设备，或者有些东西，去做一些实验，做一些探索。我跟着他做过一点这个，其他老的教师也都是只上课，教研室完全没有科研，那位清华来的老师还被认为有些不务正业，不安心工作。

我接触科研是什么时候？我说老实话，也不叫真科研，实际上已经到“文化大革命”了，就去搞无人机了。因为最早搞那个北航五号无人机的时候，我虽然参加了一点儿工作，那都是非常具体事务性的工作，那等于还是在学生时候。一直到后来的无人机，咱们不是要仿制吗，那个时候从基础课要了几个人，我记得我们那个组专门管无人机回收控制那一部分。我记得有一个教物理的老师，还有一个我，我们是原来教基础课的。组里其他人是系里的。但是通过那个活动，就给了我一点儿信心。因为在此之前，我没有接触过。这些活动虽然也说不上是什么创造性的工作，我们还是仿制人家的。但是残骸并不是特别全，你要根据它的原理来弄出它的回收系统，那个时候是继电器控制。我们这个组里边，那位物理老师和我反而成了组里边的主力。所以这些倒是给了我一些信心。不是说我们没搞过的就一定不能搞，但是事实是，独立承担一些任务的情况就很少，没有这个机会。我记得再往后又重新调整。我们这些教电工基础的，分别留在几个系里面。我跟我们有些同志就留在现在的三系。那时候，我跟他们教研室的同志一起，搞一些科研的时候，也几乎没有独立的课题，没有独立的大课题。都是一个组的课题里有一部分，我去承担这一部分工作。就这样慢慢有些锻炼。所以我一直就有点儿胆怯。以前也有些同志找上来，想给我什么样的课题，我脑子里马上就会想到我们系的谁谁谁，非常适合搞这个东西。赶快推荐这个人，让这个人来搞。就是自己科研方面的锻炼比较差。

所以当时提职称的时候，我就曾经谈到过这个问题。我说我也很疑惑。我是应该用更多的力气补上我这一条腿，让我这一条腿也强起来呢？还是应该在另一条腿上，继续发挥更多的作用？应该说，我在教学上积累是挺多的，因为不光是电工基础课，像后来电磁测量的课，包括在中央广播电视大学上课，还有我们给学生上计算机辅助电路设计课等。从上课来说，我讲课肯定能讲得不错。但是对于科研我始终有一种胆怯的心理，因为在我成长过程里一直缺少这方面的锻炼。我是提前毕业的，连毕业设计也没做。一个综合运用以前知识锻炼的这个机会也没有。现在怎么看？从当时来说，我觉得，从一个人培养来说，从个体来说，这当然是有缺憾的，不能说是一个很全面地培养人的方式。但是从当时的工作来说，我觉得确实好像也没有办法。你想想看，那些学生应该怎么办呢？而且我到了那个教研室以后，后来大概有一年吧，又提前毕业了一批。就是比我晚一两年入学的。我算比较早到那儿的，所以我就负责给这拨人做各种安排，跟我当初的情况不太一样，就不至于跟我那时候负担那么重了。至少他们有点儿培训期了，但是他们的经历大体上和我一样，这一拨人你可能很少接触到。

胡：我上中学的时候，就听说我们学校高中毕业的学生也有留校的，叫不叫提前毕业我不知道。就是高中毕业不让你考大学了，再给中学生当老师，像数学、化学、物理的，当时也就是可能缺教师。比你们晚，是 1960 年。

李：我说的那一大批就是 1960 年的。他们是一大批，我们那时候是比较少。

胡：您讲的电工，我看过一点儿电工，我不太清楚，好像有讲电路的，讲控制的，控制也算电工里的吗？

李：不，不是。咱们国家是这样，现在电这块都加强了，是吧？以前是这样，以前非电专业的学生学电工学。电工学里面有一部分电路，有一部分电子电路，还有一部分就是电机拖动控制，这整个合在一起是一门课，叫电工学。那电专业的，比如说当时的二系包括现在的二系、三系、六系，七系的一部分，就都是电专业的，他们就学电工基础。电工基础包含两部分，一部分是电路和磁路，一部分是电磁场，就这两部分，它的学时加起来，比电工学的学时还要多。那个时候是 240 学时嘛，其中习题课、实验课占的比重也比较大，而且对学生的要求，就是课内课外学时是 1∶2 吧，差不多。

胡：那个时候从电子管转到晶体管，这个是怎么转的？是什么时候转的？是学校完全按照上面教材统一安排的？还是我们自己根据现实的变化来改的？

李：我因为基本上不讲那一段，电专业的电子电路是另外有两门课，一门叫模拟电路，一门叫数字电路。电专业要学的，除了电工基础之外，还要学模拟电路，数字电路。后来为压缩学时，一般认为电磁场用的相对比较少一些，而且电磁场比较难学，所以后来像三系等，基本上不学电磁场。二系因为必须要搞高频的，他必须要深入地讲电磁场，所以专门有相关的课程。三系则作为选修课，有一门公共磁场，就是我们那个专业，还学一点儿。

朱：你说的那个电子管转向晶体管，可能就是时代的发展，它被淘汰了，它必然由科研带动了教学，你教材要跟着走，跟着变。

李：因为那个时候基本上是用的全国统编教材吧，大部分用全国统编教材。

二、朱老师自述

朱：这个问题我倒是觉得，理论上讲，对一个人的成长，对学校的教师来说，应该是科研和教学很密切地结合的，但是实际上，这里头是有矛盾的。实际上50年代以来，我们学校最老的一批教授，从国外回来，拿了博士学位的，包括沈元[①]开始，他当时是院长，当时他们在科研上是在国际前沿的。回来以后，解放以后，全部学苏联以后，都搞教学，培养学生。大量的高等学校，一大批高等学校，主要的任务是培养学生。那时候有多少学生？对不对？一批一批的，都上百上千地进来。所以这样子一来，很大一部分就强迫都集中在教学上。像老一辈的回来以后，也很少搞科研，就完全都在教学上，一直到后来，“文化大革命”以后，才提出来科研与教学相结合。所以在前一个时期，“文化大革命”以前，包括专业教研室，你说我们专业吧，空气动力学专业，是北航最强的一个专业，“文化大革命”以前，北航的正教授，90%在我们教研室。你可以数一数，最大的沈元、陆士嘉[②]、徐华舫、吴礼义、张桂联，正教授一大批，一数人头基本上都在我们那儿。这些老先生呢，实际上也主要是在搞教学，一直到“文化大革命”以后，才提出了两个要结合在一块，当时整个从教学和科研的关系来说，学校为了加强科研，在教学的基础上成立了几个研究室，十个研究室嘛，专门搞科研。

胡：这几个研究室是什么时候成立的？

朱：大约是在1960年左右吧。当时我不在这儿，我在苏联。我们教研室是空气动力学教研室，当时103教研室，同时就成立第一研究

---

① 沈元（1916—2004），空气动力学家，航空工程学家，航空教育家，中国科学院院士。早年留学英国，他撰写的博士论文，被赞誉为是“一项创造性的成果”，对当时航空科学在高亚音速领域的发展，起了推动作用。从20世纪40年代起，从事航空工程教育和行政管理工作。50年代以后，他全心全意地投入到新中国航空高等学府的建设中，跟踪科技发展，并根据学科发展的需要，开创新专业，建设新实验室，设立前沿学科的研究课题。他重视理论联系实际的教学原则，积极倡导同国际间的交流合作，为北京航空学院（现更名为北京航空航天大学）的创建和发展，做出了重要贡献。

② 陆士嘉，女（1911—1986），著名流体力学家、力学教育家，长期从事空气动力学和航空工程的研究和教学工作，倡导旋涡、分离流和湍流结构的研究。她是北京航空学院的筹建者之一，创办了中国第一个空气动力学专业，为发展中国力学事业和培养航空工业的科技人才做出了贡献。

室。第一研究室当时没有人干，当时陆先生是第一研究室的主任，后来1960年她心脏病犯了，当时参加十二年科学发展规划会议，在民族宫，犯的心脏病，后来休养很多年，就由沈元代这个研究室的主任，带了几个年轻教师，专门搞研究。所以我从莫斯科回来以后，就没回教研室，就上的研究室。

李：你看，我们家是一家两制，我搞教学，他搞科研。

朱：从现在来看，我入学是比较早的，我1953年入学，比她高一个年级，我们是北航成立后第一批正式招收的大学生。毕业留校后，我基本上没搞过本科生的教学。我一直在研究室待到“文化大革命”以后，还是在研究室，一直到军宣队来了以后，把教研室和研究室合并，那时候叫506中队，后来又分开了。一直到八几年成立流体所，才又合到一块。所以基本上你可以看得出来，根据我们整个学校来看，根据我们国家来看，教学和科研如何地结合，就是国家发展历史的走向，你个人就是碰到哪儿就是哪儿了。专门搞科研的，基本就一直在搞科研。

李：基本上你到现在没给本科生上过课吧？

朱：那是工农兵学员的时候上过。工农兵学员那时候都是在搞“文化大革命”嘛，没人来上课。

胡：那个时候工农兵学员专业课怎么讲法啊？你这个专业课好讲吗？

朱：这个学生的水平你看怎么说。乱，那个时候就比较乱。上课的时候你不是要批判的吗？我记得很清楚，有的老师他是个实验员，就是讲起来不严格嘛。他批判原来老师讲的，于是就瞎讲一通。当时工农兵学员整个来说，不是很严格。一个是他本身是工农兵上来的，没有一定的基础。你按苏联那个空气动力学，给他推公式，就会被轰下台。你真要从物理学上给他讲什么特点，这样来讲的话，是不行的，所以那个时候讲课不是很严格。

胡：那就是说还能讲，是不是？不是说完全讲不动？

朱：那都是培养了好几届了。其实他们后来有的工农兵学员又回炉了嘛，回炉就是你还要来补嘛，你基础还是不行。

李：他们那时候没有很严格的概念。你想，清华那个时候不是说一把锉刀捅破了微积分吗？那你总得要讲极限啊，limit（极限）什么的。

胡：那他们中学基础那么差，你讲极限他都不懂啊，完全进不去啊。

朱：所以我说，有的人搞教学搞得非常深，一辈子就在那上面，这也是国家需要，形势需要。后来为什么评职称的时候，这个矛盾很大呢？就是欠账，要还账，那时候公开提出要还账。真正要做好教学和科研这两个的结合，从现在来看的话，我觉得还是有一定的困难，假如不是那么很注意的话。

胡：我们那儿也是。我们也说要搞科研，顶多就是写文章，真正要搞课题，很难，不是别的原因。第一个，你教学和你的课题不是完全有联系的，对吧？搞课题，你得在外面跑，包括我们这个哲学类的，理论性的，理论性的还好点。你搞社会性的，你不跑那哪儿行啊？那你还得上课，哪儿有那么多时间在外面跑啊？没办法，根本就不行。我觉得学校这块儿还是体制有问题，导向上有问题。我们现在做研究就是针对教学中提出一些概念上的问题，一些理论上的问题，我就对这些问题提出思考，进行研究。这样做还好一点儿。如果让我们做那种国家重点课题的事，是根本不可能的事，弄不过来。

李：前些时候不是说上海有个教师吗？50 多岁的教师……

胡：是讲电工学的，姓陆，是吧？前不久去世了。大家都说他课讲得特别好，可是连副教授都没评上。

朱：我是感觉到，就是理论上讲教学相长，肯定是这样的。你真正要提高教学质量，真正提高教学水平，你必须要有厚实的基础才可以，要有科研的基础。你要把科研和教学怎么结合，更好地引导学生，特别是研究生的教育，这个原则还是很重要的。但是真正要每个人做的话，也不是很容易。你政策上的导向，常常是个指挥棒。我现在不是在研究生院，他们把我找去，参加那个督导组吗？我就感觉，现在那些比较年轻、比较厉害的学科带头人，他就挂个名，不上课。他没时间，到处跑，为了去争课题。这个问题到底怎么办？有些年轻的，跟我比较好，留下来当教师。我当时告诉他们的一个意见是，你待在学校里要做教师，归根到底还要落到你的教学上去。你再困难，也一定不要放弃教学。否则的话，你待在科研所不就完了吗？不用待在大学里。因为从我自己的经历来看，我感觉到是这样，就是说你真正要把科研搞好，说句实话，你要有基础。这个基础当然从科研里面可以提高，但是，有些搞科研有的人为什么也有出笑话的呀？有的人写东西基本概念也错，所以这个基本概念还是很重要的。所以我觉得这个问题始终是从我们学校建立以来，有待于进一步摸索。

我就很明显嘛，我教学的确是没搞过本科生的课，我只能去说他讲得好不好什么的，你要我去讲，我也不一定比他讲得好，但是我还是知道你讲的这个概念是不是对，好不好。

李：他在莫斯科大学的时候，补了一通基础。

朱：我跑到莫斯科大学的数力系去了，就是数学力学系，跟北大一样的。光补数学就补了一年半，啥事也没干就补数学。我可以跟你介绍一下，我搞科研这一辈子走过来，我感觉到是这样。我跟我的学生现在也是这么说，我觉得研究生你干什么都可以，出去以后也不一定就要把你这个题目接着往下做，我觉得不是这样。研究生实际上还是打一个基础，就是你出去以后，也有个机遇问题。我感到很明显，这就牵涉到我的经历了。我的运气还是不错的，当然我也比较努力，不能说我就不努力，没有这个努力我的这个机会都不可能啦。

我是 1953 年进来的，当时的四个专业里我是学飞机设计的。后来在 1956 年，成立第一个空气动力学专业的时候，就把我调到那儿去了。调到那儿去以后，实际上我所有的空气动力学的课都学过了，所以这个专业就没法给我们再打基础了。你再补基础怎么补法？因为理论空气动力学、实验空气动力学我都学过了，再从流体力学开始补基础的话，我已经四年级了，五年级就要毕业了，所以也不大可能，结果也很难办。

好在我们老教师比较多，那个时候就一个带一个嘛，就跟带徒弟一样。我跟着陆士嘉，她就指导我去看文章去。四年级的学生，她就叫我看文章，英文的，你就看去吧，看完了给她写读书报告。写完读书报告，跟她谈，跟她讲，就是这种方式。后来到毕业的时候，当时学校的教师也比较少，也正好要派人，所以说就推荐我考教育部的研究生，留苏研究生，由教育部来组织考试。应该说，我考的成绩很好，但是如果我要去的话，回来就不是学校的人。于是，我考完了以后，学校说，你别去了。后来隔了一年多以后，北航再派我去念研究生，我是在北航自学俄语考试出去的。我没经过俄语专业，过去不是要到俄语专业进行一年的培训吗？我就没赶上，我就在这儿学的。

胡：当时北航外语主要不是俄语吗？

朱：对，俄语。当时俄语课跟那个差得太远，我是从发音开始学，学了三个月嘛。

胡：那为什么会差得很远？

李：那个时候在大学学外语目标是很明确的，学外语就是为了看东西，不是为了交流，不是为了说话。跟现在学的不一样。

朱：现在的英语就是要口说，从中学开始。那个时候主要是看资料，看文章。我考过就上莫斯科大学去了。在莫斯科大学待了三年半。所以回来以后，正好又碰到“文化大革命”了，到“文化大革命”后期才开始搞科研。

胡：您跟我说说莫斯科大学那些课程和您学那些课程的体会吧。

朱：我在这儿学过高等数学，当时是工科的，就是翻译苏联的别尔曼特的高等数学。但是莫斯科大学学的是现在叫数学分析的那个，相当北大学的数学分析。所以我到那儿是学数学分析，从常微分方程到偏微分方程，我都重新自学念了一遍。所以我要说什么呢，搞科研也是一样，现在的年轻人现在有一个钱在那儿做指挥棒，不管你干什么，就逼得你找大钱。过去没有啊，过去你可以按照我的基础确定我的方向。但是从自己走过这一段路中，我自己体会是应该跟着需要走，我觉得这还是很重要的。我在莫斯科大学，当时做的论文是最前沿的，60 年代那时候搞高超音速、搞航天，马赫 5 以上就是高超音速。我算的其实是马赫 20。那个时候我们被派出去就要学最先进的东西，但是回来以后，国家那时候根本用不上这个东西。后来我们自己搞数值计算科研的时候，一下子就变成搞低速，这是航空需要的。我们学校是属于三机部的，所以我做的就完全变了，根据国家需要，从低速开始搞数值计算，到了后来，我留苏的好多同学都劝我说，去搞比较复杂的计算。我觉得当时国家计算机也不行，你搞那些东西无非是写点儿文章，当时国家航空还是需要搞一些低速的，我是沿着这一条路一直走过来的。现在好多人说，我写的一本流体力学的书很有影响，实际上我就感觉到，这也是跟着需要走，整个的计算流体力学的发展历程我都经历了。在我们国家，经历过这个全过程的人不太多。

这个过程我感觉，一个是容易做出对国家有用的东西，通过这个过程，自己也感觉到，这样搞法比较踏实。而且通过这个过程，我感觉到，对培养一个人也是重要的，你自己要看出来现在需要什么，我应该去干什么。因此，我觉得这个对学生的培养还是很重要的。后来反而通过搞科研多了以后，越来越感觉到教学的重要性。“文化大革命”之后，恢复研究生培养以后，我从 1986 年就开始讲研究生的计算流体力学课，一直讲到 70 岁。自己在这个讲课的过程中间，自己写东西，写教材。从 1986 年到 2006 年我退休嘛，当然我提前一年就交给别的老师了。

胡：您不是现在还带博士生吗？

朱：2006 年我 70 岁退吧，我 67 岁就不招了。

胡：您哪像 70 岁的人呀。

李：73 岁。

胡：说您不到 60 都有人信。

朱：他这主要得益于你干点儿事吧，不至于老得太多。所以我是 67 岁就不招了。我的课一直教了那么多年，这个过程中间，我自己感觉到，我教得并不好，但是每次我总得要好好看一看我上课的东西，每次我都会发现过去有的地方讲得有点问题，就不断地来改。我就没有放过这个课，这个课我就一直在讲。因为科研多了，就需要教学这方面，所以早几年的时候，我还没有退以前，他们系里跟我说，学生毕业的时候，说我的课讲得还可以。我自己搞过科研以后，我知道哪个东西是需要的，哪个东西是基础性还比较重要的。她（指李老师）是从教学一直走过来，我是从科研走过来的。但是我感觉，这个教学作为你带学生，你总得去教学。所以现在年轻人跟我谈，有些比较好的来跟我谈谈，我说，你想在学校待下去，你不能光搞科研，你还得搞教学，而且这个东西搞多了，反过来对你科研有一定的好处。当然现在这个指挥棒有点问题，都是搞几百万、几千万，这就不是你说的那个东西。当然理论上说几百万、几千万是国家需要，但是你搞这个东西还是需要注意教学上的问题。教学和科研怎么结合，我觉得你走哪一条道路都可以，最终你还得尽可能按照你的条件来结合。另外搞科研我也感觉到，你不能只凭着你的兴趣，我经常跟他们说，我从最高速掉到低速，一下子就掉下来，完全变了。刚才不是说我补过数学，这对我后来搞计算流体力学有好处，我是不会被数学吓倒的。我跟我们的年轻教师谈过，我说你要考虑到，我们搞计算流体力学时，要时刻想到，我是北航，而不是北大，不能尽是去搞那些方法，我们搞计算流体力学是为航空服务的，要用。所以你还得发挥你的特长，最终还是要用。

胡：北大那个是基础性研究呀，所以有影响呀，那个影响大呀。不过我觉得搞应用的也需要搞方法。

朱：对呀，我当时搞计算流体力学的时候，好多人都去搞理论，搞方法，但是真正要计算一个飞机的流场的话，你还要计算网格。说句实话，在国内，我是比较早地就提倡，我说这个要用，你必须搞网格。但是网格有个问题，它写不出文章来。很多在底下做的工作，做完了以后，就这么个东西，是几何的关系，写不出文章来，所以很多人就不重视。到最近，他们有个公司来找我，有个年轻人跟我说，看了计算流体力学的书，看不明白，不知道到底该怎么用的。后来我写了个应用计算流体力学，因为我们主要还是应用的，从这个角度，我写得比较全面。他们好多年轻人对我说，不认识你，但是读过你的书。我的意思是说，你实在是要应用的话，就要注意这个东西。我感觉，我走过这么一段路，证明你一定要结合这个需要来搞科研，这样才能真正对人家有帮助。

三、科研体制与科研思路

胡：我上次跟理学院一个搞数学的年轻博士谈，他就讲过这么一个情况，美国海军有一个课题，是纯数学的，然后他交给一个研究所，是搞工程的一个研究所，专门研究数学问题。他给我讲的目的就是说，讲数学的重要性。当然我不是了解很具体的情况，美国海军为什么要研究纯数学的问题，他的目的是什么，要起什么作用，他没有讲，我也不太了解。他只给我讲这么一个情况。

朱：美国有美国的特点，它钱多。我感觉我们国家搞航空有一个问题，就是研究跟不上。好比说，来了大飞机项目，有几百个亿，然后就是这样，只要你与大飞机有关的项目，我给你多少钱都可以。搞项目可以这样，但要做研究，特别是长远一些的研究可以不管。美国不是这样，他是长期有计划分层次来进行的，这个又是和机制或组织有关。我最近看了美国一个相当于航空研究院的材料，他感觉到，前几年把航空这个领域给忽略了，他尽搞航天，尽搞高超音速，马赫数多少多少，航空这块就丢了。空客那不是，Airbus，欧洲拼命在那儿赶，欧洲在2001年发表了一篇文章，说2002年，我们的愿望就是要引领世界。这个东西对美国压力非常大，所以这次从参议院、众议院、学校，所有的人没有反对意见，一致说要搞一个下一代的运输系统。就是Next Generation这个，就是为了航空，还是要加强基础。所以NASA（美国国家航空航天局）又在它的经费中建立一个基础研究项目，专门来做基础研究。同样，空军、海军也好，里面也分得很清楚，他要搞数学，就会给数学系的，而不会去给工程师的。他们的项目分得很清楚，基础研究就是基础研究，只要把数学理论给我推清楚了就行。然后有一批人专门搞应用技术的，还有一部分人搞演示验证的，最后一批人去搞工程去，所以他分工界限是很清楚的。我们过去研究体制一直不是很清楚，一搞什么东西都呼啦一下。你看大飞机来了，这是一个巨大的工程项目，因为原来基础研究不够，于是学校、研究机构等一拥而上，一把抓。要具体设计一个飞机，你说学校怎么可能呢？美国所谓下一代运输系统，他给NASA中的一部分钱，就是搞基础研究的，而基础研究主要是给高等学校，他这个界限我觉得是清楚的。所以，海军给钱给搞数学的人，不奇怪。我就需要你搞理论方面的问题，你给我搞清楚就行，至于有了这个理论以后，要怎么接受，还有一拨人，还有一些题目。

胡：咱们在钱上是有距离，但是这个思路应该能慢慢理出来。

朱：就是这个体制问题。你说为什么这个大飞机都抢得要命？当然大家都想为国家大飞机项目研制做点贡献，但我说实话，大家都有点想在那儿抢一点儿钱，为了生存嘛。我想国家的钱有点浪费，就觉得可惜。好多领导就坐到拿课题的会上，其实他坐那儿心里也不是踏实，就表示我去了，我重视，我要这个钱，我要抢这个课题。为什么不事先拿点钱出来，让大家做点适合自己的研究？所以我觉得这跟我们的体制有关系。

我觉得作为学校的老师来说，我始终感觉到现在好多年轻教师，脱离这个航空对口比较多，你真正搞科研的话，你必须就得跟需要，我刚刚说的，你要跟工程背景相结合。当然，现在很多学科带头人也是有背景，都从军方拿不少的钱来搞。你说我们有名的房建成①和张广军②，

① 房建成（1965— ），现任北京航空航天大学仪器科学与光电工程学院院长，“新型惯性仪表与导航系统技术”国防重点学科实验室主任，“航空科学与技术”国家实验室（筹）首批首席科学家，国家某973项目首席科学家，“中英空间科学与技术联合研究实验室”中方主任。

② 张广军（1965— ），现任北京航空航天大学副校长，兼任研究生院院长，精密仪器及机械学科教授。他在科研学术上有较高造诣，主持完成多项重大科研项目，为“神舟”系列飞船、航天和国防型号研制做出了贡献。

得了国家发明奖，那他是结合飞机，结合航天，这是很具体的，这就是很突出的一个例子。但很多教师，特别是搞航空的，我觉得跟航空比较脱离一些。这样子，你就会变成给你多少钱，让步你干什么你就干什么，你自己也不清楚往哪个方面发展，你不可能提出意见来，说应该往哪儿发展。当然，个人不能左右国家，但是你们可以告诉他，应该往哪个方向搞，应该是这样子。

胡：现在航空类对您这个马赫 10 用得上吗？

朱：航天用得上，后来我跟航天没关系了。我已经没再掺和这事了。有时候老同学拉我去，我不去，说我干不了。因为你真正要干一件事，你何必把手里的扔掉，又跑那儿去，这个要分得很清楚。比如说，要结合工程，要结合国家需要，我觉得老先生的话对我还是很有启示。我跟着陆士嘉先生一辈子，陆先生派我去念书，高超音速是她让我去干的。我就去学那个高超音速。回来以后，她还在呢，那个时候还没有“文化大革命”，说咱们要搞高超音速。但是当时定题的时候，一共四个人，靳式根教授①、陆士嘉教授，我一个，还有一个夏力田，四个人定一个高超音速课题，陆先生说这样不行，咱们这么定还是从文献中来，到文献中去。当时她就组织我和夏力田，夏也比较年轻，虽然她是留苏的，但她是解放初期派出去念大学的，年纪比我大一点，但是也属于年轻教授。当时我们两个人，去干什么呢？就到七机部二院 207 所。后来是科委主任的宋健，他当时是 207 所的副所长。那时刚建的这个所，是搞反导弹的。我在那儿待了半年，陆先生说，你别的先不管，他们干什么你就干什么，就到这个设计所去体会。当然我也不会长期在那儿，她说你就去体会吧，以后回来再定课题。这些老先生包括陆先生回国以后，自己也没搞科研，但她这一点，还是比较清楚的。你搞科研必须结合实际，结合需要，这样才对国家真正有用。当时我记得很清楚，

① 靳式根，河北人，1913 年出生。曾在法国里昂中法大学留学，在北京航空学院讲授过高等数学，主要研究流体力学。曾著有《可压缩流体运动与波动力学的关链》。（作者注）

我比较年轻，那时才25岁吧，骑个车就跑到永定路那边的二院上班去，下班有时候在那儿住，因为那时候还是一个人吧。有时候就回来，骑车回来。就这么待了半年，就跟他们设计人员一块在搞。这样子的话，也明白了一些具体的东西，虽然我后来也没搞这些东西，也不搞导弹，对吧？但是就知道了你的科研就应该结合需要。半年以后，就"文化大革命"了。

李：还没有，还没有"文化大革命"。你是1964年回来的吧？1966年才"文化大革命"。

朱：我待了半年是1965年了吧？反正后来就没搞起来。"文化大革命"陆先生也受到了批判，所以后来就没下文了。再后来，我自己开始搞科研了，到"文化大革命"后期，当时是沈元当校长，因为我跟这些老先生都比较熟，他们都知道我。当时我记得要讨论，"文化大革命"以后我们学校怎么发展，他就跟我说，你准备准备，就把空气动力学该搞什么东西在全校交流会上给大家讲一下。这迫使我努力准备，去了解一些东西。我觉得这实际上对于自己的锻炼还是很大的。因为说句实话，一个年轻老师，你要提出方向，提出空气动力学的方向，那我们前面老先生多得很哪，比我年纪大的也很多，压力很大。所以说，沈元这个时候对我的影响也很深。这样就逼着自己去了解我们国内的情况。国际上，"文化大革命"隔绝了很多年了，你得去看文献，看人家在干什么。所以这些方面就促使你要把科研结合实际、结合前沿。你说沈元这个事，陆先生这个事，都是……

李：他们这个，我觉得有一点是，当然现在也强调，就是大学生配导师啊，这个是高年级啊。我觉得低年级起不了太大作用，最多就是意思意思，应该到高年级再配。他们这个专业的学生很少，而教授很多，是这样的情况。我们呢，恰恰是反过来。我们当时是新成立的专业，那个时候也没有教授，就是有一个研究生毕业的，再就是一拨清华毕业的，都是1957年毕业的。

朱：比我高一班。

李：我是说，教师的指导作用是很大。当时的情况，我觉得不是我一个人的问题，就是我念书的时候，我们那个专业从来就是北航负担最重的一个专业。因为它这个专业是新成立的，不知道机械方面要求到什么程度，所以我们学机械原理、机械零件就跟发动机系的一样地学。也不知道我们力学方面应该怎么样，所以我们学理论力学、材料力学就跟他们现在五系是一样的，跟飞机系那样学。然后我们还要学电。所以每年调查，我们都是负担最重的一个专业。但是，至少我自己有这样的感觉，我不知道别的同学可能也是这样的，就是实际上还是有空余时间，我把所有的事情做完了，我不知道该干什么好。我看人家礼拜天都上图书馆，我也上图书馆。我当时并不懂我怎么样去看我专业上的东西，或者是学点儿什么样的东西，我比较喜欢看小说，看文艺期刊。人家上图书馆做功课，我就上图书馆看《人民文学》啦，《译文》啦这些东西，就不知道还有干什么好。这就有一个很那样子的对比，就是那个时候他有那么多事要做。

胡：这也不一定就不好。真的，我不是奉承您说，有时候就是这样，而且您刚才说的情况，机械也跟发动机系学的一样，力学跟五系学的一样，这不一定就是坏事。当时由于不知道，属于一个盲目的过程。到了后来，要是明白了，可以调整一下。但是，从某种意义上讲，麻省理工就是这样，各种通识课，或者选修课吧，假如我是学机械的，我要学电，那我就跟电系的学生一块上。他们上什么程度，我就上什么程度，并不是给我单开一个降低程度的课。你选了你就跟他上一样的课，学文科也是这样。学法律就跟法律系上一样的课，学拉丁文就跟语言系的课一样，他就这样安排。我不知道这样做是不是很适合，我说不好，但是他这么安排可能有他的道理。

朱：你基础可以这样来，但是你怎么引导学生走科研的路？

胡：大学本科主要不是指导学生科研，是不是？

李：我是说那个时候没有那个方面的指导，完全是你自己去摸索。这就跟你原来教研室的底子厚不厚有一些关系。你想，那些新来的年轻老师，他们自己还在备课，也顾不过来管我们。我们同学就自己看点儿参考书，就觉得很不错了。我自己就觉得时间再多也不知道干点儿什么，那个时候社会工作还有一堆，我想，哪怕我多念点儿外语也好哇。

胡：这东西很难说，如果所有的时间全都是让专业的、业务的东西支配着，也受不了，用别的调剂调剂也好。我知道现在有的大学生，他不知道怎么用图书馆，很多都到了大四做毕业设计的时候才知道。我说你上大学，就两个东西，一个是老师，一个是图书馆。对老师，你就要抓得很紧。你上大学交了学费了，咱们说句通俗的话，家长花了钱，大学的老师别处没有啊，就大学里有，你就对他抓得很紧很紧，你把他问的张口结舌，问得个底儿掉，把他榨干，像拧毛巾里的水一样，那是你的本事。对图书馆，你现在不知道看什么书吧，你就什么都去看，你先什么类的都看一遍，然后你再选择。不可能有很多人会清楚地告诉你，你能看什么，你该看什么。没有这样的条件，不可能的事，都是要自己摸索。自己摸索本身有他自己摸索的好处，老师指导有老师指导的好处。它不一样，但关键是自觉。你是自觉在做，而不是在混日子，包括看文艺期刊，像《人民文学》，这不是坏事。

李：当然不是坏事。但是在这个过程里面，你就对比他们那个时候，就是老的教师给他们的那些意见，一些指导，或者提一些要求。你想那个时候我们还是比较贪玩的，你看的那些东西还是比较轻松的。

朱：我四年级那时候也没什么事，课很少。当时陆先生让我去图书馆。那时候我学的俄语，她指定你找英文资料来看，然后跟她汇报，跟她讨论，这个过程中间，你说现在科研不也是这样？她（指李老师）那时候不是没有时间，但没人给提要求，而我那时候也不会去看《人民文学》，就是说，你比较早地懂得，怎么去查资料，去找东西。

李：根据一个目的要做什么。

朱：刚才我说沈元的那个事，它本身没什么。他就一句话，你来讲。那你就会去看国外的，看国内的，然后你就要思考。这里边，你认为重要的，学校应该发展哪些，我觉得这些东西还是锻炼了一个人。我现在不知道，高等工程学院好像就是定了这样一个原则，本来意图大概也是这样，我不清楚做得怎么样，这个东西做法本身那当然很好啊。你说一个教授带一个学生，现在那么多学生，有多少个教授怎么可能带得过来。现在研究生，我告诉你吧，有的带的太多了，这是个问题。那天我还开玩笑说，也不知道他们怎么带，一个人带 20 个博士生，有的导师见面很少，你说你怎么指导？像我们那时候，一个带一个，跟师傅带徒弟似的，这就完全不一样了。一个礼拜他见你一次，那人家导师他本来就有这么一个作用嘛，对不对？所以我觉得这些东西，可能我说真话，我运气好一点，碰到这种环境，我决定走这条路了。当时整个学校就是这么分的，国家根本没有跟我谈，就分配你到研究室去。如果我到教研室去，那走的就是另外一条路了。从我们学校的发展看，我们学校成立了 10 个研究室，假如写校史的话，还是很重要的一个环节的。据我知道，因为你当时怎么走科研与教学相结合呀，那时全国都是全盘教学。我们学校通过 10 个研究室去搞，这些研究室都是很重要的。十研、五研、三研、四研，发动机四研嘛，飞机就是一研嘛，五研就是房建成课题的前身。

胡：钟群鹏他们一系的是八研吧？我记得他们老说八研八研的。当时我不太懂，什么几研是老的说法。

朱：写陆士嘉这些事，他们就找我来了，写沈元，也找我。

李：纪念陆士嘉，纪念沈元的，就找他来写。陆士嘉是中国第一位流体力学女教授嘛。

朱：不仅如此，搞流体力学的都知道，有一位国际大师——普朗特，是流体力学的大师，20 世纪一位很大的大师。最近我参与翻译了一部 20 世纪物理学，里边有一章流体力学是我译的，其中提到，普朗特对 20 世纪流体力学做出的最伟大最杰出的贡献，是他提出的一些概念。他是从来不收女学生的，而陆士嘉就是他的学生。

李：唯一的女学生啦。

朱：而且是唯一的中国女学生。当时她到哥廷根的时候，普朗特不收她，说不收女的，然后她说，你考考我看看。考完了以后，就收了。所以这个陆先生在流体力学界是很有名的。当然陆先生比较多的是在品德方面，影响更大。那时候说不当学部委员，就是她嘛，坚决不当嘛，科学院已经初审评上了，她写信给科学院，说让给年轻人上来。这在流体力学、在教育界，是很厉害的，很少有人这样子。

胡：没有别人这样做过。

朱：我跟陆先生跟了一辈子，后来是她需要干什么，我就跟她干什么。她“文化大革命”复出以后，想搞一项科研，那我在低速方面已经搞了一段时间，我又调过头来跟着她，帮她搞她那个方向，所以跟着她干事干得不少。

李：这些老先生剩得不多了。

朱：怎么发挥老教师的作用，老教师对下一辈的影响是无形的，我感觉，从我自己的体会也是这样。因为那些点点滴滴的东西，在无形中，她并没有给你讲太多的东西，但是对你的影响是很深的，在你做的时候就会想起来。

李：有时候一句话就会有这样的作用。我一直记得老院长武光[①]讲过的一句话，那时候武院长住在红旗院，红旗院在现在相当什么位置？

胡：在逸夫科技馆吧。

李：对，在逸夫科技馆那个位置。我们在二号楼上自习，二号楼后面就是停机坪那一块。我记得吃完晚饭，晚自习以前，我在那儿溜达，正好武院长也在那儿溜达，他见到我们就问我们，我记得问我们学习的情况啊，我当时讲，学习的时候班级里还成立互助组，一帮一，一对红嘛，不让一个阶级弟兄掉队，当时是那样的嘛。我就记得当时我跟他讲这个，讲完了之后，他就一直在那儿好像考虑我讲的这些东西，他就跟我说，当然这样子也挺好啊，但是如果我们航空学院能为国家多培养一

① 武光（1912— ），曾担任过北京航空学院党委书记、院长。改革开放后，担任过中国社会科学院副院长。

点专家，是不是会更好？对吧？就这么一句话，我记得当时真的很想了一番。后来不久，有一次北京市召开三好学生的会还是什么的，我忘了，正好在北京饭店，彭真①去了。我记得彭真坐在那儿，好像跟我们随便说的时候，就问，你们将来是当工程师啊，还是当教授啊？这话我当时不是完全理解，但是这两个我都想过一下，要不印象不会这么深。后来在我教学里一直有那么一种东西，就是在我讲课的课堂上，以前不是说让大多数同学都听懂吗？我愿意稍微再转一点。我一直有这样一个观点，就是不愿意让学生很舒舒服服地听课，你得把他往前拽，因为我自己也有这个体会，我就觉得，如果他讲得好的话，我跟着他走，我甚至能想着，他下一步会怎么解决这个问题，我也要学生想办法这样做。其实他们说的这些话，在我的脑子里，都有一定的影响。

胡：我们上课也是一样，不是只讲教材里的那些东西，让它稍微有一点儿难度，稍微有一点儿。让他琢磨这个问题，让那些愿意琢磨的去琢磨这些问题。他要不想琢磨的，你讲什么他也不琢磨。

李：对。有时我去听课，我看现在的学生，怎么那么不动脑筋似的，那么舒服似的，我心里直着急，老师好像颠倒都揉烂了那么讲。

朱：现在不让不及格嘛。

胡：我也不理解。咱们校长讲了好几次，说我们的学生既然都那么好，为什么成绩那么低？人家一看，好像不利于他们找工作。我觉得这种想法太表面了，学生学习学到没学到？他找工作跟这个没有关系，也不是说你分高了，就能找到好工作？你分不高就找不到好工作？根本就不是那么回事。一辈子那么长的时间，你有本事你总是能把自己开出一条路来。你不会说，完全靠学校给你的成绩来……

李：我记得沈阳航空学院的进修教师到我们这儿进修的时候，就曾经讲过这样的话。他说，他们进修有派到北航的，有派到南航的，都是

---

① 彭真（1902—1997），山西曲沃人。是中共第七、八、十一、十二届中央委员，中央政治局委员。曾任中央书记处书记，中共北京市委第一书记、市长等职。1983 年当选为第六届全国人民代表大会常务委员会委员长。

派到南航去的老师，他们的成绩要好一些，结果回去的成绩呢，是派到北航的成绩不如派到南航的成绩好。这些进修教师是要跟我们的学生一起考试，要记成绩的。但是即使这样，他还是愿意来呀，对吧？其实人家并不是说一定要看你考试的分怎么样。

胡：这都是懒学生的想法，是不是？校长的这个想法，我不管他别的，单是这个想法就说明他不是真正懂教育的，我反正这么理解。我在学校的会上也公开这么讲。

朱：这跟他出身北大可能有关系。北大可能也是这种观点，所以我觉得现在有点儿乱。

胡：他没好好学，你怎么给他好成绩？我们老师从来都不是故意要刁难学生，出难题、怪题，是吧？故意要卡你？都不是这样的，就是这样一个非常普通的水平，他都达不到要求，这实在说不过去。现在不是扩招了吗？他就是这样。学生整体素质不一样了，与过去不一样了。你扩招了，肯定有这种问题出现，根本没有必要值得大惊小怪。

朱：这实际上他不太理解。不过本科生很难说，你想到更高层次的时候，例如，我在评审博士后基金，评审了很多年了。我很注意一条，我就看他本科出身在哪儿。有的你写的申请材料写得天花乱坠的，你看他本科是个什么三流学校的话，我马上因为这一条就可能认为不行。他写的这个东西，好比说他到了科学院跟着一个研究员做，科学院那个研究员的题目很可能是非常高深的。但是实际上，他写的这个东西并不是他真正的水平，没有反映他的能力。所以我评审时有一部分的因素，就看他的本科出身。同样，差不多，我看情况就是这样，一个出身好，一个出身低一点，那个出身好的分就上去一点。为什么美国好多 MIT（麻省理工学院）、斯坦福这些，它本身进去的人水平就高，然后他又是严格要求，出来以后，美国就比较讲究你是哈佛大学，还是斯坦福大学，还是 MIT 的，对不对？你同样一个学校，一个三流学校的，他当然不要，他不是看你考的这几分。我们北航以前，沈元当校长的时候，评职称，我们老是比较拖，他说我们的副教授就要高一点儿，他就是这样的观点。当然对个人来说，是不太喜欢的。你说本来我可以评上教授的，你非得把我拉成一个副教授，我出去跟人家学校比，人家教授，我副教授，人家对我就不会重视的。但是他从学校来说，我这个北航的副教授，我要顶得上人家教授的水平，他就这样一个观点。我觉得这样对人要求比较严格，没有什么坏处。

现在不是这么回事，现在都是大家凑合凑合。我说现在就是这样。我们这学期调研，主要是博士生的质量。现在你说我写他差，我都不敢写，这明摆着全都是公开的，你何苦呢？所以就都说好话呗。我相信，张广军和他们那个团队就不是这种要求比较低的，不然，出不了高质量。当然，想想北航出了两个一等奖的，两年出了三个一等奖，清华北大都没有。那就说明领导是正确的嘛。对不对？

胡：不能光靠奖来说明问题。北大是搞基础研究的，咱们得的是技术发明一等奖，他不是搞工程的，他发展的方向不一样，北大搞基础的比较多。北大很多老教师也很不满，但是他们还是比咱们这边传统的东西多一点。他们骂得最多的系就是那个光华管理学院，钱多，别的那些比较穷的系就不满。当然不是因为他穷，光华投入的基本就是商业化，他不是那个搞学术的路子。

朱：这些老人，特别是陆先生对我的影响确实很大。因为陆先生这个事情，我觉得，你说她回国以后，她不像钱学森，她跟钱学森非常好，都是小学同学。钱学森的功劳很大，搞了个导弹。她是一个教授，你说在这儿，她的确培养了一批学生。她教过的流体力学的学生，没有一个不佩服她的。就是她的品德，要求自己非常严格。我觉得，我们现在这些教授们，赶不上老教授们。现在很多教授们，名利位子，追求得实在太远了。所以我觉得，真的要踏踏实实的，为国家做事……

李：陆先生要说回来以后，没有什么文章吧。那她那个贡献……

朱：老要我给她写那个，我还真写不出什么，她这个人的光辉都在这一边。如果非得要我说她出了多少多少东西，那我没法说。那个环境也决定了她。假如说，她在美国，或者还在德国，继续搞她那个学术，她同样可以很光辉。

李：沈元也是这样。沈元回来以后，也没有再搞科研。

朱：在我们这些老教授里面，像林士谔①，他的博士论文，人家说是林氏法。沈元的博士论文，跨音速，人家书上都专门提到。到了80年代，我搞跨音速研究的时候，我回过头去，才理解了他的东西。当时《高速空气动力学》这本书里边，莱特黑尔（Lighthill）就是现在的国际大师了，他当时对沈元的论文是有评价的。我们学校的教授在他那本书上有名的不多，沈元就是一个。所以应该说当初他的学术水平是相当前沿的。后来我写纪念他的文章，我说当时的先锋，他就是研究的先锋，就是pioneer，没什么好说的，就是这样。你说他回来以后干什么了？他就是整天搞教学，领导什么的。

李：你建航空学院嘛，整个航空学院的教学都是他搞起来的嘛。就是这个贡献，你不能总是从论文上来看。

朱：我说他们这些人对我们这一代人还是有影响的。当时那个时候，我们受党的教育，全心全意为人民服务，要是追求名利就要打你屁股，这些教育当然也有作用。正面的很多东西也给你很多影响，这些影响是不可估量的，是说不出来的。他摆在那儿，你就佩服他，真是从心里在服他。你说他学术，在四几年的时候，他在国际上的水平就是这么高。他回来啥也没有，就在那儿默默无闻地搞教学，你有什么好说的？

李：那国家需要啊，的确是这样。

朱：我觉得这些精神，现在好像比较少了。

李：就跟邓稼先他们那个1元钱似的。搞出原子弹发奖金。

朱：两弹一星的专家发奖金，拿了1元钱。总共给奖了1万元钱，

---

① 林士谔（1913—1987），我国自动控制学家和航空教育家。1938年，他在美国发表的关于解高阶代数方程的论文中提出的劈因解根法，被誉为“林氏法”，为国内外广泛采用。编著有《动力调谐陀螺仪》《惯性导航》。1952—1987年任北京航空学院教授、系副主任，院学术委员会副主任委员，博士生导师。曾任中国航空学会理事兼自动控制专业委员会主任，国家科委力学组成员，国防科工委惯性技术专业组顾问，中国力学学会理事。

工人也全都分完了。不就是杨振宁说的吗？杨振宁回来就找邓稼先，就谈这个原子弹，最后，邓的夫人跟杨说的。杨就问他拿了多少奖金，说是拿了1元钱还是10元钱，这个我忘了。这次我去开会的时候，杨振宁讲话时说的。所以我觉得老一辈的这些东西，那时候的人就是这样。你说现在跟年轻人讲这些东西，不容易讲，形势也变了，不能再那么要求人家。我觉得这些走过来的人，回过头再去看看，我说也毫无怨言。是不是就是这么回事，你要是会钻营一些，我是不是也不是现在这样子？

胡：人的兴趣不一样，乐趣也不一样，这事真没办法。跟你们聊天，我真是非常敬佩这些老教师，我也真的学了很多东西，这不是虚的话，是发自内心的。希望以后有机会能更多地交流。

非常感谢两位老师，过去说听君一席话，胜读十年书，我觉得一点儿也不过分。因为我觉得这些东西，我们过去知道的只是一些表面的东西，详细的真是不了解。

李：你要想知道，他那儿有很全的资料。

胡：以后有机会，会更多地去了解。

我对学生就像大姐姐

——陆翠英教授访谈录

采访时间：2011 年 10 月 19 日

采访地点：北航图书馆西配楼 315 室

被采访者：陆翠英（以下简称陆）

采 访 者：胡懋仁（以下简称胡）

［**访谈者按**］认识陆老师是在我退休之后，她担任退休教职工的党支部书记。我认识陆老师，最早是在去山东调研的过程中。陆老师性格平和，说话慢声细语，颇有江南淑女的风范。

在访谈过程中，我感觉陆老师为人十分谦和，也十分低调。她是那种工作很认真、意志很坚韧的人。陆老师的工作是平凡的，也是平淡的。金属切削工艺以及机床设计既是个老行当，也不断包含新的技术，工业制造业是永远也离不开的。一个女同志，在这个岗位上做了这么多年的工作，而且总是在外出差，全国各地到处跑，把理论应用于实践，非常不简单，也非常不容易。

陆老师已近 80 岁，她所在的退休党支部，最近又再度选举她担任退休党支部的支部书记。她没有推辞，继续勤勤恳恳地工作着。

一、入学、留校与教学实践

陆：我觉得没什么好说的，太平淡了。我也不大愿意让人家来写。写什么东西呢？不要指名道姓地写。

我是 1953 年在苏州高中毕业，现在是苏州市十中，是省重点，它的前身是我的母校，是很好的一个中学。原来是女校，我毕业的时候还是女校。1954 年开始，就变成江苏师范学院的附属中学，后来就变到现在的苏州市十中。

胡：那个时候学校叫什么名字？

陆：那个时候叫苏州振华女中。毕业的时候，当时不知道报什么志愿，我们因为是女校嘛，很多同学就愿意念医学，做医生。后来我说我报什么呢？那时候，看了一些苏联电影，什么《生活的光芒》啦什么的，从农村出来，后来当了总工程师。我说，我还是念工科吧。工科念什么呢？想不出来，自己喜欢什么对象，不清楚。正在这个时候，北航 1953 年招生，招得比较多，江苏省推荐到苏州，因为苏州文化发展比较好，到了苏州，又通过苏州学联，就把我们这些高中生都动员去了。学联主席在动员的时候，就讲卫国战争的时候，攻克柏林呀，苏联把希特勒打败，主要还是靠了航空，什么什么的。当时我就分不清楚，这是培养飞行员，还是培养什么的？我就追着问，然后说，要是培养驾驶员的话，女的收不收？他说，这是搞设计制造的。我说，那好。就这样，我就报了北京航空学院。1953 年，就到了北航。当时我不愿意学设计，我愿意学加工。我心里想我应该实践动手，到工厂里去干活去，当时的思想跟现在人的思想不一样。到了学校以后，就问你搞设计呀，还是搞工艺呀，征求你的意见。我说，我要学能到工厂去的专业。他说，那你就搞工艺吧，后来我就分到发动机工艺专业，念了五年。1958 年毕业了以后，就留校了。

当时的情况是，1957 年不是整风反右吗？我们分配的时候，当时学校里希望多留一些党员，有的像基础课什么的，都还没建起支部来，党的力量不强，因为整风反右以后，那个时候的想法就是要加强党的领导。所以就把我们这些人哪，当时已经是党员，但是学习上在班里并不突出，有好几个全优生，也没留校。要按照过去的思路看呢，留校的就应该是全优生，学习特别棒的。但是我们这些人呢，学习中等偏上，反正还可以吧，又是共产党员，把我们这些人就留下来了。当时班里头不敢说什么，但是现在，因为50周年校庆的时候，大家聚的时候，看得出来，当时他们都不理解。有的说，我到了北航五年，全优，结果没有把我留下来，就比较有想法。后来我说，这个我们也不知道，当时我也没想到要留在北航当教师。我说，当时要分我到哪里去，我肯定卷起铺盖就走。

后来就留校了嘛，我们这些人就分到那个时候的三系，是发动机系，搞发动机设计，发动机工艺。我们的教研室原来在三系里头，当时是九系。原来有发动机工艺、飞机工艺，仪表工艺，后来就把这些工艺合成一个系。分去了以后，因为你是党员嘛，都分散到各个教研室去。譬如说我是搞发动机工艺的，我分在一个专业基础课，搞切削原理、刀具、机床设计，就是这么一个教研室。去了以后，分配给你一个指导老师，先给他当辅导，再上课，就这样留下来。

另外呢，让你当学生的班主任。那个时候，当学生的班主任是要半脱产，要同吃、同住、同劳动。他们要去劳动了，下乡了，你得跟着去。一个学期要至少跟他们同住一个月。跟这些女生住，便于了解她们的思想情况。那个时候二话没说，实际上，这个工作对现在的人来讲，很不愿意干的。那个时候，反正教书育人嘛，跟同学在一块儿，那个时候也年轻，二十四五岁，比学生也大不了几岁，像大姐姐一样，所以我们搞得也挺和谐。我这个人没太多脾气，跟同学也还能打成一片，所以关系处得也不错，班主任都要派党员老师去做。慢慢地年龄大一点，后来到“文化大革命”了，就没干班主任了。

那个时候我没有科研哪，后来就培养我上课嘛。切削原理、刀具，我跟的是汪叔淳①老师，跟着他辅导。给他当辅导老师，就教切削原理和刀具。辅导了两遍以后，就培养你上课。后来，对外系的，有个切削

① 汪叔淳，早年毕业于中央大学航空系，是北京航空学院第一批国家批准的博士生导师之一。

加工学，面就宽一点。那里缺老师，有几个老师，到了 1960 年以后，大概因为社会关系的原因，就走了，那边就缺人了，后来又让我去开切削加工学这门课。那时就跟着饶子范[①]了。饶子范是当时我们的一个老先生，他是教研室主任。除了切削加工学这门课，我总共讲过四门课。后来机床那边缺人了，我又去上金属切削机床。“文革”以后，各个系都要这个基础，就是在金工实习的基础上，起点要高一点，再加一点金属加工基础，然后就开了机械加工基础这门课。从我上过的课来讲，就上过四门课：切削原理与刀具、切削加工学、金属切削机床、金属切削加工基础。

二、开门办学

陆：我这个课呢，也不能说讲得多么好，反正还可以吧。思路、表达还比较清楚，学生也没提出什么意见，还比较欢迎。反正这个专业课他们也不是太花工夫，那么这里头我觉得，1966 年“文化大革命”刚开始的时候，不是有工农兵学员吗？工农兵学员那一段，对自己收获不小，因为弥补了自己的弱点。过去从学校里出来，也没接触太多的实践。当然我们上学的时候，生产实习比较多，有三次生产实习，但是毕竟知识还是少，特别是要搞机床设计，那个结构的东西很重要。各种各样的结构，你看得多，你就知道怎么来应用，怎么来设计我这个机器。我在设计这方面的知识比较缺乏，那个时候带工农兵学员，他们的理论基础比较低，我们那时候数学也辅导，物理也辅导，什么课都可以辅导。有的时候，有些老师傅甚至通分也不怎么太会，但是这些老师傅实践经验相当丰富。我们又是开门办学，到工厂去帮人家搞设计，在工厂里要跟着一起干，这样就充实了自己的实践环节。我觉得那一段，后来回头总结的时候，还是蛮有收获的。

---

① 饶子范，早年就读于湖南岳云中学。后来是云南大学航空系创始人之一，也是北京航空学院发动机系的创始人之一。

比如说，我们带学生到第一机床厂[①]去，那个主轴部件装配的时候，这里的精度到底怎么来保证？它有的时候要求很高，5‰毫米的误差，这是旋转精度。那么你装配的时候，各个零件的选择装配，你怎么弄？原来这些东西也说不大清楚，都是纸上谈兵。你到了那儿以后，你就看他是怎么装的。轴承怎么选配，它是要选配的，不是你装上去就行。应该怎么来选配，它误差的方向不一样，你装配的时候，让误差来抵消。一些实践里的经验，最后综合起来，才达到这样的精度。如果每个零件都要达到这样的精度，做不到，但是误差是可以抵消的，工人在那里有一套实践经验。我们在那儿一天，甚至一个礼拜，老是看他们在那儿装配，然后把他们师傅的一些经验什么的，他也不瞒你。后来就学到了，就知道了，甚至于有些东西就编到教材里面了，因为这些东西已经比较成熟了。这一精度怎么达到呢？因为误差可以抵消，抵消误差你要用什么装配法。比如这个方向应该在哪里，那个方向应该在哪里，怎么达到抵消的这个目的。这些东西，原来都没有这些概念。实际的结构知识也丰富了，你设计这个进给系统应该注意什么，好像脑子里说要设计什么，你马上会想起这里应该有多少东西，自己的点子就相应地多一点。

这个实际的知识，好像我就觉得，虽然是跟着工农兵学员，也很苦，有的时候，像到株州去，开门办学一待就是半年，大夏天就在那儿。这是第一次，那个时候毛主席还没有说，“大学还是要办的”那个“7·21”指示[②]，在这之前，因为中间是“文化大革命”，我们反正自己在那儿搞运动，也没接触学生嘛，后来我们在株州的时候，毛主席发表了“五七指示”，后来我们就回来。回来以后，好像没多久就去干校了。

---

① 北京第一机床厂，当时位于北京东郊大北窑一带，即今天的国贸大厦附近。

② 《建国以来毛泽东文稿》第12册，中央文献出版社1998年版，第505页。

胡：那您说，去株州的还是没毕业的学生，是老五届[1]的吧？

陆：是老五届，那时还没毕业。有一些是所谓逍遥派，他们不爱整天在外面逛着跑，就发动起来，就说我们要学习，我们要下厂去实习。他们就自己组织要去，那个时候已经有“复课闹革命”的意思了。他们要复课，那得要有老师呀，老师那个时候也没人组织，教研室都打乱了。后来学生自己在下头鼓捣着找了一些老师，各方面的老师，后来找到我了。找到我了以后，我就想，在这儿也没什么意思，在学校里没什么意思，整天写大字报，都是违心的。比如说你要批判谁，对他也没有多少印象，就是人家做了错事，你也不知道人家错在哪里。你说你整天写这些东西，我觉得浪费时间，还不如到工厂去。这方面的学生也比较保守，不会胡来。我想还是跟他们去，我就同意了。后来，在株州去了半年吧，回来以后，林彪一号通令，就上干校去了一年。后来毛主席发表“大学还是要办的”，“要走与工农兵相结合的道路”，那个时候就把我们都调回来了。调回来的那几年，我觉得，对我来讲，弥补了自己过去上学时候的不足。那些老师傅，那些工厂里面的锻炼，就是实践环节充实一点充实了不少。就是看到了不少东西，学到了不少东西。后来工农兵学员一届一届地带，一年有半年在外头。带他们搞设计，有的时候去410厂，北京的218厂，北京机床厂，北京内燃机总厂，北京的厂子跑遍了，一蹲就是几个月，写教材也是选择那些典型的机床什么的。最后我们设计一个涡轮盘车床，加工涡轮盘的。工厂里需要这个设备，但是没有，这属于一个比较重型的机械了。粗加工，半精加工的这个机床。我们在那儿总共加起来搞了一年多吧，我带着那拨学生，结合实际来讲课，然后搞设计。最后嘛，这个床子还是没做出来，没钱。设计出来了，图也审了，没能制造。没制造是因为这个设备要投资不少，另外你的设计成熟不成熟，人家也没把握。花那么多钱做出来，能不能成

① 老五届，是指“文化大革命”前从1961年到1965年入学的共五届大学生。由于“文化大革命”，他们都是在1968年至1970年期间毕业分配的。

功，毕竟我们没有多少经验。我们精力花了不少，在这里头学了一些东西。这是在“文化大革命”到1976年“四人帮”被打倒之前，基本上都在开门办学，带工农兵学员。

我们这些人的经历基本上就是带着学生，今天上株州，一会儿上哈尔滨、沈阳、成都，就那几个地方走。1977年以后，就走上正轨了，教研室也恢复了，我记得那个时候叫我当教研室的教学副主任。管管教学，上点儿课，那个时候还没多少科研呢，主要以教学为主。那个时候也没有职称，也没有提这个，所以一心扑在教学上，你就不要考虑别的问题。我这个人，对学生最主要的一个特点，就是做什么事情都比较认真，但是也不见得我的成绩就那么突出。就是说，跟同学的关系也比较好。过去的学生，像对大姐姐那样的对你，你呢，也关心他们，到现在关系也很好。你别看工农兵学员，看见你亲热极了。他就觉得，你没有另眼看他们，还是很尊重他们的。

“文革”后，重点就上机床课了，不上切削原理，因为那里的教师够了，我就上机床设计，那时就跟着韦彦成[①]老师干了。韦彦成老师他是主任，我是副主任，我们两个配合得比较好。因为他是老先生嘛，他就出些点子，我就多跑跑腿，多给他干一点，所以我们的关系也比较融洽。后来电脑、单片机什么的都进来了，大家都抢着学。那个时候也是国外回来，他们几百美金带一个单片机。单片机带回来以后，你就一个单片机，大家怎么学呢？那个时候，有些人就先学去了。人家先学，我就没什么关系，不跟人家争，反正也有事情干。我这个人的想法呢，我不喜欢出头露面，我说我做一点平凡的工作无所谓，很满足。

我喜欢低调，不愿意做一点事情就老说自己怎么好怎么好。要别人来说，你自己不要说。自己做人要低调。这是我一向的原则，所以，在工农兵学员那个时候，我连续三年获得学校的先进工作者。我根本就没想到，是大家推举的，说我比较刻苦一点吧。在外边工作，家也顾不

---

① 韦彦成（1929— ），广东省广州市人，教授，主编教材《金属切削机床构造与设计》。

上，跟学生关系搞得又那么好。

三、我搞应用科研，也做学生工作

陆： 我后来也是以教学为主，到80年代的时候，开始搞科研。我们那时候搞科研，不是像现在似的，搞理论性科研，因为我们是干实践的。有两方面的任务，一个是人家有设备，要改造，给人家搞个控制系统。这个要电的基础比较好的人来干这个。我们是以机械为主的，主要是搞设备的改造。当初，我们的一个老先生在青岛橡胶厂，接了这个橡胶的压延机的任务。压延橡胶厚薄的公差不能超过0.2mm，他们不好把握，希望搞个微机系统能自动测量、控制。如果达不到这个范围，可以自动调节那个辊子的距离，比如误差大了，把它的间隙调得小一点。太薄了再往高处调，这样一个自动控制系统，用微机来控制。那个相应的机械设备也得改造，首先你要给它搞一个测量装置，你得有安装测量装置的地方，要给他搞设计。另外，你要调节它机床本身的精度，这个精度要好。如果精度不好，一调根本就调不过来。所以最主要的是要把它那个支撑压延机辊子的轴承加以改造。轴承要改成静压轴承，或者是滑动轴承。反正你要给它精度提高。接了这个任务以后，大概他们找了几个研究生，搞控制系统，分给我们的任务就是改造轴承。哪几个轴承，需要我到广州去调研一下，是想搞静压轴承。静压轴承比较轻，摩擦力小，精度容易提上去。调研的结果，是没有用静压轴承，因为静压轴承需要液压设备，在车间里没法放，而且它本身的环境要求比较高，而压延机所在车间的环境比较脏。后来正好在北京展览馆有一个机械的展览会，看见一种滑动轴承，用一种新的材料。我看了以后，就感兴趣了，我就跟里头的那个技术员讨论，我说我这个条件能不能用，他说能用。后来就用我们的技术条件跟他们合作，那个轴承后来还真改造成功了。要改造用这个轴承，事先并没有这个概念，都不知道这回事。是在那次展览会上，因为你心里有这个问题，看的时候，钢背复合材料什么轴承，后来一看，哎，我们的上头能不能用啊？后来，跟技术员讨论，他非常感兴趣，他也希望他的成果能够用在具体的设备上。他原来用的都是这种小设备，在重型设备上他没用过。为这个，人家很慎重，把原来的轴承拆下来，你改造要改废了怎么办。也是有不少风险的。工厂里头讨论了好几次，最后，大家一起下了决心，觉得可以试。后来工厂也认可了，把原来的轴承拆下来，把你的弄上去。他们说，陆老师，你一定得成功，你失败了我们就麻烦了。那个旧的轴承就装不回去了，那个床子就不能用了，我们就完不成生产任务了。说完了以后，我就跟技术人员说，有把握吗？你们这个材料像你们宣传的那样吗？

胡：他们用的什么材料？

陆：钢背复合材料。钢铁的钢，背面的背。它外头是钢带，里头是复合材料。他还稍微加一点润滑油，不大会磨损，这么一种材料。他还有一套工具，把这个轴承装上去。我说我就靠你了，你这个轴承按照你宣传的样子我认为可以用。如果你这个轴承达不到人家这个要求，不是你说的那样，那时不像现在说的“忽悠”，那我就麻烦了。我说我不敢做决定，原因就在你那儿。他说，陆老师，放心，我敢保证我们这个材料是能达到这个性能的，我们在一些小的橡胶压延机上用过。他说，你们这个大的我们没用过，不过应该是一样的吧。最后我说，那咱们两个人商量做决定吧，他说，陆老师，没问题，我帮你。他说，你动手能力肯定不如我，计算的部分你就多弄弄，我替你去装配。你给我尺寸、公差什么的，最后这个倒是搞成功了。徐州有一台机床，徐州橡胶厂，类似的机床，也要搞微机自动控制系统。我们改造也有经验了，他们那个轴承不需要改造，为什么？因为他们那个机床还是比较新的，青岛那边的机床是旧的。后来换了一个研究生，那个研究生比较能干，那个控制系统搞成功。后来，这个项目还得了江苏省的二等奖。所以说，我们这个科研那个时候也没干什么东西，就搞了一个技术改造。

胡：这就挺好的了。

陆：就干了一个技术改造，也没多少理论性，也写不出什么文章来。

胡： 做工艺的嘛。

陆： 你说要写什么文章，也写不了什么文章嘛，我这个计算机就落后了。那个时候，人家都用计算机指导研究生，选的课题都是搞软件的。我带研究生，在微机部分，就只能跟人家合作。微机部分，人家来带，其他部分我就来出点主意。就跟年轻人合作，因为那个时候我是副教授了，他们还是讲师，带不了研究生，我就跟他们合作。总的说来，我得过一次北京市的先进教师，北航大概评了十几个人吧。他们说我教书育人做得比较好，能做学生的思想工作，跟学生打成一片，交谈交谈，经常到他们宿舍走走。在 80 年代末、90 年代初的时候，过元旦哪，都是跟学生一块过，到他们宿舍里，聊聊，坐坐，听听他们有什么意见，跟学生的关系搞得都不错的。各个方面吧，有的时候也兼任一个班主任。我自己认为，只要是我干的工作，我都认真干，不管大事小事，也不计较多少名利。这一点倒是我脑子里很明确的。你让我做班主任，我就做班主任，我肯定尽力做好。

1989 年以后，不是每年到 6 月初，内紧外松吗？就要求老师到学生宿舍去。我们那个班的同学，就跟我说，我们知道你今天要来，你走吧，我们不会出去闹去。你干你的事去，没必要在这里待着。同学们说，我们不会出去闹事的，反正都很坦诚。我去了以后，就说，你们今天别乱跑啊，外头有什么事情的话，自己要把握自己，别胡来。我说得也很直率。他们说，陆老师，你别担心了，我们不会出事，我们不会出去。他们也知道这些，因为你去干什么的，那些班主任都动员去了。反正我跟同学的关系，什么教书育人啊，他们要选教书育人的先进，就选到我身上了。我们系的教学副主任，一提这个，就说，你们有谁做得好的，送两个上去，因为需要这样的人。后来就把我弄上去了。我说，不行，我一次就够了，你不要老推我。后来在我们学校评了一次，在北京市评了一次。

四、讲课、编写教材与评教授职称

陆： 再有，就是干了一个编教材的事。我主编了一个《机械加工基础》，那个教材也很一般，也没有得奖。但是，学生用了好几年。我退休了，也不知道是不是再版了。教学计划改了，不叫这个课程名称了，也就不了了之了。

我们那个《金属切削机床》是三个院校，南京航空航天大学、西工大（西北工业大学）、北航一起编的。我们学校编了三章，一共是十一章吧，几个学校分，其中一章，分给我编了。还有两章是其他老师编的，我们三个人一人一章。我们这三个章节都是那本教材里的重点章节，每章也得有六七万字吧。编这个教材确实很费劲，因为是"文化大革命"之后，第一次编这本教材。这本教材编得还不错，一直在用。现在不用了，因为这门课没有了。现在教改，专业课课时都太少了。这本教材也再版了几次，得了三机部的一等奖。后来评职称的时候不是都要有论文吗？我们那个时候的门槛值比现在低呀，现在一定要出国，要多少篇论文。要按现在的条件，我们都不敢申报。我们都做具体工作，他们有论文的，但是具体工作不一定有我们做得多，教学工作不一定有我们认真。第一次申报教授，我没申请。我一想，有那么多人都比我强，我说我不凑这个热闹。

第二次，我说我申请不申请？我想来想去，没论文，没什么东西好拿出去的，后来我说算了吧。系里那时候已经解决了一部分人的职称，还剩下一部分，大概有一些名额，他就跟我说，陆老师，你怎么不填表？我说我条件不够，我也没什么论文，我就算了，让别人有论文的先申请吧。我也并不是不想申请，当然我也有这个愿望，希望自己当个教授。但是我觉得我条件不够，不如让给别人。他说，你怎么这么说，我告诉你啊，你要不申请，就没你的份儿；申请了，也许有希望。这位同志原来我们一起工作，配合都很好，后来我当教研室主任，我跟他也很坦诚，有什么事，我都很实在地说。他看我这个人，也没太多花稍的东西，就是说，比较实在一点吧，所以有时候，他也能听听下面真实的情况。譬如，他要提拔哪个干部了，我就跟他说，这个同志优点是什么，缺点是什么，下头的反映是什么，再加上我自己的观点，都能坦诚地跟他讲，他就跟我说了那两句话，就是这个意思吧。后来我一想，有道理，我就跟我老伴商量，他说，我也觉得你应该申请，试试嘛，反正把你总结的工作弄在里头。而且那一年，评教授有一点偏向教学，那个时候搞科研论文的不是太多，但是也有了。我就搞一点机床改进，后来我就如实地写了一下。当年，评职称时，论文可以用教材来代替。那么我也是编了一个主要章节嘛，后来得了奖。那个教材，送到北理工的机床教研室，是一个教授评的。那个教材就代替这个论文了吧，别的嘛，我的教学工作量也够，干了一些事情，门槛值基本上还行。就这么样，那次还真评上了。领导心里有底呀，那些人比较一下，问你干吗不提呢？我说我还得感谢你，要不然就不行了，那是1993年的事。这些年也没干出什么，但是一直在勤勤恳恳地工作。

胡：其实这样挺好的，做教师可不都是这样干的嘛。

陆：就是一直干什么工作，都比较认真。不管大工作，小工作，还是具体事务的事情，反正你交给我，我都做了。但是我做了以后，绝对不会自己宣传自己，我做了什么。即使人家不知道是我做的，我也不会去说，这是我做的，我在内心里头就是这样。我不大喜欢张扬，我觉得做人应该低调一点。别那么高调，老说自己怎么好怎么好。你做了事就做了事，我这几十年在北航里头很平凡，但是整天也很忙碌。那个时候教师不是可以不坐班吗？我是教研室主任，我基本上天天去教研室，省得人家找不着你。因为还有实验室嘛，还有那么多工人哪。你在那儿，教研室就有人，你不在那儿，人家会觉得教研室空荡荡的，怎么都没人呢？我总会每天都去，有什么事情就及时处理。

胡：机床设计跟机械加工工艺好像是两个领域吧？

陆：因为加工里面，也要懂得机床，也要选择机床。比如说，你这道工序，要加工，要选择什么样的机床。你得选择，那么他对这个床子要有一定的了解。所以我们在上学的时候，是一门比较重要的基础技术课。我们这个教研室，一个是金属切削原理刀具，一个是机床设计，一个是机械切削加工学，后来叫机械加工基础，这三门课都是我们开的。

五、我们在金属加工方面还是落后一些

胡： 您说您设计那个涡轮盘的机器，涡轮盘跟涡轮不一样吗？

陆： 涡轮盘是这样。整个涡轮是一个部件，盘上装很多叶片。

胡： 哦，是发动机上的涡轮，我还以为是蜗轮蜗杆的那个蜗轮呢。

陆： 不是那个蜗轮，是发动机上的涡轮，是涡轮转子。那个盘尺寸很大，差不多五六百毫米啦。它是耐热合金钢嘛，很难加工。

胡： 它应该是由精密铸造做的呢，还是用金属切削做的呢？

陆： 金属切削做的。它的毛坯加工余量大，切掉的部分很多。在切削过程里呢，它在车端面的时候，一把刀往往是从直径大的到直径小的，到中间，刀头温度会升高，让上头的硬质合金都会掉下来了，都不行了。车床卡盘转速是一样的，直径大的部分，线速度就快，所以希望中间能变速。直径大的地方，转速让它低一点，直径小的地方，转速让它高一点。要能保持基本上的一个恒速，那就要上一些控制部分、传感器这些东西。那个时候，我们有的学生，很多是老工人，他们经验很丰富，图画得很漂亮。计算上你再帮帮他，也还蛮不错的。最后还是很遗憾的，弄了一年多时间，学生走了以后，我们几个人还去了三个月审图，最后没加工。

胡： 您说后来是因为没有资金，那么到底是谁没有这笔钱？

陆： 工厂没有这笔钱。一个是没钱，一个是没把握。你这个东西做出来，到底行不行，因为毕竟这是一个很大的机床，又搞得比较先进，用了一点当时认为是比较先进的技术，结果没搞成。我们是从头一直到最后。

胡： 他要是有钱也许会好点，弄出一套来先试试。

陆： 要是做出一台样机，以后要经过几次修改，才能用到。因为你

总有第一次，你现在不做，你都不知道有什么问题。在这个基础上，那要再花费起码三四年的时间，弄一个比较完善的东西。那个时候确实资金也缺乏，再加上没人下决心来抓这个事情，总觉得把握不大。

胡：如果当时生产特别需要，也许支持力度会更大一些。

陆：生产是确实需要，但是没有你这个东西他也过得去，我就凑合着来吧。凑合着一点点地蹭，还不至于我就做不出发动机来。但是有了你这个，效率就提高了。要是现在这个条件，可能就做成了。做了样机出来，以后再慢慢改嘛。你不做出来，你怎么知道哇。从道理上来讲，大家还是能说得通的。必要的计算也都做了，结构上也经过好多人，410厂的设计室的主任也亲自参加了，他都点头了。最后呢，反正资金也缺一点，再加上还是没把握，因为一个样机出来，运行新机床，起码经过两三次的反复。所以到底将来会做成什么，谁也没有把握。完了也就完了，工农兵学员也都毕业了，大家手头上又是另外的教学任务了。又得编教材，又得教新招来的学生，谁也没管这个了。最后可能成了一堆废纸，档案都没保留。

胡：有点儿可惜。现在涡轮盘加工有没有新的设备？

陆：后来有。后来不是搞space（斯贝）发动机吗？space发动机是从英国进口的，一个生产线哪，什么样的机床都有，那人家就比较先进了。

胡：咱们国家现在刀具用的材料比原来有没有一个明显的提高？

陆：最近的我不太了解啦，应该是有提高。我们国家的新材料也还在不断地出来，但是比较人家的还是差一点。听说一种新型号的飞机发动机是自己制造的，毕竟自己制造了多少我也不清楚。

胡：那边我去看过，它里头控制的计算机，里面的CPU（Central Processing Unit，即中央处理器）就是Intel（英特尔）公司的，不是咱们自己国产的，那个芯片咱们自己还解决不了。

陆：我们机械学院，跟我一个教研室的，他也参与了这个新型号，他搞的是振动切削，在耐热合金上，攻丝很困难。一般的丝锥根本就攻不进去，他是用振动切削。有个振动源，丝锥一边振动一边进去，有一套机理，后来就能达到加工要求了。

胡： 丝锥攻不进去，是不是丝锥的工具钢材料的问题？

陆： 那个丝锥材料没变，他的加工方法与一般的不一样。

胡： 我是说，如果用正常的加工方法，它就需要用更高强度的材料来做丝锥了。

陆： 对，那就要用更好的丝锥来保证质量了。现在我们主要是，工具加工里头，一个是刀具，非常重要。工具主要是不耐磨，耐磨性不如人家；另外是高温的强度跟硬度，因为你在高温下切削，高温下你还要保持比较高的强度和硬度。人家的那些工具，你看一个一个做得很规范，很精致。我们做得虽然也还不错，但是一比较还是比较出差距来了，人家的质量更好。

胡： 数控最早是不是由一种单片机来做的？还是有另外一种系统？

陆： 数控是这样，它有单弄的一个数控系统，由硬件、软件和机床组成。

胡： 现在咱们七系，在机械加工这方面，课程的设置跟原来有什么变化吗？

陆： 那变化大了。现在专业课的学时加起来，不到两百个学时，减少了很多。因为计算机呀，数学的一些基础什么的，思想政治理论那一块的学时要保证的，比如说不少于多少，是吧？又增加了很多新的课程，知识面比我们宽，主要是电方面的知识的加强了，还有电脑技术、微机原理这一块也加强了。还有数学的面扩大了，比如线性代数，我们过去上高等数学就行了。所以后头专业课的学时，我看压缩到两百学时都不足吧。比如像我们机床金属切削原理、刀具、加工方法这几门课原来加起来有一百二三十学时，现在总数差不多减了一半，根本没法深入。但是你要把面都给他点到。所以我们编的那些教材，他都用不着。现在选清华他们编的综合性教材，什么都有一点。

胡： 那学生实习的时候怎么办呢？

陆：实习现在只剩下两个礼拜了。生产实习，四年就一次。除了学校的金属加工实习以外，下厂我们原来是六周，后来减到五周。现在他们只剩两个礼拜。两个礼拜到工厂还不是走马观花呀？两个礼拜包括路程，路程要去掉两天吧，十三天还有两个周末吧，所以实际上在那里也就七八天有效时间。那还不就是全厂走一走，参观一下？就回来了。飞机工厂去一去，看一看。

胡：那就等于他们在动手上基本不太行，可不可以这么说。

六、现在教学中存在的问题

陆：我昨天参加他们一个教学督导组，本科生的，这学期要我们去检查专业课程设计，哎呀，你看有的同学画出来的，哪像个图呀？那个轴承，就打两个叉叉。我说你这个轴承是承受轴向的力，还是径向的力，还是轴向力和径向力都可以承受？我说这个很重要，你的力都要通过轴承传到箱体上头去呀，工作台采用丝杠螺母传动，丝杠如果说不固定住，一受力，丝杠跟着一块儿跑，那都拔出来了，跟糖葫芦一样。他没概念，一个是学生不上心，一个是课时也确实少，实践基础差。

胡：学生在金属加工实习时也不注意这个方面。

陆：金属加工实习是在一年级的时候，他那个时候没有入门，缺少专业知识。

胡：你们督导组提的意见，系里有什么反馈？

陆：没有什么反馈。现在有些事就是流于形式。你原来是学理工的吧？你怎么会到政治理论课的单位来的？

胡：我就是学这个的。

陆：哦，你学的是政治理论？不是从工科转过来的？你学的时候不在北航学的？后来分来的？

胡：我是读研究生时候来的。当时武光在社科院，当副院长。咱们北航就找到武光，让他在社科院找一些导师，在这儿招一些文科的研究生。就是这么着，我们就通过这个方式来北航的。先读三年研究生，后来留下来教政治课，但是我对这些理科和工科的东西挺有兴趣的。比如说金属切削和金属加工，我原来在工厂劳动，也开过车末，这个我都干过。当时就是不会磨刀，因为我们劳动时间很短。

陆：磨刀是挺难的。

胡：劳动就那么一两个月，师傅也不敢让你磨。

陆：不磨刀就切不动嘛。

胡：不会磨。当时也看过一些讲技术的报纸，"文革"前，北京有一个《北京科技报》，它还专门有栏目介绍刀具的磨削，到底用什么样的角度，效率又高，自身强度也高，经常介绍这样一些技巧。过去，像沈阳，还有北京的劳动人民文化宫，经常有这种交流，就是开车床的工人，他们在刀具磨削这方面的交流。用什么样的刀具，磨什么样的角度。

陆：对，用什么材料，精加工，粗加工。

胡："文革"前，我读的一个中专，在学校劳动的时候，专门去拆各种废旧机床。所以这个机床的结构能大致了解一点。反正您说的什么，我不是很陌生，知道一点点。

陆：因为我们正好是搞这个东西的。

胡：国家好像比较偏重设计这一块，但是工艺这一块也很重要。

陆：工艺很重要。现在你看，发动机什么的，我认为，设计的难度要小于工艺。除了工艺，还有材料、工具，都没有过关。国外进口的那些专用机床，磨削出来的加工面，那是非常漂亮。所以我们现在是几个点行，普遍的还不行，人家是普遍达到这个水平。

胡：砂轮主要是那个材料吗？

陆：它主要是磨粒。砂轮在磨的时候，靠磨粒来切削金属，也是金属切削的一种，靠磨粒。磨粒它有碳化硅的，各种坚硬的材料。然后是结合剂把这些磨粒压在一起，粗加工的时候，磨粒粗一点，精加工的时候，磨粒细一点。你说这个工艺，光是砂轮就够你研究一辈子的。每一样东西，比如你研究刀具，齿轮刀具，够你一辈子研究的了。一辈子能研究得比较透，能够有所创新，就不错了。我们开始念大学的时候，哎呀，想法很多。学完了出来，觉得一辈子干这个都干不完。这只是一点点，很渺小。有的时候有这种感觉，就是你很渺小，也只能干那么一点点事情。光是我们工艺里边的某一个东西，你都可以干一辈子。

我就是打一枪换一个地方

——白和芳老师访谈录

采访时间：2010 年 6 月 8 日

采访地点：罗庄南里白老师家

被采访者：白和芳（以下简称白）

采 访 者：胡懋仁（以下简称胡）

［**访谈者按**］我是退休之后认识白老师的。那是在 2010 年四五月份，离退休处党委组织退休教职工支部书记去山东临沂考察调研。到了临沂后，吃过晚饭，几个老师一起外出散步，我和白老师都在其中。散步途中，大家随便聊天，我发现白老师很质朴，也很健谈，就萌生了想要采访她的念头。从山东回来后，我就联系了白老师，说明想采访她。白老师听了我的来意，欣然同意了。采访后的初稿送给白老师审阅，她看过之后，做了许多修改，我遵照她的意见，修改了不少地方。再送给她看的时候，她又做了一些修改，这表明白老师对这篇东西是非常认真的。

在采访中，我感觉白老师是一个很有才华的人，不仅在专业上有较高的水平，在表达与文字水平上也是很高的。比如，她在印刷厂，在北京高校中最早搞计算机激光照排技术，取消铅字印刷。但由于多年来，她经常被领导以工作需要为由，调来调去，虽然她在工作中做出了成绩，但这种随机的调动对人才的使用还是会有负面作用的。这就存在一个需要解决的矛盾：服从工作需要与发挥个人专长之间，到底应该怎样处理好这个关系？有时所谓工作需要，不过是个别领导者自己用起来感觉方便，因此只考虑这种短期的人才使用，不太从人才长期的培养与使用的角度来思考问题，这个问题在过去是比较普遍的。

一、从重庆到北京上学

白：我是1955年考入北京航空学院，那时还不到19岁。我们那时候高考，北航招生还是不公开的。我们当时的思想观念就是一切都服从组织需要，服从组织分配，就是这么一个思想。我过去看苏联小说挺多的，看了《古丽雅的道路》后，我高中毕业的时候，就是想去改造沙漠，到新疆把沙漠变成良田。古丽雅是二战中的苏联英雄，她有那么一个理想，把沙漠变成绿洲，但没有实现就牺牲了。

当时就是想，我们新疆有那么多沙漠，如果把沙漠变成良田，该多好啊！所以我就想学水利。毕业的时候，校长把我们叫到办公室去谈话，叫了四个人，说北京航空学院招生，把这个学校介绍了一下，给我们招生简章看，找了几个航空爱好者。当时我在中学参加过航模组，做过一架模型飞机，谈不上什么航空爱好者。你说喜欢也喜欢，但也没什么特殊爱好，因为我的爱好很广泛。校长说，学习上你们自己考，业务上自己考，够不够格？政治上保送，就在班上选了几个保送。我们当时保送报考了四个人吧，我们是重庆第十中学，在重庆的一个旅游景点南温泉。当时这个学校是对全市招生的，而且那儿的师资水平比较高。因为那儿是一个风景区，有很多老师有很丰富的教学经验，但是身体不太好，就调到我们那个学校去，在工作中有利于疗养身体。像北大、北师大毕业的老师有好几个，教学质量还是比较高的，现在就不行了。因为分片招生，那儿属于郊区，就不行了。当时我们那个学校，是一个历史悠久的学校，1927年就成立了，师资条件比较好，对全市招生，而且处于温泉风景区，是培养游泳人才的基地，在1954年、1955年的时候，我们班就有两个同学打破过百米蛙泳和二百米蛙泳的全国纪录。后来他们一个调到西南军区战斗游泳队去了，另一个考上了北京体育学院。另外，还有一个调到西南军区战斗游泳队去的同学，也是我们班的，还陪毛主席畅游过长江。所以我们那个中学在体育方面、学习方面都不错，而且德育方面也很不错，就是培养学生的劳动观念很强，这一点到北航来也比较吻合。北航在当时那个年代，工农子弟比较多，虽然我不是出身工农家庭，但是我在那个学校，受到良好的教育。我们吃的米，烧的煤，都是学生自己去挑，从买的地方挑到学校，大约有二三十里地吧。女生两个人抬，男生一个人挑，所以从中学就培养了热爱劳动、尊重劳动人民的观念。毛主席当时的指示就是："身体好、学习好、工作好"嘛。我们当时共青团的工作开展得也比较好，思想情绪很高涨。努力学习，积极向上，将来为国家社会主义建设做贡献，成为有用的人才。一听说北航是培养红色航空工程师的摇篮哪，心里就很激动。

当时的心情是这么一种心情，但是，我不是说特别想要到北京来，不敢有那种奢望，说自己一定争取到北京来的想法。因为当时受的教育就是服从组织的需要，让到哪儿就到哪儿。我想，北京谁不想去呀？那不是人人都可以去的。重庆到北京那么远，重庆当时还不是直辖市，要去北京那就是一种奢望，就有这么一种想法。校长一说保送报考，自己也没什么意见啦。校长说，你们填的志愿，跟同学都不要说，对父母也不要说第一志愿是北京航空学院，等发了榜以后，如果你们被录取了，再说。现在就把你们的第二志愿说是第一志愿，当时是这个情况，所以同学们都不知道。一录取以后，那心里当然很激动。特别是收到北航学生会的一封信，说你们到北京来，有机会见到毛主席，要准备一件花衣服。虽然当时我家里不是工农出身，但是我家里兄弟姐妹很多，有 10 个，我是老大，家里生活比较困难，一件花衣服都是一种奢侈，没有。像我桌上那张照片，穿着有道道的那件衣服，是我妈给我买的，这是我上中学的照片。那是我妈用两块钱给我买的一件旧衣服、长袖的，从高中一年级穿到三年级，袖肘磨破了，剪下来，当短袖穿。当时我妈挺着急，说没有花衣服怎么办哪？当时对航空也没有很多的了解，可以说身无分文就到北京来了。

当时我来北京的路费都是在重庆团市委申请的。我们中学保送报考了四个，考上了三个。那两个是男生。有一个跟我是一个系的，另一个是在飞机系。后来是陆士嘉教授的研究生。陆士嘉教授是很有名的嘛。当时来学校的时候，不要说谁陪谁送，当时从重庆到北京要坐船，从朝天门码头坐船到武汉，从武汉再坐火车到北京。就连父母送我的时间都没有，我母亲那会儿还大着肚子，我最小的弟弟还没生出来，马上快要生了，要临产了。我是 8 月二十几号到北京的吧，我母亲 9 月 18 日生了我的小弟弟，所以母亲根本不可能送我。我父亲为了一家人的生计，做小生意吧，根本就没时间，就我大弟弟来送我到码头。所以我现在看到那些学生上大学，那么多家里的人送啊，真是很有感慨。我当时从来也没出过门，没到过那么远的地方去，就在重庆那个地方的范围内活动吧。我最大的弟弟比我小 4 岁，我 18 岁多一点，他才 14 岁，他也扛不了什么东西，他就给我拿个小包什么的。我们都背着铺盖卷、箱子什么的，到朝天门码头，我弟弟送我上船后，就回去了。

我们学校考上北京的，除北航的三个以外，还有一个考上清华的，当时保送他留苏没取上，后来录取到清华了，就我们四个人一起走的。还有一个考上北京体育学院的，他没跟我们一起走，另外走的。我们四个人，反正我的路费都是跟团市委申请的，他们大概有的也申请了一部分吧，我就不太清楚了。当时重庆团市委把录取到北京上大学的学生，大概有几十个人吧，组成一个团队，选了几个人负责带队一起走。我们在船上坐的都是五等舱，五等舱就是没有舱，就在船舷甲板上。晚上把那个篷布放下来，很大的风浪。反正我们都带着铺盖卷，一铺开就在那儿睡。

胡：统舱是四等吗？

白：对，最下面底下那是统舱，四等舱。我们五等舱就等于没有舱，在过道上。白天把铺盖卷卷起来，晚上铺开，再把船边上的帆布放下来。那个风浪很大，扑啦扑啦响。当时从重庆到武汉要两夜三天的时间，因为当时川江还不能完全夜航，就是到了三峡那儿不能夜航，晚上不夜航风浪还稍微好一点，到三峡前是可以夜航的，夜航风浪就很大了。当时我们年轻，并不觉得有什么艰苦的，还觉得很新奇。吃的都很简单，我记得我们在万县下船，两角五分钱买了10个鸡蛋，不是论斤来称。我们拿到船上，就请船上的大师傅给我们煮了，当时都是帮助的，也不收任何费用。煮完了，我们准备带到火车上吃。到了武汉就下大雨、很大，发大水，水都齐到膝盖下面了。早上我们的船就到了，要下午才能上火车。有几个重庆来的工农速成中学的调干生同学，对我们说，小鬼，跟我们一起到中山公园去玩儿吧。我们就跟他们去了。我们也没钱，他们兜里有钱，就带我们玩儿了一趟，下午才上火车。当时心里也不怎么恐慌，就是有点担心，既没有钱，又一无亲二无故，到北京来上大学怎么办哪？下火车以后，怎么到学校？报到后吃饭的问题，怎么解决？就是心里很是打鼓吧。一下火车出站，北航就敲锣打鼓地开着卡车来接我们了。打着横幅，“欢迎你！未来的红色航空工程师”，然后把我们接到学校。

接下来以后，就带我们报到，在吃饭之前，发给我们每个人两个洋瓷碗，跟军队里的一样，两个洋瓷碗，一双筷子。然后就让我们到食堂吃饭，发给我们饭票，没说交钱的事。哎，没交钱就吃饭了，心里就踏实了。自己做了一个碗袋，布袋子，把那个碗兜子放在食堂里。

都安顿下来了，各个班都编好了，那么就进行入学教育。哎，一点都不觉得陌生。我到北京来，第一次看见抽水马桶，在重庆就没见过，上厕所的时候就感到很新鲜，没觉得任何不适应，都是很舒服的。各方面都很好，吃饭也很好。

开始分专业的时候，我一报到的时候也是很奇怪。开始把我编班编错了，给我编到现在的五系，当时叫一系，就是飞机系的那个班里头去了。要进行专业教育了，把每个学生的专业、分班公布在墙上。当时的形势是什么？学习发动机是最吃香的。我分在当时的二系，叫飞机设备系。飞机设备系就是现在的自动控制系，学陀螺、飞行仪表，还有航空自动器。航空自动器又分两个专门化，一个专门化是飞机自动驾驶仪；另外一个专门化是发动机自动器。我当时还不知道。当时分到飞机系和发动机系的，一般就没有专业思想问题，就没有思想工作可做了。还有一个材料系，当时叫四系，就这么四个系。分到材料系和飞机设备系的，就可能有专业思想问题。①

一公布专业，哎，我报到时编的那个班里没有我，当时心里就打鼓了，怎么回事呀？是不是我的条件不合格呀？后来再一看，我的名字在那个飞机设备系，原来在编班时给编错了。开始把我编到五系的那个班，刚好跟那里的同学认识了两天，熟悉了，一下又给我弄到另外一个系，又是一些不熟悉的同学，心里挺别扭的。当时刚开学，还没有政治辅导员，有一个我们系上一届的同学联系我们，当时联系我们的同学是一位学姐叫周秀银。

当时我到是没有什么专业思想问题，我也没有非得学哪个专业不可的想法，给我分到哪儿都没关系。开始只是担心，以为是不是我的考分低、才给我分到飞机设备系了。但又一想，跟我一起考到北航来的那两个是男生，我是女生，就班上的学习来说，那物理、数学，我可能没有他们学得那么拔尖，但是我的文科要比他们好，我想我的总分不应该比他们低。因为高考数理化的那个考题还不足以拉开我和他们的距离，而文科的分，我会比他们高。

我记得当时高考的作文题目是：《你准备怎样做一个大学生》。当时我觉得、对这个题目我的思想很明确，所以我觉得这个题目很好写。当时我写的中心思想就是，我上大学后有三个目标：第一个我要争取做三好生。第二个，我一定要在大学争取入党，因为我在中学就是团干部

---

① 当时专业系是这样分的：一系，飞机系，主要是学习飞机设计和空气动力学；二系，飞机设备系，学习自动控制与导航；三系，发动机系，学习航空发动机的设计；四系，材料系，学习飞机制造中所需要的各种金属及非金属材料。因为飞机设计与发动机是航空专业的主机系，所以学生们都愿意学。而飞机设备与材料是配套专业，有些学生可能认为这与飞机设计及飞机发动机有一定的距离，所以不是很安心学习这些非主机专业，很多学生喜欢学习飞机设计及发动机设计这样的主机专业。这种不太安心非主机专业学习的思想问题，就是所谓专业思想问题。

嘛，当过团支部组委、宣委，当过班主席。中学都成立战斗班，我们当时那个战斗班叫卓娅战斗班。卓娅[①]是当时年轻人敬重的、二战中的苏联英雄嘛。抗美援朝的时候有很多英雄人物，我们那个卓娅战斗班的上一届叫志愿军战斗班。在我们毕业的时候，我们下一届的班都争取这个战斗班的班旗。我是第一届卓娅战斗班的班主席，按现在说就是班长。所以我当时就想，我在大学一定要争取入党，这是第二个目标。第三个，我一定要全面地通过劳卫制，要达标，达到优秀成绩。我觉得，在没有这个作文题目之前，自己思想上就有这几个奋斗目标了。一看到这个作文题目，就觉得很好写，把我的想法写出来就行了。可能我这个作文分数不会低，因为我在中学时的作文就比较好。那么我分在这个专业，不会是我考分低吧。另外跟我一起来的一个男生也与我在一个系，分在军械专业。当时军械专业是属于我们飞机设备系的。还有一个男生在飞机系，学空气动力专业。

我到了这个新班以后，周秀银就指定我当团支部的组织委员。周秀银就拿着一大把团员的组织关系说，你怎么现在才来呀？我一直在等你，要把这些团员的组织关系交给你。我说我怎么知道，把我编班编错了嘛。

我们新生的一切，都是由这位学姐来给我们介绍、安排的，大学一年级要准备什么生活用品？准备什么学习用品？另外要有什么思想准备？怎么建立班级？跟我们介绍一些他们的学习生活。当时我们北航的小绿园，那是非常漂亮的，当时还没有这个大绿园。那时小绿园的草地非常非常厚，不像现在这样。那个草长得很厚，跟国外的草地差不多，像一层厚厚的绿地毯似的，坐在上面一点都不感觉冷，也不感觉潮湿。所以我们班级开会，经常在那个草地上席地而坐。一个班开会，联系我们班的周秀银，她跟我们介绍上一届的情况，然后指定了几个临时班干

---

① 卓娅（1923—1941），全名叫卓娅·科斯莫捷缅斯卡娅，苏联卫国战争时期的女英雄。她在卫国战争时期参加游击队，在执行一次任务后由于叛徒出卖，被德军逮捕。被捕后，她英勇不屈，最后壮烈牺牲。1942年，苏联授予卓娅为“苏联英雄”称号。

部，班上的班长，团支部的书记、组委、宣委这么几个。把这些临时负责召集的人找好了，这个班的集体就建立起来了。

当时我的印象是，班级活动组织得挺好的。搞什么集体活动，一个班一起开会，再分几个学习小组，入学教育一个礼拜吧，然后安顿下来了，就评人民助学金。根据你的家庭情况，有困难的，提出申请，提出申请后，学校要到当地去调查，你是不是真的困难。这些工作都组织得非常有序，我当时评的是甲等人民助学金。十二块五的伙食费，四块钱的生活费，就是零花钱。十二块五的伙食费是包伙哪。那都是大食堂，也不用自己选择要吃什么，打饭打菜每个同学都是一样的，主食你随便拿，米饭、馒头、窝头都有。四块钱就是一个月的零花钱吧，买学习生活用品。除此以外，我还要在四元钱里节省一点钱来交一部分讲义费，再申请一部分讲义费。当时没有教材，很少有买指定书的教材，都是老师讲完课后，临时刻写的油印讲义，而且都不能事先发到手，都在讲完课以后才发到手，还都没有装订成册，都是几篇几篇地发给你。老师推荐几本参考书，你可以到图书馆去看、去借，基本都是这种情况。

入学以后，我觉得这个学习生活很有趣。选班干部的时候，原来我被指定为团支部组委，后来选举，也选我当团支部组委，还继续做。因为我们在中学，就是集体主义很强的，不像现在的中学。我在中学就住校，很多具体事先由班主任管，班主任管了以后，就交给班干部了。班级搞什么活动，都是班干部组织，班主任只是起辅助作用。一到大学，有两个突出感觉：第一个感觉是太自由了。比如怎么上课呀，怎么上自习呀，那都得自己去找教室，没有人管你了。不像中学那样，上课、自习都是在一个教室，什么课都在那一个教室里上。大学上课，每门课的教室都不一样。上晚自习，你得自己到各个教学楼去找教室，而且也不是一个班的同学在一起上自习。这就觉得一下子太自由了，没人管了，全靠自己独立。但是，当时班级活动比现在的学生要紧密得多，很多集体活动，团支部的组织生活呀，班级的活动呀，比如礼拜天组织出去玩呀，都是各个小组组织，基本上也都是集体行动，也不觉得陌生、孤单。第二个感觉，就是大学老师大多数比中学老师年轻。到北京来，也不觉得我离家那么远，想家呀什么的，一点儿没有这样。心情很愉快，很快就长胖了。

二、参加航空爱好者夏令营的工作

白：到了一年级的暑假，也就是1956年的暑假，共青团中央和空军联合举办全国第一届航空爱好者夏令营，由北航来具体组办。我被系里推荐去做航空爱好者夏令营的大队辅导员。全国有几百人参加，不到一千人吧。全国各个中学，也是比较好的中学吧，有的中学选一个人，有的可能就没有。全国各地的都有，最远的到西藏拉萨，都有来的；新疆的也有。参加夏令营的学生，都是高中二年级的学生，也有个别的是高中一年级的。他们即将要考大学，让他们了解北航，热爱航空，等于为航空物色人才。当时各个中学竞争得很激烈，我看到有个小报上登的，重庆有个同学，正好是我儿时的朋友，她咬破手指头写血书，要求参加航空爱好者夏令营。她想上北京来，最后她也没被选上，太遗憾了！

整个夏令营好像共组建了六个大队吧？是按地区组建的。当时空军派了一个大尉，叫肖锋，来领导夏令营的工作。团中央没有具体派人来，但是团中央是主办单位，大力支持。胡耀邦同志还亲自到我们学校来，跟我们座谈。当时吴守伦①也是辅导员。吴守伦他们两口子当时都是北航的学生，他们都是夏令营的辅导员（当然，那时还不是两口子）。吴守伦的夫人汪家云，她也是重庆来的，她管训练营员跳伞。当时我们那个大队是这么建制的，我和发动机系的一个同学，叫陈家刚，他比我高一届，我们两个就负责北京、天津和四川这三个地区来的夏令营营员的工作。陈家刚也是四川人，他是男生，我是女生。大概一个大

① 吴守伦，时任北京航空学院教师，曾多次被选为北京市海淀区人民代表大会代表和北京市人民代表大会代表。

队有 100 人左右吧。一个大队又分三个小队，一个地方分为一个小队。四川不光有重庆来的，也有成都来的，四川那么大地方，都有。陈家刚当队长，我当团支部书记，相当于政治辅导员吧，来的基本都是团员，好像有一两个不是团员的。北航大学生派到每个大队的人都是这样的，其他还有负责总体管理的，如吴守伦他们。

因为 1956 年全国号召“向科学进军”，那一年发起的社会主义建设高潮，向科学进军嘛，也是要培养人才，口号很响亮。我记得，也是在这个口号之下，我积极争取入党。1956 年的 4 月 16 日，我被批准入党了。我不是我们大班第一批入党的，第一批只发展了一个。我跟我们班另一个同学是第二批入党的。我们大班有五个小班。一个大班 150 多人，一个小班 30 多人。当时是以大班成立党支部，以小班成立团支部的。

因为我 4 月份就入党了嘛，所以暑假就让我到夏令营去当辅导员，也算是一个考验吧。那个夏令营给我留下了深刻的记忆，我现在还能唱那首《航空爱好者夏令营》的营歌。

1956 年全国第一届航空爱好者夏令营营歌歌词是：

祖国遍地是阳光，我们生在幸福中。
明朗的夏天到了，我们歌唱她。
清新碧绿的花园里，有我们的夏令营。
人民热爱关怀围绕着我们！
呜呜——，呜呜——，几百列快车飞跑。
奔向首都，航空夏令营你好！
几百颗年轻的心，怀着共同的理想。
为了祖国航空事业，我们已经准备好！

唱着这首营歌好自豪啊！你想，全国各地来参加夏令营的中学生，就比我们小个 2～3 岁左右吧，他们可能是未来北航，或其他航空院校的学生，让他们了解航空，了解北航。给他们讲国际、国内形势课，跟他们讲航空的发展史，航空的基本知识，比如航空概论，像史超礼教授那样讲航空概论的老师，给他们讲课。参观实验室，教他们做航空模型。还教他们跳伞，在北京那个伞塔跳伞。每天出操、唱营歌，搞一些夏令营的活动，看空军飞行表演、看文艺演出。当时拨的经费是很充足的，吃得非常好，就在北航的东饭厅。看演出、看杂技，都是团中央专门举办的，那真是生活在蜜罐里了。

差不多有一个月的时间吧，到营员们走的时候，都非常难舍难分，都流着眼泪。我们就鼓励他们，毕业以后考北航吗。他们回答说，毕业以后一定要考北航，那是肯定的，后来不少人都考进北航了。夏令营期间，当时每天早上起来唱营歌呀，还请中央首长来做报告，胡耀邦同志当时是团中央书记，他来跟我们座谈。我记得当时在体育馆，就是现在那个老的体育馆里。胡耀邦同志坐在跟我隔两三个夏令营营员的位子上，围着一个大圆圈坐的。他说，希望寄托在你们身上，像毛主席说的那样，你们是早晨八九点钟的太阳……他说，再过 20 年，我们眼睛也看不见了，耳朵也聋了，下一代，革命的接班人，航空事业的接班人，就靠你们了。党中央、团中央把一切的希望都寄托在青年身上，希望你们一定要好好努力，无论在哪个岗位上，为祖国的航空事业做贡献。反正他说了很多鼓励我们的话，这个座谈会开了一个多小时吧。

通过这些活动，不仅那些孩子们接受了很好的教育，对我来说，也接受了很多很好的航空教育。可以说在 1956 年，是学习气氛最浓，“向科学进军”的口号非常响亮的一年。当时提出来搞型号，武光院长提出来学校要搞型号呀，要飞机上天呀，要搞发明创造那些东西启动了。

三、反右运动对学校的影响

等航空爱好者夏令营结束以后，1957 年，正好跟这个是一个大反差，就整风反右了。整风反右时，当时我们是大二的下学期，那个学期的课程还没有上完，这个学期还没结束吧，就开始大字报铺天盖地地来了。中间停了一段时间的课，反右基本结束以后，那个学期才考试。

当时整风反右的时候，我们这个小班有三个调干生同学，都是从东北来的。一个是从市委机关来的干部，也是我们大班的党支部书记，另外两个是从工农速成中学来的。入学的时候他们也是跟我们一样，也是政治上保送，业务上考试，可能他们在业务上的标准比我们普通高中生要优待一点。不同的是他们在学习期间有工资、或者叫干部助学金。

这三个调干生都是共产党员。他们对各方面的问题、都有独立的见解，组织工作能力也较强。他们有两个是大班的党支部委员，有一个是我们小班的党小组长，我们都叫他们“老革命”。我们就觉得，好多政治上的见解，我们都听他们对这些问题的认识和发表的意见。开始整风嘛，响应党中央号召，也都很拥护、很支持的，紧跟嘛，那没得说，主要是学习毛主席的《关于正确处理人民内部矛盾的问题》。后来搞搞搞，觉得反右派这个急风暴雨似的阶级斗争，跟毛主席的《关于正确处理人民内部矛盾的问题》不太吻合，不太一致。就有很多不理解了，搞不大清楚。

反正当时也是这个思想吧，理解也执行，不理解也执行。当时就是紧跟嘛在小绿园里开了好多次辩论会、批判会。当时飞机系和发动机系的学生中，右派比较多，我们也搞不大清楚，他们是怎么回事。虽然我是团干部，但是在班里我还是小字辈，也是新入党的。我觉得对于很多政治问题，自己还不是很成熟，少有自己独立的见解。基本上是学习文件，听报告，听听他们老同志的见解。自己也不大理解，毛主席明明说，急风暴雨式的阶级斗争已经结束了，现在主要是正确处理人民内部矛盾。怎么人民内部矛盾还有那么激烈呢？也搞不太清楚。

我们系，整个来说，是被“反右倾”的一个单位，右派很少。特别是我们这个大班，开始时一个右派都没揪出来。当时我们觉得，实事求是嘛，没有就是没有。

到复查的时候，听说我们二系，是重点“反右倾”的单位。那时系党总支的书记叫政治秘书。政治秘书来复查了半天，我们这个大班，复查出了两个右派。但也不是我们这个小班的，是另外一个班的。这两个同学我们也觉得有些奇怪，他们怎么是右派了？其中一个同学跟我们一起上俄语课。因为当时上外语课是按大班来分、英语和俄语两个班上课。中学学俄语的，在大学也还学俄语，中学学英语的，大学也还学英语。那个同学跟我们是学俄语那个班的。平常觉得这个同学说话羞答答的，这个男生像个姑娘似的，老师一提问，他一站起来就脸红，平时他也不怎么说话，不言不语的。在整个反右派当中，也没听到他有什么言论。他怎么是右派了？后来才知道是什么原因。他贴了一篇大字报，化名叫“白珠”，他主要是说在农村，搞统购统销，弄得农民没有饭吃，没有粮食。农民也没有地方去告，去说理。就说“衙门朝南开，有理没钱莫进来”，用了这个词句。这篇大字报贴出来后，当时很多人都看了，就说这肯定是毒草，就把它定为毒草了。但是不知道这个人是谁？因为他化名叫“白珠”嘛。他平常也没有什么言论，我们大班有很多同学是从农村来的，当时听说统购统销搞得是过“左”了一点。是不是像他说的那么严重？而且这篇大字报也没引起我们多重视，因为那时大字报铺天盖地的，有的是。后来复查的时候，认为这篇大字报虽然篇幅不大，但是很毒。就是因为他说，统购统销搞糟了，农民没饭吃，衙门朝南开，有理没钱莫进来。用的是对旧社会那种控诉的语句，虽然篇幅不大，但是很毒。是个漏网的右派。就查这个人，查来查去、对上了他的笔迹，就是他。就把他定为右派了。把他定为右派，就是凭这篇大字报，大家也说不出什么意见。这个人平时的表现，好像很老实本分的样子。后来在批判他的时候，问他为什么化名“白珠”？他说，他喜欢电影明星白杨和上官云珠。大家还觉得有点可笑，难怪我们怎么也没把这个化名与他挂上钩。

另外一个同学，也是跟他一个小班的，他的具体情况我都搞不大清楚，因为不是我们小班的。

反右派过了以后，那学期才期末考试。当时我记得，那个学期我的考试成绩还不错，考了全优。因此我也受到了表扬，不仅是我们系的三好生，而且也被评为全校的“红旗”之一，是十个人还是二十个人？记不清了。每个人发一枚红旗奖章。在三好生里头算比较好的吧。当时我也没觉得我自己有多突出，是党支部推荐的吧。当时耽误功课耽误得很厉害呀，那学期就没上多少课。我得了这个奖励，也没觉得有多高兴，也没觉得有什么不高兴，好像很平淡，1957 年就是这样过去了。

我觉得班里同学的人际关系，还是可以的。党群关系呀，干群关系呀，大家还是比较好的。因为我们班也没有右派，有个别同学，言论激烈一点，小组批评批评，也就过去了。最后结论也就是一般思想方面的认识问题。所以我觉得我们班的干群关系、没有反映出什么尖锐的矛盾。我想我们班上有三个老党员嘛，他们政策水平比较高一点，不那么“左”。我们这个大班是一个党支部，三个党支部委员，我们小班就占了两个。大班的右派划得就比较少，党群关系也还比较好。后来我看到有的文艺作品控诉反右派，把党员写得像特务一样。我觉得我们这里好像没有那种情况。我们班这些党员、团干部跟同学们都是挺好的朋友，什么事还比较推心置腹的，毕业后几十年，不少人还经常在来往，还是好朋友。他们也比较信任我们。

那时一个运动接着一个运动。1958 年搞“双反”，[①] 开始是反浪费，还有一个反什么？我都记不住了。反浪费后来就反到白专了。白专跟反浪费怎么挂钩的？说我们培养的是又红又专的人才嘛，你白专或不红不专肯定不符合这个标准。红专人才培养不出来，那就是最大的浪费。于是，开展了一场红专问题的大学习、大讨论。班里也有个别学习尖子，受到一些冲击。我们也没开什么批判会，也就是贴小字报，不贴大字

① 1958 年 2 月 18 日，《人民日报》发表社论《反浪费反保守是当前整风运动的中心任务》，拉开了“双反”运动的序幕。3 月 4 日，中共中央发出《关于反保守反浪费的指示》，决定“以两个月到三个月的时间，在全国进一步普遍地开展反浪费、反保守、比先进、比多快好省地建设社会主义的运动”。至此，“双反”运动在全国，特别是在高等教育界轰轰烈烈地展开了。这场运动在高等教育界一般经历了“大鸣大放”“大争大辩大整大改”“教学整改”等三个阶段。这次运动“可说是解放后大学中知识分子思想教育运动中最深入的一次”。（引自北京大学王凛然论文《从北京大学看 1958 年高等教育界的“双反”运动》，载于《北京党史》，2010 年第 1 期）

报。贴到宿舍门上，宿舍楼道上。贴小字报，说××同学只钻业务，不问政治，不参加集体活动，这些同学受到一些批评。我们还搞交心活动，交心，就是向党交心。好像小字报还说了些谈恋爱的事。当时我对这个印象不太深，因为我对谈恋爱这事不太关心，我好像也不爱看这些小字报，一方面对这类事不感兴趣；另一方面是我的眼睛不大好，看小字报太费劲。

总而言之，1958 年除了这个以外，那就是搞“大跃进”。“大跃进”时期我们北航倒是没有大炼钢铁，就是搞型号，北京一号、二号、三号、四号、五号等，我们系就是搞五号。开始搞“安－2”的无人驾驶，当时因为我们才三年级下学期，还没学专业课呢，我们当时学制是五年，一二三年级都是学基础课，到四年级学技术基础课、专业基础课、做课程设计，五年级才学专业课，做毕业实习、毕业设计。

四、1958 年参与型号研制

白：当时搞型号，我们还没有资格参加，做些外围工作。我记得到 1958 年，我被选为系的团总支学习委员，当时是俞融生①当团总支书记，后来任学校的副校长，党委副书记俞融生。他是印尼回来的华侨，他是在印尼入党的，做党的地下工作。后来印尼要抓他，反动派要抓他了，党组织就送他回国来，让他到北航念书。他比我还低一届的，后来他当我们系的系主任，搞“新五号”无人机时，他也是副总指挥之一。他是个光头，我们都叫他“老俞头”，他自己说：“我戴上帽子，是三十多岁，摘掉帽子，上公共汽车，人家给我让座，说老爷爷来了。我戴上帽子，我给人家让座。”他说话也很诙谐，很随和，善于接近群众，“文革”中他也受了冲击，他年龄也就比我大个两三岁吧。他当时是我们系团总支书记，后来又换了何培龄当团总支书记。

1958 年上半年，当时高年级同学参加搞型号，就叫我们这些低年

① 俞融生，后来调任中国旅行社香港分社任副董事长。

级的学生搞发明创造。当时搞超声波洗碗，风靡一时。当时我是系团总支学习委员嘛，所以一说搞发明创造，就把我推到前台了。我带着一个调查组去做调查研究，看看我们这些低年级学生怎么搞发明创造？到空军有关单位去调查。我们想，要搞就搞点结合专业的，经过初步调查我们想搞一种“带转式仪表”。过去飞机上的仪表都是指针式的，指针式仪表指示的数据，受表盘范围局限，误差大，而且指针容易摆动、不稳定。当时国际上比较先进的一种新型仪表，是刻度盘动，指针不动，带子上刻着数据在转动，刻度线固定在一个位置，这样看起来更方便。屏幕面积也比较大，好几个飞行参数，比如空速、高度、油量都可以集中在一个表上指示。这在当时国际上是比较先进的，一些先进国家也刚刚在搞，我们还没有这个。

我就带了几个同学，到空军的机场、研究所，到处请教，主要是在部队调查，从使用的角度调查。通过调查，收获很大。但是，调查了半天回来，我就跟系党总支书记汇报，我说看来我们现在的基础知识还不够，我们的许多专业基础课都没学，现在搞发明创造有点太不切实际了，我就是这么一个感觉。党总支书记就批评我说，白和芳，你的思想是不是有点右倾哪，干劲还不够足呀。我也不敢反驳他，我心里想，这确实牵涉到很多专业基础知识，我们都没学呀，你说再去找一些资料，很多东西你都不懂啊，外语水平也不行，国外资料也看不懂，专业基础都没有。我们那时还在学那些理论力学呀，材料力学呀，机器零件这些课，这到三年级学的还是技术基础课。因为我们是仪表控制类专业，是机电结合的专业，机和电的基础都要学。当时我们是沿袭苏联莫斯科航空学院的教学计划，称“金字塔”形的培养计划，就是在广泛、坚实的基础上，竖一个金字塔尖的专业。所以到了三年级末了、真正的技术基础课都还没学完，更不用说专业基础和专业课了，我们现在还得集中精力把学习搞好。我调查了几次，觉得这时搞还不是时机。也就这样放下了。

我们的团总支书记何培龄已经很努力了，但是还在检讨，说干劲还不足，还得要鼓足干劲。我心想，再怎么鼓啊，说实话，入党后，过了一两年，思想也慢慢成熟一些，有些问题也有自己比较独立的看法了。但是在那种“大跃进”形势下，有时候还不敢很直接地发表自己的意见，只是心里有这种想法。反正党总支书记觉得我有点右倾，右倾就右倾吧，我怎么改呀？最后也没有搞。

我们三年级的课程，因为反右派，受到了一些冲击，有的课没有完全讲完，但基本内容是上完了。到 1958 年下半年，也就是我们四年级上学期了，接着又进行了教改大辩论，辩论的结果，我们大班进行了“单科独进”的教改试点。

当时给我的印象是，同学们通过“双反”、对教改的积极性很高，提出了许多奇思妙想，但老师们有不同的看法。但老师们通过“反右”和“双反”好像还心有余悸，不愿很直截了当地发表意见。进行“单科独进”的教改试点、主要是同学们提出来的，当时同学们的初衷是想要充分调动学生的学习主动性，改变那种“上课记笔记、下课抄笔记、考试背笔记”的被动学习方式。提出每门课以自学为主、老师不讲课只答疑、做阶段总结、组织学习小组讨论、课堂讨论等，最后考试结束这门课。然后再进行下一门课。所以叫作“单科独进”。但是老师们好像并不十分赞同这种方法，我记得当时，林士谔教授就明确提出过反对意见。但当时同学们想试验一下新学习方法的心太切，对老师们的意见没有充分考虑，个别同学在发言中还对老师的意见持批判态度。最后系里也同意我们进行试点，老师也只是被动地跟着这么干。

试点的结果证明这个办法还是不行。我们那学期主要学了三门课：电机电器，电子线路，陀螺仪表与飞行仪表。这三门课是我们专业很重要的课程，是要考试的。其他好像还有两门不考试的考查课，记不清是什么课了。按单科独进的办法，一学期中，学时多的课能分到 3 ~ 4 周，少的 2 ~ 3 周就要学完了。

采用这种方法有两个最大的弊病。一个是没有发挥老师在教学中的主导作用。老师不讲课了，学生自学的教材，又是内容不够成熟的油印讲义（因为我们是新专业），这样学生很难在短时间内、通过自学来掌握课程的基本内容，对重点和难点问题的理解也不到位，这就难以达到教学要求；第二个问题就是全班同学的学习进度很难统一。学习好的和学习差的同学、自学的进度差别很大，学生干部因开会、社会工作耽误了时间，没有回旋余地，也难以追上课程的进度，以至于前面讲到的小组讨论、课堂讨论、老师阶段总结等环节的效果就很差了。我当时在班上还算学习比较好的，但是我感觉那学期的这几门课程，学得都很不满意，特别是电机电器课，那个电机的“绕组”弄得我稀里糊涂，这门课考试时我得了大学中唯一的一个 3 分，让我终身难忘！

通过对这个试点的总结，大家否定了这个方法，当然也得到一些经验教训，到四年级下学期又恢复了过去的上课方式。

1958 年，高年级同学参加搞型号，我们就没有介入。那时我们搞的那个无人驾驶飞机，是“安－2”小型运输机，经过试飞，放单飞了。“安－2”是一架很小的飞机，载的东西很少，那只是一个试验性质的，它没有很多实用价值。但是我们北航的无人驾驶飞机，就是从这儿起步的。“北京一号”主要是飞机系和发动机系搞的，我们也没参与。

五、毕业服从分配

白：到了 1959 年下半年，我们这一届同学就参加搞“新五号”了，那时我们已经是五年级上学期了。那个时候，空军拨给我们一架伊尔－28 飞机，让我们搞无人驾驶。伊尔－28 是轻型轰炸机，代号是“新五号”，安－2 无人机是“老五号”。“新五号”的主要任务是我们系和无线电系（当时叫七系）来搞，由我们系抓总。当时老师领着我们同学一起搞。我们已经是五年级的学生了。这个期间，我们一边上课，一边在课程设计中结合搞型号。

1959 年，也就是我们四年级下学期、五年级上学期，专业基础课、专业理论课学得比较扎实，没有受到什么干扰全都上完了。我们的专业课就是自动驾驶仪、发动机自动器、导航系统等，我们这个专门化主要就是学自动驾驶仪。这几门课都没受到什么干扰，学得比较正规。

1960年上半年，到了毕业设计了，就是结合搞型号来做毕业设计，这个毕业设计就不是按常规的做法了。搞型号嘛，以完成任务为主。有的同学就分到具体课题组了。像我，当时把课程上完了，还没有开始毕业设计的时候，那时候就开始毕业分配了。当时刚成立的七机部的几个研究院就来要人了，航空部的各个研究所也到我们学校来要人。当时要人的势头非常大，数量也很多，而我们这个系正好都是新专业，不像发动机系和飞机系，他们都是航空的老专业。新专业、教师和学生都比较少，而且需要的量又比较大。学校一看这个势头，他们这么要人，就会把学校要留的人要光了，我们学校自己就留不下人了。所以，学校就采取了一个措施，就把我们学校要留的人，抢在他们来要人之前，把档案抽出来，不给来要人的单位看，当初这叫所谓的“黑名单”。我记得，当时胡孝宣同志找我谈话，那时他当我们的系主任。他对我说，白和芳，你喜不喜欢搞无人驾驶飞机呀？我说，喜欢哪。当时我已经在搞无人机了，在课程设计中已经设计了一个“新五号”上用的小放大器。拿去一加工，加工间的路师傅还表扬我哪，说你这个设计还不错，图画得不错，拿来施工焊接没什么问题。这对我也是很大的鼓励，所以当时我对胡孝宣主任说，我喜欢哪。他说，那喜欢，你就留在学校吧，就这样，谈话两三分钟就结束了。我还没去毕业实习、也没做毕业设计，就把我留在学校工作了。

当时无论你有什么志愿，首先是要服从组织需要、服从组织分配。当时我们的毕业鉴定已经做完了，也是提前半年做的毕业鉴定。因为那些单位不是提前来要人嘛，所以毕业鉴定也都提前做了。当时我已经到唐山机场去搞试飞了，就是搞“新五号”的试飞。把我从机场调回来，让我回来主持班里的毕业鉴定，因为当时我是班里的党小组长。

一搞完毕业鉴定，就填毕业分配的志愿。我记得我的志愿根本没填学校，我当时的思想，不想留在学校当教师。我中学毕业时就是想到新疆去嘛，大学毕业我就想到工厂。当时我也不想上什么研究生呀，考虑都不考虑。我想，都上了那么多年的学，小学六年，中学六年，大学五年，这下可好，十二年加五年，十七年了，还不知道自己学的这点东西、能不能为社会主义建设做点什么事呢？还上什么呀，不上了，快点工作吧！我想到工厂去，当时我看苏联的电影，影响也很大，特别羡慕苏联电影里的那种大工厂，那种大型的生产自动化场景。吊车呀，工程师在那里指挥，我觉得特别带劲儿，我非常喜欢这个，所以我第一志愿就是工厂。跟我们专业对口的工厂在哪儿？就是兰州。听说那儿艰苦呀，根本就没考虑。当时在我快要毕业的时候，我有一个男朋友，也是我们班的，他是从工厂来的调干生，他也特别喜欢到工厂。但我想去工厂并不是因为他的原因，我的性格从小就是一个男孩子性格，我就喜欢动，不喜欢坐在那儿抠理论。我觉得苏联的那些大工业，大工厂，特别激动人心，而且最后把这些东西做出来了，火车在那儿跑，飞机在天上飞，上天的都是你设计制造的东西，你做的东西，那你多感到欣慰自豪呀，多带劲呀！我就喜欢干这个。所以我真正的第一志愿就是到工厂、到兰州，根本就没想那儿生活怎么样艰苦啊。

结果胡孝宣主任跟我谈话，根本就没有看我的毕业分配志愿，就这么一说，谈话没有二三分钟，就结束了，就确定我留下来了。留学校干什么？也没说，反正就说你搞无人驾驶飞机吧，你喜欢，你就搞无人驾驶飞机吧！就完了。当时我们系 58、59、60 届可是留下一大批人哪，有的班几乎整个班都留下来了。后来带来了一些问题，才陆续流动出去一些。

我们当时的思想都非常单纯，所受的教育，都是一切服从社会主义建设的需要，党的需要。第一志愿就是那么填的，“党的需要就是我的志愿”。第二志愿，才是自己真正想去的地方。当时就是这么填的，那也真是从内心发出来的，不是说自己装模作样，让谁看的，这也是理所应当的嘛。我这五年上大学，能够到北京，全靠党和人民的培养。如果按照我的家庭情况，我根本就不可能上大学。那时父母的观点就是，你一个女孩子家，能让你读到高中毕业，给你找一个婆家嫁出去，能够减轻家庭的负担，将来能够对家庭有点资助，那就很不错了。我能够上大学，大学五年我拿的是甲等人民助学金，当然我自己一切都是属于国家，属于党培养的，自己没有任何选择的余地。确实就是这么一个想法，既然组织上需要我留在学校，那留下来就留下来吧，当时思想就这么单纯。

但是到工作中，经过好多运动，特别是经过“文革”以后，我就是觉得，党的需要应该服从。但是谁来代表党？譬如说来调动你的人，安排各项工作的这些人，你说谁代表党？那就是上面的党支部书记，党总支书记，一层层的党政领导，他们就代表党了，对吧？当然，有些重大问题是通过集体研究决定的，但有许多事，也就是由某个领导个人的想法来决定的。

后来通过我工作的经历，可以说，我在北航工作 30 多年吧，从我毕业以后留在学校，1960 年 3 月份我就领了工资，一直到我退休，是 1997 年的 2 月，这有多少年？37 年吧。我觉得我在 37 年的工作当中，可以说是“打一枪换一个地方”。通过我这个“打一枪换一个地方”，我的思想是服从党的需要的，但是具体把你分配到这儿、那儿的人，他不一定是从党组织怎么来培养人、使用人的统一考虑出发的，而是根据当时他的工作情况和需要来安排你的。至于你这个人以后怎么用？怎么培养？没有一个全面考虑。因为你这个领导在这儿干了几年，过几年又不干了，又有另外的领导来，跟前面的领导怎么安排这个人，培养这个人，使用这个人，没有连贯性。表面看上去，学校把一些思想上、业务上好，工作能力也较强的学生留下来了，很重用他们，实际上他们成了某些领导个人工作方便的工具，学校窝了一大堆人没有充分发挥作用，不愿给外面更需要的单位，我的经历就是这么过来的。

当时我们不是提倡做永不生锈的螺丝钉嘛，学习雷锋精神。当时的思想确实是这么想的，觉得做一个螺丝钉做好了，就很不错了。全国那么多人，每一个人的作用都是微不足道的，你只要把你的本职工作做好了那就不容易了，很不简单了。我一直教育我的孩子，也是这样的，你不要看你自己多了不起，不论让你干什么，你能把这个工作干得很出色，那就很不简单了。

但是我觉得，北航在人才培养这方面，对我们这一大批留在学校的人的使用方面，值得好好地总结。如何将北航培养的学生，放在他最能发挥作用的地方？留在学校的青年教师如何有计划、有目标的培养？

六、参与“新五号”研制工作

白：你看我的经历，我们刚上完大学四年半的课程，同学们要去专业工厂毕业实习的时候，我就留校工作了，也就是说，按大学的教学计划、我还缺毕业实习和毕业设计这两个环节没有完成。工作干什么呢？就是搞“新五号”。也可以说算我的毕业实习和毕业设计。但是没有专门的指导老师，也没有任何人对我提出做毕业设计的要求，可以说，工作安排就成了我的老师。搞“新五号”还给我委以重任，我是试飞队总体组的成员。

总体组当时有谁呢？有张桂联教授，他是搞空气动力学的，是民盟的吧，当时大概 40 多岁。无人机在试飞中的各种气动反映可是很关键的，他是我们试飞队总体组里把关的一个重要成员。另一个是黄俊钦教授，他是搞导航与控制的专家，他也是民盟的，后来加入共产党了，是我们系的，是给我们上过导航课的老师。他比张教授要年轻一些，大概不到 40 吧。除了这两位教授以外，那就是我们比较年轻的了。一个是张显卿，比我高两届、58 届的，是我们自动驾驶仪专业的。还有一个叫高进位，他是我们试飞队的队长和党支部书记，是 59 届学发动机工艺的，调到我们系了。他是调干生，是个高干子弟。听他说，他是解放后第一个拿调干学生助学金的学生。他的文笔很好，政治上也很有见解，组织工作能力也较强。但在“文革”中，他被逼跳楼自杀死了，可惜了。再一个就是我了，是 60 届的。在机场就我们五个总体组成员，张显卿和我都是党支部委员。我还兼试飞队的团支部书记。还有就是文传源教授，他不住机场，试飞中有重大的问题，如技术、学术问题，请他来一起分析，平时他不参加我们的具体工作。

这个总体组的班子，可以说是一个老中青三结合的吧。有老教授，有中年的，就我是刚毕业的，没有什么经验。我在总体组主要做一些技术联络、协调工作。比如说，无人驾驶飞机有我们自控系的，有无线电系的，还有供应科等其他单位，特别是无线电系，跟我们联系非常密切。比如飞机的起飞和着陆，需要无线电小高度表，小高度表就是无线电系搞的，就是现在的二系，原来叫七系。他们也是从我们系分出去的。还有遥控、遥测系统，无线电导航系统等，都是实现无人驾驶的重要组成部分，这些都是无线电系搞的。

我们跟他们技术上的联系协调很多，因此，这中间与无线电系的技术协调啊，进度协调啊，就是我的任务。另外，我们系也有很多组，像自动驾驶仪组、发动机自动器组、仪表组，仪表组里有空速表、高度表，有各种传感器什么的，各个组之间的进度及技术协调、联系，也有我的任务。有一些大的技术问题的分析，这个我的发言权就不多了，这就要总体组其他成员共同解决。总体组确定了试飞科目后，什么时候做联合实验？各组的进度怎么样？都有什么困难？器材、设备方面缺些什么？怎么解决？就是这些问题。

另外我还要跟供应科打交道。我们需要什么器材、设备，供应科要保证供应。在机场占用军用电话线一天到晚老在喊要什么、要什么……我有时还一个人带着试飞的器材、设备往来于北京和唐山之间。铁警看到我像个学生，带着那么多东西，要检查我的东西，我就是不要他检查，我说保密，不能让你检查！你不信就打电话到机场问去，直到机场来车接我才算完事。我们在唐山机场待了一年多，唐山机场后来修跑道，我们才转到南苑机场。到南苑机场，那是在北京了，试飞的次数和时间就大受限制了。在唐山机场时，只要天气允许，我们天天都飞。那时的口号是：五一上天，七一上天，八一上天，元旦上天，春节上天，凡是纪念的节日，都提上天的口号。一提上天，就连夜地做联合实验，做完联合实验通电以后，签字放飞。那时候在外场搞试飞的艰苦程度，对现在的年轻人来说是很难想象的。

前些天，人事处的一个处长找我们开会，我们在党代会上有个提案，增加离退休人员的待遇。现在就产生这种情况，退休越早的，工资越低，拿的退休金越少；越是新退休的，收入比我们高很多，而在职的，比我们就高得更多了。现在物价这么高，那么这些早退休的同志就很有意见了。就是说，北航的基础是怎么奠定起来的？就是这样一步一步的奠定起来的。

当初我们那种奋斗精神，教学与科研经验是一步一步积累起来的，是靠一代一代的北航人一步一步积累起来的。北航 1952 年成立，我们搞型号，从 1956 年慢慢启动，当时我们搞型号，一天就只能睡三四个小时的觉。而且那个觉是怎么睡的？就在外场那个机窝旁边，冬天零下 20 多摄氏度呀，在机窝旁边的帐篷里头，再堆一大堆帐篷，就在那个帐篷上头睡那么一会儿，哪个组要做联合实验，随叫随到。通电检查，总体组成员都要轮流值班。通电实验，各个部件有什么问题？要记录下来。有任何问题不解决都是不能飞的，在飞机上不能遗留任何一点东西。你的工具，一个小的垫片、螺钉，衣服上的一颗纽扣、一个钢镚儿，都不能留在飞机上。飞机带着这些东西飞，都可能出事故。所以那是非常严格的。各个组通电完了，要检查你的工具是不是都齐全了，全都检查完了，总体组值班人签字，机组空、地勤人员签字，这才能放飞。当时我签字的时候，我的手直发抖哇！这么贵重的财产，我们科研的心血，飞机和空勤人员的生命，万一出了什么纰漏，那就不得了。把我整个赔进去，也赔不起这个损失呀！那心里真是弄得紧张极了！那是检查又检查，细致又细致，不能出任何差错。记得有一次有一个同志的工具箱中少了一个扳手，不知道是不是丢在飞机上了？结果飞机停飞，全试飞组的同志加上地勤的同志，其他什么事都不干，在机上机下、内场外场、翻箱倒柜找了三天三夜。最后实在找不着了，只好报告基地首长，但是保证不在飞机上了。首长责令试飞队队长，写保证不在机上的报告，具结签字，这才算完事。谢天谢地以后也没出事！

机窝里零下20多摄氏度，有时候要在尾翼上校验舵面反应，就要爬到飞机的机尾上，你要搭着很高的梯子上去，我们虽然都穿着地勤的兔皮衣服，兔皮的上衣、裤子、帽子、大头鞋，腰上还扎着皮带，那风啊，还是呼呼地往里头灌，那真是冻得直哆嗦！有几个四川来的同志，手都冻得跟发糕一样。在外场要换一根保险丝，那手连改锥都握不住，根本就僵住了，太困难了。

当时我们吃的什么？50年代末、60年代初，是国家三年自然灾害时期，根本就吃不饱。我们比起学校来，可能吃得还稍微好一点，因为我们是在部队嘛，在部队的军官灶吃。部队自己种菜、养猪，还好一点，但粮票都是每个人定量的。我们女同志当时定量是二十六七斤。当学生时还是36斤，一工作了，马上就给我们减到27斤，哪能吃得饱哇！现在哪吃得了这么多粮食呀，那时候肚子里没有油水，菜也不多，光靠粮食撑饱肚子。女教职工的定量每月20多斤，平均每天不到1斤，一天的能量就靠这点粮食。我们试飞队的女同志每个月还要节省二三斤粮票，给上飞机的几个男同志（当然是自愿的）。因为在试飞的时候，他们要跟飞行员一起上飞机观察试飞的各种情况。所以我们还得节省出一些粮票，让他们多吃一点，给他们补充点热量。所以那真是勒紧裤腰带在那儿干哪。

唐山机场的冬天最低温度零下26～27摄氏度，暖和一点时，也是零下十几摄氏度，机窝都是水泥地。为了及时掌握每架起落的试飞情况，我们都是在机窝的地上席地而坐，听取试飞员的讲述。有时拿个东西稍微垫一下，一屁股就坐在地上；有时候没东西垫，也就直接坐在地上了。飞行一个起落下来之前，总体组与有关技术人员早就在机窝里等着试飞员了，伊尔－28机上有飞行员、领航员、通讯员三个人。他们一下飞机，马上就讲这次飞行的情况，我们把要试飞的问题马上记录下来，然后总体组与有关技术人员再到内场去分析，他们讲完后就得回去休息了。他们都是空军的宝贝呀！跟我们搞试飞也够辛苦的，一下飞机也跟我们一样坐在机窝的水泥地上，而且飞得那么频繁。

那时我们很年轻、干劲很足，又在那个“大跃进”的形势下，对身体健康考虑得很少。当时七系的唐邑主任到机场看到这种情况后，就嘱咐试飞队里的卢维扬老师说，试飞队里的女同志就是你结婚了，她们都没结婚，你要关照她们哪！她们都不懂啊，都是从学生刚出来的。我们当时就是那样，经常在外场站着讨论问题的时候、眼一迷糊就站不住了，就要往下倒。那时虽然很艰苦，但干劲很足，初生牛犊不怕虎嘛，无论交给什么任务都敢去干，记忆也是相当深刻的。

当时罗瑞卿大将也到唐山机场去看过我们，接见过我们。在唐山机场一年多，在南苑机场半年多，我一直是常住机场。到了南苑机场，那两位老先生基本就不固定在那儿了。那时候，我刚毕业，才二十四五岁吧，我们试飞队的队长高进位和张显卿也就比我大一两岁。因为我们三个人既是总体组的成员，又是党支部委员。张桂联、黄俊钦两位先生出于对党的尊重吧，就叫我“老白”，叫张显卿“老显”。我们才多大呀？我们都是小字辈的，我们觉得心里很过意不去。他们这些老先生确实是出于对党的尊重，对党的感情，叫我们老什么，老什么，实在担当不起！

我从1960年初提前毕业一直到1962年，都在机场，正是三年自然灾害的困难时期。到1962年，很多试飞项目获得了成功，但还有几个难关久攻不下，如刹车、着陆等，一些取得成功的项目也尚待考验。那会儿，蒋介石要反攻大陆，叫嚣得很厉害，要备战，空军要把给我们试飞的这架飞机撤回去了。这样我们不得不把整个试飞停下来了。撤回学校后，领导就说你们总结吧，把这些成果好好地总结一下，以便以后再干。再者我们前一阶段搞试飞，把基地最王牌的驾驶员都累病了，累得住院去了，他腰痛得直不起来了。他在唐山那个基地的师里头，从来没有出过事故，是模范飞行员，年年都是模范，是一个上校。后来接替他的是一个大尉。空军领导说，你们知不知道，飞行员是黄金堆起来的！你们试飞也很重要，但是飞行员培养更难得，你们要爱护他们。是呀，他们一下来，就坐在机窝的地上，那么冷，席地而坐，无论对谁、那肯定对腰都是有损害的，也该休整休整了。

七、我总是打一枪换一个地方

白： 到了1962年秋我们就回学校了，撤回来就搞总结。不久，系里就把我调到系里去当教学系主任助理了，从此我就告别了无人机。但这一段经历让我们那些老师和同学们见面时，常常引起甜蜜的回忆。

我调到系里后，领导让我在教研室和系里两边兼着，就说你一半在系里，一半在教研室。因为我的人事关系在教研室，但是实际上，我就没在教研室待什么。当时我们那个管教学的系副主任，叫孟宪仲，他原来也是我们教研室的主任，把我调到系里当管教学的系主任助理。他好像有规划要培养我，就让我去听火箭发动机调节的课。也没说听这门课目的是什么？当时听这门课还要政审，这门课有一定的密级，结果听了有两学期吧，什么事也没干，后来他那个想法又落空了。我又买了一些这方面的俄文书啊，听了好多课，什么事没干，白耽误了一年。

可能是因为我在搞试飞的时候，是总体组联系发动机油门杆控制组的。实际上它的控制是用了自动驾驶仪里一个舵机来拖动的，所以我对这个也还比较了解，技术上还有一点发言权。我们教研室的党支部书记，也就是我们那个试飞队的队长高进位找我谈话，他说，老白，把你调到发动机自动器组来吧，发动机自动器组比较缺人，自动驾驶仪那个组的人已经比较多了。你反正还比较全面，你就过来干这个。他自己就是发动机自动器组的。他说，这对你来说也不好，你原来是学自动驾驶仪专业的，现在让你改这个，但是从大的方面说，都是控制，没变。我说，控制的对象变了，一个是控制飞机，一个是控制发动机。那这个差别就大了。从理论上来说是共同的，但实际上还很不一样。

后来我说，算了算了，你别多说了，我也理解你的意思。既然是组织决定了，我就服从吧。就进了发动机自动器组。又买了一些发动机自动器的俄语书，买了一些液压控制方面的书。一年多也没有给我安排任何具体任务。把我调到发动机自动器组，实际上我有一半又在系里头，而且是一多半；另一半在教研室，也没搞什么具体工作，也就是学习了这个专业组的一些理论基础知识，以后也没用到这方面的什么东西，实际上这个时间全是浪费了。

到了 1963 年，高进位又找我谈话，说现在发动机自动器组人又够了，现在自动驾驶仪组又需要人，你还是回自动驾驶仪组去吧。我心里虽然有些哭笑不得，但让我回到原来的专业去，我还是愿意的。他又说了半天，摆了很多困难。我说，行了行了，你别说了，那回就回吧，又回到自动驾驶仪组。把我过去买的发动机控制方面的书全都卖了，又浪费了一年多时间。

搞发动机控制是搞液压为主的，搞自动驾驶仪是搞电为主的。换到自动驾驶仪组后，写了一点教材，我觉得自己没有教学实践，写这点教材肯定质量也高不了。我本来也不愿意写，老显（张显卿）说，你写写吧，试试看吧。后来又带了毕业设计。这时我还兼着系里的工作。

我在系里兼着系主任助理的工作，主要是搞教学管理。就是全系学生的课程怎么安排？这学期上多少门课？由哪些教师来讲课、辅导？根据教研室上报的计划安排，审查学生的课时负担，按照教学计划的要求，审查每门课的教学大纲并存档。不仅是专业课，而且有基础课。系里有什么意见？跟他们协调、讨论，那得花很多时间。还有平衡学生的学习负担，一周上多少课？课内外时间的比例是多少？把这个方案平衡好了，再交给学校教务科去排课表，这都是我的任务。全系每个年级、每个班这学期考几门课？哪几门课考试？哪几门课考查？这样合适不合适？先与各教研室沟通汇总后，再向系主任汇报，系主任最后审查签字。还有一项最复杂的工作，就是几乎每年都要修订各专业的教学计划，要在院教学研究科与各专业教研室之间，来回上下穿梭协调、讨论，经常要开夜车干。

这样一直干到 1964 年冬，去河北省隆化参加社会主义教育运动（四清运动）。这一去又是一年，1965 年从隆化回来后，我才全职回到教研室。当时教研室要搞一项飞行模拟实验室的大型设备——三自由度电动转台，急需用人，提前从隆化把我调回来了。

回到教研室后，结合转台项目、我带了本专业学生的课程设计。接着到了1966年“文化大革命”开始了，在“文化大革命”中我还带着学生复课闹革命，搞三自由度电动转台的课程设计。1968年，我又带着10来个学生，到兰州我们的专业厂242厂，去搞了三自由度电动转台的生产调试。正当转台处于总调阶段的关键时期，正当我要在教学和科研方面深入发展的时候，最后因我爱人在“文化大革命”中受冲击而告终。造反派三道“金牌”把我从兰州调回学校，从此中断了我在兰州的任务，也结束了我搞了将近四年的任务。

“文革”中期，大概是1970年吧，工人、解放军宣传队进校了，又调我到系教改组。“文革”中更是要无条件服从需要了。当时，工人解放军宣传队组织调整各系的编制，将原二系、五系合并成三系，也就是搞机和弹控制的两个系合并，当时称三大队。因为空军就是按大队、中队编制的，我校的军宣队就是从北京空军派来的嘛。就这样生硬的套用了，当时整编后的各个系都叫大队，而且序号也变了，搞得我们和校外的校友们都很不适应。就连社会上也很不适应，系里开个证明出去办事，盖的公章是“大队”的章，人家说“大队”的章不能对外，要“公社”的章才行。人家以为我们是农村生产大队的了，弄得我们也说不清楚。

我第二次到系里的工作除了过去的那些外，更多的时间花在工农兵学员进校后如何进行教改上，因为是教改组嘛。这样就得全职在系里干了，这一干又是三年。“文化大革命”前干了三年，“文化大革命”后又干了三年。

这样一来，我在系里前后干了六年。“文化大革命”后，我还能干多少业务上的事？业务上只能自己晚上回去，看些业务上的书而已。后来我就跟领导说，我就跟打“地道战”似的，打一枪换一个地方。你们把我扒拉到哪个地方，放一枪就走，然后又在另一个地方又放一枪，我说这样下去，我成什么了？万金油，什么也不行了。开始那会儿，矛盾还不太大，到后来评职称哪，人家就不买你这个账了。你做再多的工作，领导再对你评价不错，你没有著作，没有论文，那你就不行。是不是？职称跟工资一挂钩，像我们这样的人就惨了，咱们学校这样的人也不少。

当政治辅导员的也有这种情况。我还没当政治辅导员，我当学生时，也想调我去的，我说你们是征求我的意见哪，还是说组织已决定了要调我去。当时跟我谈话的同志说，是征求你的意见，你愿意去就去，你要是有什么意见你可以提。这样我就说，我们家孩子太多，兄弟姐妹太多（十个），我是老大，我父母很希望我快点毕业，出来养家。我要再脱产当政治辅导员，我又要晚一年毕业。我说我家里确实有困难，如果组织上能考虑我这个情况呢，我就不去。我说你们觉得非得要调我，那我就只有服从了。我表态以后，就没调我去。但是最后我的遭遇也跟他们差不多。第二次到系里后，我多次向领导提出要回教研室，领导都不同意。

1973 年，找到了一个脱身的机会，那时是“文革”后期了，工农兵学员已经招了两届了。各个高校都响应毛主席的号召，知识分子要到农村去接受再教育，除老弱病残者外，全院教师和机关干部一般都要分期分批去锻炼一年。那时北航的五七干校①已经办了好几期了，开始在河南的确山，后来搬到了北京大兴，离学校就比较近了。那年分配的名额下来，三系机关肯定要去一个人，但具体一落实到人，不是这个身体不好，就是那个有什么事走不了。我的身体很好哇，我就向系领导要求去五七干校。我说，你们现在去都有困难，只有我能去了，还是让我去吧！开始领导也不同意我去，那时我正在抓 71 届工农兵学员的毕业设计教学准备工作。领导想让我把 71 届工农兵学员的毕业设计管完了再说。最后，哪一个人都去不了，就只好让我去了。我就去五七干校了。

---

① “五七”干校，是上世纪“文化大革命”时期，根据毛泽东《五七指示》兴办的农场，是集中容纳中国党政机关干部、科研文教部门的知识分子，对他们进行劳动改造、思想教育的地方。“干校”是“干部学校”的简称。

当时我家里也有许多困难，小女儿还不到两岁刚上托儿所，大女儿上小学，家里也没有别人帮忙，我爱人还处在重症肝炎的恢复期，我去了五七干校，他要在家照顾两个孩子，还要上班真是难为他了！但他有病、已在老弱病残之列，不能去五七干校，那我是一定得去的。我想，再大的困难也得自己克服。好在当时干校在北京大兴了，在干校劳动时没有休息日，每月集中放四天假，可回家打理家务，就算还过得去吧。

我想，我去五七干校首先是响应毛主席的号召，到农村去劳动锻炼，接受贫下中农的再教育；再则等一年后回来，就没有工作牵扯了，我就可以离开机关回教研室了，这倒是个金蝉脱壳的好办法。我想既然组织需要，留我在学校当教师，那我就要当一个名符其实的教师，别让我到处跑龙套，打一枪换一个地方了。当然我没敢跟领导说这个想法，我要跟领导说了，领导又不同意我去了。

一年后回来，我在系里的工作没有尾巴了，我已经走了一年了。我向领导提出：让我回教研室吧！系主任只好答应了。但回教研室前，系里还拖着我把74级学生的迎新工作搞完了才回去的。

这样，到1974年秋，我又第二次从系里回到教研室。这是我放弃了提一级工资的机会得到的。本来我们1960年毕业的，学校就把我们压了一级。后来说有千分之一的奖励工资，可以解决一些历史遗留问题，如果我继续留在系里，可能就给我提上了。我也不要了，就回教研室吧，就想踏踏实实当一个教师。你想想，从1960年到1974年，14年了，再这样下去我业务上就全丢了。

回到教研室，又是这个遭遇。“文革”中期，在工人、解放军宣传队领导下，进行了各种教改试点。还是在我第二次调到系教改组之前，大概是1968年从兰州回来之后吧，先是教研室派我随系里组织的教改小分队，到北京232厂去办“7·21”大学试点班。在工厂里选拔优秀工人来上“7·21”大学，并结合工厂生产的典型产品来组织教学，在工厂里上课。学生选了十几个，教师和工人、解放军宣传队的人也有十来个。我们天天到工厂去上班，搞了两年左右吧，当时还有后来的国家教委主任朱开轩同志，也和我们一起去的，他是我们系毕业的，比我高两届，他当过我们系的科研副主任，“文化大革命”中也受到冲击，他当时是以普通教师的身份跟我们一起去探索教改之路的。

工厂那时搞的是“强5”自动驾驶仪，就选这个产品为典型了。我们专业课教师和基础课教师结合在一起给学生讲基础课，我还给他们讲过高等数学课。从技术基础课开始，就结合典型产品来教学了，比如电子线路，就结合该产品的放大器来教学了。在这个试点中发现，最大的问题是学生的程度相差太大，学生中有机械加工车间来的、有装配车间来的，他们原来的文化程度各异，工种各异，没有经过文化补习，就直接进入大学课程的学习。这样教师教起来、学生学起来都非常困难。搞了两年多，坚持下来的学生也不多，最后基本都是回原车间去了，结果也不了了之了。

后来教研室又让我给73级、74级工农兵学员辅导，并讲电工课。当时基础课的教师都下放到专业课教研室，不像过去那样一个年级集中上基础课。那时强调基础要为专业服务，不要泛泛地打基础。基础课教师要了解专业才知道怎么改，专业课教师也要去体验一下基础课怎么讲，才知道你这个专业应该怎样给学生打基础？这样一来，一方面基础课教师就不够了；另一方面，专业课教师也要体验基础课的讲法，所以有些专业课教师也去学习讲基础课了。

我那几年给工农兵学员讲过高等数学课、电工课、靶机自动驾驶仪概论课，辅导过电工、画法几何、电子线路，带过课程设计、毕业设计，当班主任，带学生学工、学农、学军等。可以说，工农兵学员的任何教学环节我都干过了。特别是我们专业1975年入学的那届工农兵学员，我当他们的班主任，带他们到北京的574厂去搞“一条龙”的开门办学试点。

所谓“一条龙”，就是当学生一入学就到工厂去，结合工厂生产的典型产品来组织教学。当时工厂生产的是一种小型靶机，麻雀虽小，五脏俱全。我们是自动驾驶仪专业的，当时是结合靶机的自动驾驶仪来学基础课，课也在工厂上，师生都一起住在工厂。但教师中，只有我和他们的政治辅导员于泽荣[①]是始终陪着学生的，其他教师基本上是有教学任务时才住在厂里。从上基础课到专业概论课都在厂里上的。学生的实践活动，从参加零件加工到产品组装、调试，这样干了一年才回学校。

这个班的工农兵学员，我从一年级一直带他们到 1978 年毕业。当然我在各个阶段都有教学任务，但这又有大量的教学组织工作，与工厂的联系、安排、协调工作。这个班就是赵平[②]他们那个班嘛，他当时是班里的学习委员，是跟我这个班主任打交道最多的学生之一。

送走这个班的学生后，教研室又安排我去搞液压转台。因为我过去搞过三自由度电动转台嘛，这都是我们教研室建设飞行模拟实验室的大型设备。但是我觉得我的液压基础太差，当学生时就没学过液压课，以后都是搞电的。没多久，教研室又让我去搞舵面负载模拟器，还要我去当组长。当时教研室领导也强调了许多这个任务的重要性、必要性，怎么需要我这样的话。结果，搞了一年左右吧，教研室领导又说，我们教研室科研与实验室建设的摊子铺得太大了，经费也不足，现在要抓重点，要把过去早上马的项目集中力量搞出来。于是又把我们组的项目叫停了。

教研室领导又要把我调到“动静压模拟器”组去，说那里急需加强力量，搞了好几年了，还没搞出来，要快点把这个项目搞完。没办法，我只有服从了。后来，我就跟老俞头（俞融生）说，他当时是我们的系主任，我说，我不想在专业教研室搞大系统了，到处打游击，工作变化太多了，搞完动静压模拟器后，我想去电子线路教研室，搞点具体的东西吧。我就问电子线路教研室的领导要不要我？他们说很欢迎我去。那时老俞头要从系里调到院里当领导了，他走的时候，同意了我的要求，到了 1982 年动静压模拟器已经搞完了，才把我调到了电子线路

① 于泽荣，担任过北航校党委副书记，后调到中央社会主义学院任领导职务。
② 赵平，担任过北航校党委常务副书记、副校长，后调到北京理工大学任领导职务。

教研室。这又晃了七八年到了电子线路教研室，先让我搞数字电路。先给学生辅导、后讲课，有几个学期。就算比较稳定了。到了 20 世纪 80 年代初，国际上已经进入了个人电脑时代，微型计算机及其应用已经发展得很快了。为了赶上世界微型计算机发展的步伐（当时还没有明确提出“IT”的概念），给学生开设微型计算机课已刻不容缓。那时国内像“清华”等少数重点院校都已经开设了，我们也得赶紧把这门课开起来。当时我们教研室主任陈益康对我说：老白，现在要给学生开微机课，这是新课，需要人，你是学系统的，你来搞微机吧，你改行改得快。我想又要叫我改行了，不过数字电路是微机的基础，因为我们不是专门搞计算机的，也不搞软件，我们是自动控制系，搞控制的人学微机在应用，微机的软硬件都要懂。数字电路是微机的硬件基础嘛，这样改法是靠谱的。我说行，就去搞微机了。不过这又要从头学好多全新的东西，但是我还是很有兴趣的。

我们教研室微机教学组的教师们，不仅要给本系的学生上课，还要完成航空部交给我们的培训任务，要在一两年内，对航空工厂的老技术人员进行微机的扫盲培训。这样一来我们的任务就很重了，那两年，我们教学组的老师们克服了许多困难，抽给本系学生上课的空闲时间，在北京与外地的航空工厂中穿梭式地讲微机课。给工厂技术员讲课时间不能拉得太长，他们有生产任务，一般是集中两个月左右时间，从数字电路到微机原理及应用都要讲，还要辅导他们复习、学习编程，在单板机上做实验，最后考试结业。

我当时到北京 232、宝鸡 212、成都 132 等厂都去过。那时培训对教师真是一大考验，那么多任务就是一两个教师去完成，个别地方有去三人的。上午要连续讲三个小时课，中间只休息一次，腿站硬了、嗓子里粉笔灰也呛满了，下午还要答疑、改作业或带实验，晚上还要备课。架不住每天都是这样，那时一周一个休息日至少还得搭进去半天。连续一个多月下来，真是强脑力劳动，加上强体力劳动。那时教师的工资低呀！夫妻两个都是教师再养两个孩子，那是真正的“月光族”。我记得，那年我去宝鸡212厂办微机培训班，正赶上我刚做了“人流”后两周，当时因为怕给教研室安排工作造成困难，还不敢对任何人说，只好自己克服。买了一桶奶粉带到工厂，每天补充一点营养，将近两个月的那种繁重教学任务也顶下来了。

总的说来搞电子线路与微机的五六年里，算是我扎扎实实地当教师的最好时光了。除上述任务外，还讲了几学期本系学生大班的微机课，也搞了一些微机的科研项目，还给北航分校的学生讲过两学期数字电路课。这使我充分享受到一个大学教师的艰辛与快乐！因为我一直都在日以继夜地、不停地学新东西，计算机实在是发展得太快了，只能是一边学、一边教，何况我又是新加入这个行列的教师。

八、在印刷厂搞激光照排

白：我有一个老同学，她在电教中心当头，搞得很不错，很有成绩。1987年当时北京市科协想调她去市科协工作，她要找一个人去接替她，她把我推荐给了陈孝戴教务长。当时陈教务长正在物色人，那时有两个地方需要人，一个是电教中心；另一个是印刷厂。印刷厂要搞“油印讲义技术改造”，要搞计算机排版、激光照排那一套，来提高教材的排印质量与速度，也就是要搞北大王选教授开发的“汉字激光照排”那一套，没有懂计算机的人不行。原来调了一个发动机系的唐老师去了，他不是搞计算机的，但是他组织工作能力很强、是当了好多年的支部书记，也是调干生，不幸他得了重病，只能赶紧另找人。教务长就叫我在电教和印刷厂两个地方挑一个。他说，电教工作条件好一点，印刷厂工作条件不太好，但是搞计算机嘛，跟你的专长更对口一些，你看看你愿意到什么地方去？

后来我去参观了一个计算机展览，那是在北京展览馆，搞了很大的一个电子技术及计算机应用的技术展览。展览中北大王选教授开发的汉字激光照排系统占了很大的位置，比较详细地介绍了这套系统的功能、技术及应用范围。王选教授搞了这个发明以后，在国际上得到很高的评价，得到联合国教科文组织的表彰。当时在国际上英文的激光照排已经有了，但是要对复杂的汉字存入计算机进行激光照排还是一大难题，北大王选教授他们搞出来了，所以国人称他为当代的“毕升”。现在要推广运用，当然首先是在中国这个用汉字最大的国家中推广运用。我一看，觉得很感兴趣，这是一个新的东西，很有发展空间，最后我选择了去印刷厂。

印刷厂虽然条件不太好，很多人在那里也很难站住脚。我也没有想去当什么领导，我主要是搞计算机应用，搞计算机激光照排，我想我到哪儿都是当教师，不干那些行政工作，我干那些行政工作已经干烦了。到了印刷厂，虽然那里有好多不利条件，但是我还是尽到了我的责任。当时微机室是初建，开始调去的那个唐老师，他已对微机室的建设进行了筹备，订购了激光照排系统，还没到货。后来我了解到他订的那套系统，是跟山东潍坊那个厂订的，那个厂开始是跟北大合作研制的单位，后来他们分开各自生产了，但研制激光照排系统是以北大为主的，在技术方面北大更优先一些。当时潍坊厂不能按合同要求时间交货，而且又在外地联系不便，以后的维修工作也是个麻烦事。所以我就跟唐老师商量，何必舍近求远呢？把那个货退了，重新在北大订购了激光照排系统，把印刷厂的微机室建起来了。后来我们跟北大方正合作得很好，跟他们的经理，跟王选教授和他夫人陈堃銶老师都合作得很好。王选教授主要搞硬件，陈堃銶老师搞软件，他们的系统升级、软件开发、修改呀，也经常听取我们的意见，给了我们许多优惠和方便。后来我还针对北大方正激光照排系统写了两本书，作为北京市计算机排版操作员的培训教材。

接下来的大量工作就是要培养掌握这套系统的人员，过去印刷厂的工人完全不懂计算机，且文化程度较低、年龄偏大，只能挑个别的出来培养，主要的是从计算机职业学校中去要人，胶印方面的技术人员就得到北京印刷学院去要毕业生了。不仅微机室的人员要培训，原印刷厂的行政、业务管理人员、校对员等都得进行计算机排版、激光照排的重新培训，这些任务就得由我来完成，好在这些工作都是一个教师的基本功，就是做起来要花大量的时间和精力。

“油印讲义技术改造”这项工程，是国家教委在全国高校中组织开展的，教委要求要尽快提高高等学校的教材印刷质量，要逐步取消油印讲义，用新的排印技术来取代油印技术。在没有计算机激光照排之前，取消油印讲义之后，就只有用铅排铅印。虽然铅排铅印的印刷质量高，但铅排铅印使用的厂房面积很大，而且铅又有毒，更主要的是铅排的排版周期长，难以保证学生及时拿到教材。对高等学校来说，终不是长久之计。有了这个新的计算机汉字激光照排系统，就能解决这些问题了。反正方向就是逐步过渡到计算机排版、胶印。教委为“油印讲义技术改造”这项计划开了多次全国性会议。仅仅是因为我在这项技术改造中的技术优势，领导让我当了印刷厂的厂长，在印刷厂主持并参加了这项工作的全过程。

陈孝戴教务长直接领导印刷厂，他再三叮嘱，这个改造千万不要“鸡飞蛋打”。你们把这个铅全部卖掉了，别让教材衔接不上，学生上课之前拿不到教材、供应不上，那就“鸡飞蛋打”了，一定要平稳过渡，保证学生的教材按时拿到手！

我们厂是北京市，可以说也是全国第一家在高等院校中取消铅排铅印的学校。彻底地把铅全卖了，在20世纪90年代初就卖了一百多万哪，卖完后所得的钱用来买微机和激光照排系统和胶印机，完全搞微机排版，胶印了。在全厂同志的努力下，经过两年左右的时间，这项任务我们算是完成了，算是软着陆了。应该说在油印讲义技术改造、铅改胶的这项工作中，印刷厂原党支部书记何邦民同志功不可没！原厂长宗宝贵也费尽心机做了大量工作。如果没有他们作后盾，我当这个厂长绝对是完成不了这个任务的。因此，我们厂被北京市高校印协评为“先进单位”，我校也被教委评为油印讲义技术改造的“先进学校”。

说老实话，我到印刷厂去也是很困难的。虽然对激光照排系统的“充电”学习，对微机排版熟悉了，我是内行，但是印刷这一摊子我不懂，我是外行。我要去重新学习出版、印刷、排版方面的知识，那也有一套业务，也有正规的教材。

另外原印刷厂的工人，也要重新学习新技术，随着技术改造的深入进行，要调整改革工厂各车间的组织结构，非常不好管理。特别是你每搞一个新的技术改造、每进一台新设备，都牵扯到人员的重新安排与调动。虽然我们只是北航的一个校办工厂，只是一个麻雀，但是它跟全国的企业改造是同样性质的。要进行新技术改造，掌握旧技术的工人怎么安排？他的饭碗怎么保证？这是一个大问题。我开始去的时候，印刷厂有100多人，这个铅排铅印用的工人是大批的。他们虽然也不愿意干这个，又笨重，又有污染，但是他不干这个了，以后干什么？他没有饭碗了，就这个问题怎么解决？所以这是一个很头疼的问题。再加上，“文革”以后，弄了一批学校的工人子弟去顶替老工人的岗位，这些人文化基础差，有的连小学都没毕业，或者初中没毕业，而且在“文革”当中成长起来的，组织纪律性很差、犯浑，很不好弄。原来那个老厂长也是焦头烂额，他就说我真是不愿意当这个厂长了，人事关系一大堆，特别乱。

我觉得，技术问题，对我来说，没有太大的困难。我用尽快的时间，把北大方正（开始叫华光）那一套东西熟悉了，为了培养掌握激光照排系统的操作员，我把他们那套软硬件拿来，与其他三位同志合作、由我主编，写了两本应用教材。一本是《微型计算机汉字录入与排版基础教程》（电子工业出版社出版），这是当时国内最早的、系统写计算机排版的教材之一；另一本是《电子排版系统实用指南》（清华大学出版社出版），这两本书都作为北京市计算机操作员的主要培训教材之一。北京市科协承办的“北京电脑天地学校”，他们开始就是选了我们写的书作为计算机排版的培训教材，并作为计算机操作员等级考试的指定参考书。因为学校搞教材、搞书的排版，跟小店里打个零篇的文件大不一样。几百页的一本书，它的各种排版规格必须统一。特别是大学理工科教材，门类繁多，有许多数学公式、化学分子式。你要光排文科的书好排，你要排科技类图书、它有很多严格的规定，各种插图、图像怎么处理？图和文怎么对应？各种专用符号、公式都有严格的规范，有很多这类技术问题。北大方正的排版软件虽然有解决这些问题的功能，但是操作员要如何正确地把这些功能综合起来，巧妙、灵活地应用这些功能去解决各类科技书籍的繁杂排版要求？这就需要软件的使用方，通过大量的排版实践，做出各类排版格式的典型排版示范，使软件的优势能充分发挥。我主编的这两本书就是解决这个问题的。那这些问题对我来说，就要花许多时间，也就是说，技术上没有很大的难度，就是要花时间去解决这些问题。各种解决的方法要试验，试完了以后，把这个作为样板，再去培训操作员，再写入书中，所以这个工作花的时间相当多。

技术上除了软件的应用以外，还有那么多机器，几十台计算机，哪一台出了问题，我不能来当这个维修工，但是我必须判断，这是哪一部分出了问题？是什么问题？当我判断了这些问题以后，是该送出去修，那就送出去修；该咱们校内自己能修的，就自己来修，你必须做这个正确的判断。如果判断不对，那就要影响生产，计算机搁在那儿，不能发挥作用。

开始要建机房、订设备，学校钱又不多，去争取经费，这也花了不少时间。比如印北航的“上天”报，要激光照排机，原来我们排版可以了，印刷可以了。可是出那个胶片，需要激光照排机，开始没有那么多钱，没有这个设备就只能跑外协，跑外协就要影响出报时间。要提高书、报中图像的质量和生产效率，就要改造原来的照相设备，需要高分辨率扫描仪，那又是一摊新技术，又要培养新人。原来照相的人，是操作老设备的。用了扫描仪，原来照相的那些人，又没饭碗了。他们来跟我吵架呀，说白老师，我们全家人都到你家里去吃饭吧。你那个技术改造完了，弄得我们没活干了。原来他们用胶片照相机照相、人工冲洗胶片，一搞计算机图像扫描，激光照排机出胶片来处理图像，图像的质量提高了，速度也大幅度提高了，但他们就没事干了。这又有一帮人，这帮人还是真正的技术工人哪。

那些铅排铅印的工人，能送走的送走一些，送不走的在厂里打杂，或者搞一些技术性不强的工作。那帮人还没安排完，这帮照相的人又来了。就说，反正我们领着孩子上你们家吃饭去吧，就跟我出这些难题。

我在印刷厂这几年虽然碰到这样那样的困难，但也还算是软着陆、平稳过渡了吧。教材没有弄得鸡飞蛋打，平稳过渡过来了。成本问题，一开始觉得成本过高，后来计算机搞得多了，成本就降下来了。开始的时候，设备也贵呀，为了买那个出胶片的激光照排机，我亲自找沈士团校长好几次。教务处原来都做好了预算，分配了经费计划，没有我们的钱。后来我又直接找沈士团校长，说明购置这些设备的迫切性，沈校长后来答应了，批给我们买这个激光照排的设备，这一下教务处副处长对我还挺有意见。他说，白老师，我们的计划平衡都做好了，那校长一批不要紧，把我们的平衡全打乱了，我们又得重新平衡，你这个地方钱花了，别的地方就得削减。当然我也不怪他，他也是在为全局着想嘛。

还得说我当年参加“新五号”试飞，搞技术协调、跟供应科要东西，对这一段工作还挺有帮助。当初我刚毕业，搞技术协调，各方面跟供应科要设备，到处周旋，那时候还真练了点本事。到了印刷厂也是到处周旋，虽然招到点埋怨，最后还是把钱要来了，把激光照排设备买了，解决了我们自己出胶片的问题，这才算把印刷厂的激光照排系统全部建设完成了。

后来问题一个接一个，再有就是后来工人的奖金分配问题。我当了不到一年的厂长，基本完成了铅印改胶印的布局。后来我看透了，当厂长，在厂里有那么多事务性工作要处理；在微机室，我还要解决具体技术问题；在家里，我老伴有严重的心脏病，家里有病号。白天我应付这些行政事，晚上才能搞点业务解决计算机的技术问题，实在受不了。我想这怎么行啊？早就想到哪儿都是当教师，不干那些行政工作，我对这个厂长一点也不感兴趣。我跟陈孝戴教务长提出，我辞职吧。我说，我就当微机室主任、当教师，我得培训那帮人哪。我培训好了，他们都来要。四系、十四系来要，航空动力学报社、航空学报社来要，北航学报社也来要，都从我这儿把人挖走了。

我提出不当厂长了，陈教务长也理解。他说，那你就当个总工吧，你参加厂里的领导班子，管你的微机室，我说那行。我管微机室，那原来照相的工人还照样来闹呀，就像老厂长宗宝贵说的那样，白老师，你来搞这个改造倒是挺先进的，原来我们用铅字的时候，厂房不够用，现在好了，我们把铅卖了，厂房空出来了，那么多铅字都存在你那个计算机里了。可是你这一改，把我们这些内行都改成外行了，原来我们这些搞铅排铅印的人都不懂了。为什么印刷厂的事难办哪？就是技术改造后，原来的工人不好安排。当时的学校党委书记朱万金同志来听意见，他说来蹲点，可结果他没来。我说你怎么回事呀？他说，这事不好办，不好办。我说不好办，你还躲着。你躲得了，我往哪儿躲呀？我没地儿躲呀。

说老实话，我这 30 多年，你说我是不是打一枪换一个地方？有的同事也跟我说，老白，你要真的是蹲到哪儿搞教学、科研，不是老变，你还真是能做出点像样的成果来。我说，哎呀，算了，我也不求别的，只要混到心情舒畅就行了。经过那么多运动，那么多经历，自己只要问心无愧就行了。我入党也半个多世纪了，1956 年入党的嘛，我也可以说，我对得起党、对得起人民就行了。别的也不求什么，对吧。

我们这一代人受的教育，就是保尔·柯察金的那句名言："当你回首往事时，不要因为虚度年华而悔恨，也不要因为碌碌无为而羞愧"，就行了。对吧？我们这一代人受的教育就是这样，不管时代怎么变，这个思想还是应该不变，还是这个基础吧。

我有一个学生跟我说过这样的话，他说，白老师，你们这一代人的精神，我们非常敬佩，给你们钱，你们会这么干，不给你们钱，你们也会这么拼命干。多给你们，少给你们，你们都会这么拼命干。他说，你们这一代人的精神，我们很敬佩，但是，我们不能学，我们也学不了。我说，你们为什么这样想？他说，那不一样了，时代不一样了，感觉就是这样。他也没说出多少道理来。

这真是像电视剧《渴望》里的歌词中唱的那样：“谁能告诉我，是对还是错？问讯南来北往的客……”

大学生参加科技竞赛很重要

——徐扬禾教授访谈录

采访时间：2012 年 1 月 12 日

采访地点：北航思源楼三老协会办公室

被采访者：徐扬禾（以下简称徐）

采 访 者：胡懋仁（以下简称胡）

[访谈者按] 徐扬禾老师是在2011年北京航空航天大学离退休处党委改选后，被选上新一届离退休处党委委员的。党委委员分工，他负责联系我所在的退休教职工支部，我们就这样认识了。由于工作上的需要，他来找我了解一些情况，我也就借机采访了他。这次访谈就包括了我的采访，也包括了他向我了解一些情况。只是这一部分与访谈无关，我就把它删掉了，只保留了访谈的内容。由于存在删除的情况，所以这篇访谈可能在有些地方读起来不太连贯。虽然我也在文字上尽量做了些弥补，但是这个缺陷可能还会存在。

徐老师特别活跃，说话、走路、办事情都带着一股风，一股朝气。他的心理年龄远比实际年龄要年轻许多。他爱打乒乓球，喜欢开车，而且还在关注学校的各项建设与发展。在“三老”协会（老教授协会、老教育工作者协会、老科技工作者协会）里，他也参与很多工作，他的身上似乎有着无穷无尽的精力与活力。

在访谈中，他介绍的大学生科技竞赛比较具体，不仅包括北航校内的“冯如杯”，还包括全国范围的航空模型竞赛，这些内容听起来都很有意思。

一、我在北航的经历

徐： 我现在事情比较多，年纪也不小了。今年已75岁。

胡： 不算大。

徐： 相对来讲，不算大。现在我在飞行学院还有教学，上两门课。

胡： 教什么？

徐： 都讲基础，一个是飞机构造与系统，一个是A320系统。另外参加航空科学与工程学院督导组工作。我是505教研室的，现在是人机环境工程系。

胡： 是原来后大班专业的吧？

徐： 对，我呢，原来是飞机设计专业，1956年入学，1961年大学毕业。朱万金[①]跟我们都是一届，后来他当干部了。还有方复之[②]跟我一个小班哪。完了以后，我就留下来当研究生。那时全校成立了一个研究生班，我在研究生的时候，就从设计专业改成505专业，当时叫作高空设备专业。1965年毕业以后，就留在学校。我爱人也留了下来，她在流体力学，我在高空设备。留下来不久，就"文化大革命"，被当作修正主义苗子，到工厂去，去接受工农兵再教育。其中就有郑祺选、黄泽梓[③]等。那个时候，我就在工厂当钳工。跟老工人在工厂装配机床。我干活没问题，像磨钻头，都行。到了1970年，工厂要我爱人去"五七"干校，我爱人怀孕了，她不能去啊，这是第二胎，你说打掉也不好。她在搞"红航"，还好，正好跟工厂一个系统。"红航"是一个型号，实际上是一个靶机，她去不了，就留下来了，我就代替她到干校去了。工厂也不想放，我那个时候的技术已经挺好啦。干校回来以后，复

① 朱万金，曾任北京航空航天大学党委书记。

② 方复之，北京航空航天大学原校党委副书记，已于2012年8月去世。

③ 黄泽梓、郑祺选，先后担任过北京航空航天大学副校长。

课闹革命，71 级、74 级工农兵大学生，我当班主任，包括王学仁①，还有监理公司的王学明，都是我的学生。后来我回到教研室，先后担任实验室主任和教研室副主任。1986 年到 1990 年，到系里，担任科研副主任。1991 年，沈士团找我，到科技开发部。当时成立了科技开发部，科技开发处，校办产业管理处，三个单位一个实体，对外是三个，但是实际上，它是一个。叫我当开发部主任，也是处长。干到了 1996 年，我因双肩挑，就回到教研室去搞教学，一直到 1998 年 1 月份，大概到 2 月份退休。

退了以后，中间又弄了一点事干。后来就到飞行学院搞一点教学，带毕业论文和讲课。在五系参加教学督导组工作，主要是听课。每年大学生冯如杯比赛②，我都是评委，担任机械类评审组组长，所以事情就很多。从 2009 年开始，学校成立了一个北航老教授协会，成立一个北航老教育工作者协会，老科协老早就有了。三个协会一个班子，我是常务副会长。最近离退休党委改选，我被选为党委委员。党委委员要分工，要联系几个支部，离退休党委分配我联系四个单位六个支部，你啥情况不了解也不行啊。所以呢，就找你们得聊聊，就这样。

胡：我想了解一下，那个时候，比如说这个高空设备、机舱内的东西，是个什么样的水平？或者您讲课主要讲的是什么？

徐：那个时候，1984 年的时候，我们有个很好的实验室，实验室里有一个大舱，歼击机的座舱可以放到里边去，在高速情况下模拟机身表面，气动加热，有好多碘钨灯，一个碘钨灯就 1000 瓦，所以我们就有专用电源供电。把碘钨灯开了以后，模拟机舱表面在高空的上百度温

---

① 王学仁，曾担任过北航 1978 级学生辅导员，这个年级大班即航空英模罗阳在大学学习时所在的班。

② 冯如（1884—1912），广东恩平人。中国第一位飞机设计师，是中国最早从事飞机研制、设计、制造的人，曾被美国报纸赞为“东方莱特”。冯如杯科技竞赛，是北京航空航天大学“冯如杯”学生学术科技作品竞赛的简称，由学校科学技术研究院、教务处、学生处、科协、团委共同主办，是在学校各学院的大力支持下，开展的具有导向性、示范性和群众性，并独具北航特色、彰显北航气韵、践行素质教育、弘扬创新精神的大学生学术科技活动。

度，这么高的温度进去以后，人坐在里面，测试座舱的空调系统，能不能把这个热量带走。人坐在舱内能不能保持正常的工作状态。实际上，当时 505 的水平是什么样子？全国所有上天的歼击机，都要在这儿经过试验以后，才能上天。比如说，歼 -7、歼 -8、教 -8，教练机呀，都在这里做实验，白天黑夜都干。我当年是实验室主任，我很清楚。当时来讲，505 的这个实验室在技术各方面，还是很好的。现在实验室重建、全拆了。

胡：那现在拆了以后怎么办？

徐：在原地方重新盖楼了，盖了四层了。那么多设备，不会一下子都恢复，没有那么多钱哪，所以一点点地恢复。到现在为止，还没有完全恢复。我们主要以歼击机为主，现在逐渐介入到大的旅客机。旅客机，我们现在是 C919。A 是 Airbus 是空中客车，B 是 Boeing，波音，C 是 China，也是 company，商业公司，9 代表天长地久，19 表示有 190 个座位，2014 年准备上天。这个现在毕竟跟过去不一样，过去什么都要自己干，现在不是。世界大合作，包括发动机，我问你买，我提出要求，你就给我做，要满足我们的要求，起落架都可以买。发动机不跟你一家公司订，跟两家发动机公司订。罗罗公司[1]是一家，另一家是别的公司。现在市场经济了，对不对？我要你的东西，你就有活路啦。我不要你的东西也可以。好几家，有竞争嘛。大飞机是“十一五”规划里面很重要的一个项目。现在样机都出来了，那天我们去看了。

胡：那像这种机型，我们的核心技术体现在哪儿呢？

徐：现在是这样，在技术上，一个是外形，外形上我们在设计上要有先进的机翼翼型，现在要采用先进的材料，要轻。对不对呀？座舱里边的显示技术，现在都是计算机呀，一看有什么系统，有什么故障，全是计算机给你反映出来了。然后你的检查不是翻检查单，而是有了故

① 罗罗公司，即英国罗尔斯·罗伊斯公司（Rolls - Royce），是中国业内对该公司的简称。该公司主要研制与生产发动机，也生产高档轿车。所谓劳斯莱斯亦是 Rolls - Royce 的另一种音译。

障，在显示屏上指示你第一步要怎么做，第二步怎么做，驾驶员都是很清楚的。

胡：那波音和空客是不是也达到这种程度呢？

徐：都达到了。

胡：那这就不是我们独有的了。

徐：不是独有的，但是我们在这个基础上，在计算机上，显示出来的字比他可能更大一点啦，仪表这一套也都是自己搞的。这个是跟北航505来合作，现在这个大飞机也是全国合作，世界上的合作，都有。对不对？那么结构材料，当然我们还没有达到他们那样高的要求。比如，现在A380，他们的复合材料已经达到50%以上。很轻啊，强度又好，又没有铆钉。复合材料纤维呀，胶接技术呀，它不怕腐蚀，也不怕疲劳，这是我们学校的一个教授在做科普报告时讲的。他专搞大飞机制造工程，现在我们的技术，最先进的技术，跟美国的差距还是很大。美国现在，飞机都有生产线。什么叫生产线？飞机装的时候，有流水线，到哪个站位，装什么零件，到哪个站位，装发动机，一天一架飞机。好家伙，那不是一般的流水线，是飞机流水线哪。

胡：那这样的流水线一定很大，那厂房也一定很大。

徐：那当然很大。天津的A320我也参观过，四架飞机在里头，算不错的，四架同时装配。出去就是试飞的。

胡：欧洲的A320还没有用流水线？

徐：还没有。就美国有，波音737。像我们天津引进的是装配生产线，都不是流水线。

胡：现在505是在做大飞机这块，还是歼击机也还在做？

徐：都在做，都有任务。现在航空航天都有任务。航天我们主要搞生命保障系统，宇航服啊，头盔啊，手套啊这些。有个507所，叫航天医学工程研究所，就是杨立伟他们做的这个，主要以他们为主，我们跟他们合作，他们分点任务给我们。

胡：后来您在科技开发部，这个部门主要是做什么？

徐：主要是搞成果推广，首先要掌握、了解全校的科技成果。一系，有哪几个，我们有什么科技成果，外边来的可以跟我们签合同。我们有哪些好的成果，都编成技术合作项目汇编，去推广啊，去发布新闻呀。我在那儿待了四年，1996 年横向合同额有 1800 万元，不容易呀！现在呀，都上亿了，我们全校的项目总经费大概达到 18 个亿。

胡：这 18 个亿是合同金额吗？

徐：对，是我们最后签订合同时的总金额。那时候叫科研处，现在叫科学技术研究院，现在由唐文忠负责，他当过科技开发部主任。我走了以后，是由张竹筠接替。张竹筠后面是唐文忠。他现在纵向、横向都在管，包括科技成果的推广，包括专利，国际国内的。

胡：您在那儿的时候，比如说咱们获得的科技成果，真正能达到签合同的比例有多少？比如有 100 项，最后能签多少项？还是都能签？

徐：那不一定。你的成果如果是很好的，那要的人很多。如果你这个成果还不够产业化，人家看了也不一定要。

胡：这个能签的比例大致是多少？

徐：能签的比例不是很多。有些已经产业化了，有些还不成熟，你还要去开发。有的要跟工厂合作起来开发，有的是我们帮你开发，有的我来给你做市场。比如我们有包装箱的生产线，我们有图纸，可以转让技术，要签合同。硬质合金刀片表面强度不够，我们可以进行涂层强化。我们还有废轮胎的回收，用冷冻技术，对轮胎进行粉碎。这些技术都可以转让。

二、冯如杯科技竞赛与全国航模竞赛

胡：像冯如杯，您当评委这么多年，您觉得它的发展是一个什么样的趋势？

徐：冯如杯实际上是搭建了一个平台，把学生中一些创新的意识、创新的东西，通过这个平台，来展示出来。你光有一个创新的思想还不行，你必须要做出来。你做的要是航模，航模飞机必须得能飞，如果飞不起来，我们就不给你评。说得挺好，做出来不行，飞不上去，那说明你这个东西还不行。我们必须这样要求。航模必须要飞上去，机器人也一样，你必须要做出来，而且还能动作，如果说你来不及给我看，那必须提供视频。

我现在还兼着全国航空航天模型锦标赛的评委，是国家体委航管中心的，每年举行一次，全国性的，以大学为主，不是一般的比赛，是科研类的。这种飞机是外面买不着的，我给你一个任务，自己去设计制造，制造出来以后，统一来比赛。比如说，每架飞机的重量不能超过 3 公斤，飞机上装有水袋。飞机飞到一定高度的给定区域，把水袋给扔下来。地上画好了圈，是不是扔准了。一个是准确度，一个是带着重量。你轻，飞得快，重呢，也能飞上去，但是慢，总之你自己考虑去。你怎么飞，我不管，算你总成绩。在给定时间内，根据载重量和投放准确度来计算总成绩。北航连续多少年得第一名，不容易呀。

冯如杯也是。冯如杯是把概念性的东西，想了以后，我能不能想办法做出来。有的做出来不一定都很复杂，但要有创新。比如，有一个喷水装置，样子很简单。一般喷水喷出来是圆的，它喷出来的是方的。像这种，在学生里边，花的时间不多，但是有创新意识。其他像机器人、机器鱼，爬墙的机器人，可以擦窗子的。年年都是好多项，加上其他项目，我们机械组每年都有上百项，都评不过来。一等奖的，学校有鼓励政策。凡是一等奖的，免试推荐研究生。我们今年各组推荐上来的有 18 项，最后要评上 14 项，要再淘汰 4 项。所有的评委参加他们的答辩，然后进行无记名投票。你认为是第一名，还是第几名，大家排个次序，分数最少的，第一。我参加冯如杯评审，是从 1996 年到现在，已经有 16 年了。

胡：刚才您说那个航模，速度与重量的综合，为什么要用这样一个项目，或者是这样一种指标，来测试学生的能力？

徐：航空载重比赛是一点点发展过来的。最初是载重，开始是 5 千克的飞机，要能载重还得能起飞降落。最多能载 27 千克，27 千克哪！

飞起来了！做这么大的飞机，机翼有多长，运输很困难哪。我们北航10多年都没有参加全国航模比赛了。那次在大同比赛。西工大（西北工业大学）实力比较强，我们与西工大竞争很激烈。我们的载重铁板都挂在外面，一看就知道，三块有多重，四块有多重。最后一次比赛我们先飞，他们后飞，如果他们知道了我们的载重量之后，他们稍微多加一点，一拼命，我们就比下去了。晚上我们商量，往机身里面想办法装铅块，外面看不出来。他们加的载重量比我们外边加的多了0.5千克，可是我们在机身里还装了1.5千克。实际载重量我们北航多了1千克，他们输了。

北航得了第一，西工大第二，后来其他的院校比不过呀，参加的院校不多，达不到比赛的目的。国家体委航管中心说这样不行，应该让更多的人参加。一是把飞机的重量缩小，二是增加单项评比。有的学校可能在总体上拿不到第一名，得不到名次，但是在动力装置、起飞装置、结构设计、气动布局方面，就有可能评上奖。每一项都有第一名、第二名、第三名，一下子这个奖项很多了。过去是，好不容易学校资助本校的航模队来参加比赛，结果什么名次也没有得到。他们回去后不好交待。学校当校长的，一看报账，我给你的钱，啥也没有。现在我气动布局第一名，还发奖金给学生。一下子，参加的学校就多了。原来十个学校都不到，后来二十几个，现在三十几个，好家伙，越来越多。这就是这几年的变化，跟政策的导向很有关系。让学生展现自己的才能，我在这方面有差距，但我在那方面也许就行。

还有呢，不能让你这几个航空院校的老大哥，都得到第一啊？有些项目，你不能参加。一公斤的电动，相对容易点的，你不能参加，你参加又得第一了，人家就没有了。其他一些小的大学，还有清华呀，清华原来没有航空学院，当然它现在成立了航空学院，还有哈尔滨工程大学，哈尔滨工业大学也来了。除了南航、北航、西工大，其他好多学校都来了。浙江大学啦，上海交大啦，都来参加了。现在越搞越好，这就是政策导向对头了。

从今年开始，在山东莱芜那个基地，太阳能飞机比赛。我们有个同学，他爸爸在太阳能研究所工作，全国所有参加太阳能飞机比赛的，他免费提供太阳能电池板，鼓励大家来做，北航做得很漂亮。不用任何其他辅助能源，只靠太阳能，就可以飞起来。有的还不行，还要牵引呀，要拉上去。这就又不一样了，这就是导向。今年阴天太阳不好，就都飞得不好。

胡：比如说，冯如杯前几届做出来的东西，后面的学生再要做……

徐：可以，你在前面的基础上有改进就可以。

胡：如果他完全不知道，要从头做呢？

徐：好多是一届一届。当时，我要求五系，说你们应该有继承性。今年没做成的，明年我们再来做。

胡：这可能还没有形成特别规范的那种。现在航模发动机是不是统一的？

徐：统一。都选用统一的发动机，都有规定。容积规定了，其他的你可以在这上面改一改，但不能超出这个范围。所以这里边，动脑筋的地方不少。有个学生叫王耀坤，他做的航模得过冯如杯的一等奖，做得很好，免试推荐研究生，一年就直读博士生。现在他带队了，带同学去参加比赛了。一般选冯如杯中最好的，到挑战杯去参赛，两年一次，挑战杯竞争也很激烈。

五系学生提出的项目，一般五系团委要组织教师先审一审，把把关，我都参加了。提出哪些项目可以做，哪些不行，哪些方案还要改进。如果方案不行，就别花时间去做了；人家已经有了，没创新性，也不要做了。你再重复做干吗？有的在外边已经有成品了，像扑翼式小鸟，做得非常好，10 元钱一个。我们也会告诉他，别着急，你应该往哪个方向去努力。通过冯如杯这个平台，可以培养同学的创新意识，动手能力和团队精神。

胡：挑战杯选拔是在冯如杯的基础上选拔，还是重新再做？

徐：它是这样，一般在冯如杯基础上进行选拔。当然有的项目在冯如杯没得奖，但是项目很好，团委资助了以后，可以搞出来，也可以推荐参加挑战杯。

胡：挑战杯好像就是在哪个学校办，哪个学校拿挑战杯。

徐：也不一定。我们航院是每年都得到优胜杯，得了 10 多个了，我们学校也得了一个挑战杯嘛。

胡：那还是跟清华并列的。

徐：并列。一个是在我们这里搞，花的力气确实大，总在想办法搞得好一点，一个是清华也搞得不错。

三、我现在还在忙

胡：您现在还忙些什么?

徐：我现在除了在飞行学院上课以外，还在五系教学督导组工作，比较忙。我准备下半年不参加教学督导组工作了。另外，我还有社会工作，担任北航老教授协会，老科技工作者协会，老教育工作者协会（简称三老协会）的常务副会长的工作。

胡：听说你还能开汽车。

徐：我是在 1997 年去学开车的，拿到驾照。拿驾照的时候，差四个月 60 岁。60 岁以后不让学开车啦。现在放宽到 70 岁了。那时候想，先拿到驾照再说，对不对呀?跟校医院的一个牙科大夫，还有几个人一起去的。我开车一直没停过，开捷达，自动档。

胡：那该换车啦，换个好点儿的。

徐：不换啦。为什么呢?平时不开，但是需要买东西，比如说我要到欧尚去了，我要到家乐福去了，那开车就能去了。开过三次到上海，跟儿子一起开，每人两个小时一轮换，十几个小时到上海。那个时候中午犯困怎么办?我搞高空设备，好办。买个氧气瓶，可以连续吸十几个小时。我说，我先试试，我吸。我先吸半个小时。脑子困是缺氧，现在不缺氧了，不用了，咱们就连续进行。你开半个小时，然后我来开。完了你再吸点，窗户开一点，氧气多了炸了可不行啊，开开窗，不让它浓度增加，这点咱们知道。你能开车吗？

胡：我一直没学，总觉得开车比较累，交通安全压力大，不想学。

徐：现在我开车已经是一种乐趣了，你要叫车怎么走，怎么弄啊，当然人家碰我我不管，但是我已经很自如了，不会碰到人家。这个自动档当然就更好开了，原来手动档我也开得好的。另外一个，我每天打乒乓球。这眼睛整天在这儿转，反应很快。乒乓球你想多快吧，乒乒，乓乓，拼命打，对吧？有关系。可以锻炼我的快速反应。我想争取开到80岁，还有五年，能不能开？每年去检查一下身体。

胡：没有问题。美国人有的90岁都能开。

徐：每年开汽车做体检，有两个项目：一是视力，至少要达到1.0。二是看看你有没有色盲。如果都行，通过了，盖个章，又可以开一年汽车了。

胡：等回来再说吧，我也考虑一下，学个车。

徐：学，学一下跟不学就不一样，至少能解决一些问题。你要到学校来，或者你要到哪里去，老两口，你要依靠儿子女儿，靠不住的。他事情忙得很，礼拜六、礼拜天，说爸，我带你到哪里去，你得等他，看他的时间。你没有车，自己打的当然可以，但是总是有点不那么方便。我现在，你啥也不用管，我女儿现在租了房子，我说不定还要过去帮她忙。什么下雪天，送孩子，我来吧，我车子慢慢开过去，没问题呀。

人民选我当代表，我当代表为人民

——赵典军老师访谈录

采访时间：2010 年 7 月 6 日下午

采访地点：北航图书馆西配楼 315 室

被采访者：赵典军（以下简称赵）

采　访　者：胡懋仁（以下简称胡）

[访谈者按] 赵老师和我同为北京一〇一中学校友。只不过赵老师在一〇一中读了六年，我只读了初中三年，而且赵老师比我要大十多岁，所以对一〇一中母校的感受我肯定不如他。赵老师作为北京航空航天大学离退休处党委委员，也经常跟我们这些退休支部的支部书记一起开会，一起外出调研，这样就有了更多的接触。赵老师说话直爽，采访他感觉非常过瘾。他什么都想说，什么也都敢说，这是采访者最满意的采访对象。由于赵老师这种直爽的性格，我觉得在他身上还有一种纯朴的甚至像孩子那样的率真，这一点我自愧不如。

赵老师是一个很爽快的人，说话直来直去。他做人民代表时也是有什么就说什么，从来没有什么顾忌。作为多年的北京市海淀区人大代表，赵老师是尽职尽责的，这在北航的选民中也是有口皆碑的。他提到的“海淀人大现象”，主要是要求北京市政府的主要领导在区县一级召开人民代表大会时，要到基层人民代表大会来听取意见。这一做法在海淀区人民代表大会上曾经坚持多年，但后来海淀区人大代表换届后，这种做法则有所退缩。这个问题确实是值得关注与研究的。

赵典军老师简历（自述）：赵典军，男，1938 年 10 月生于河北省献县南皇亲庄，1961 年加入中国共产党。1948 年 4 月起先后入华北军区的干部子弟学校太原育英学校（初小）、天津红光学校（初小）、北京八一学校（高小）、北京一〇一中学学习。1959 年考入北京航空学院（现北京航空航天大学），1965 年毕业留校工作，任自动控制系副教授，硕士生导师。曾获全国科学大会奖，航空基础科学基金奖，是全国著名磁粉离合器技术专家。从 1984 年至 2006 年五次担任北京市海淀区人民代表。现任中共北航第十五次党代会代表，中共北航离退休教职工党委委员。热心社会活动，担任民间组织——中国毛泽东研究院副院长，中国解放区文学研究会副会长，红色历程研究会常务副会长等职。

一、大学毕业不久就赶上了“文革”

赵：我是 1959 年北京一〇一中学高三毕业的。毕业以前，报志愿的时候，不是征求报什么志愿吗？有相当多的同学想考哈军工[①]，因为一〇一中高干子弟相当多，像我们班高干子弟都是成群的。但是，我们班以后当官当得最大的却是刘淇。他原名叫刘绍琪，因为与刘少奇谐音，我们给他起了“委员长”的外号。他不属于高干子弟，应该属于高级知识分子子弟这一类。我们那一届少将一类的也出了不少啊，他们当时都是想考哈军工的。我呢，当初想考北京工业学院[②]，主要原因是我征求我父亲意见的时候，他说，你就考北京工业学院吧，那是搞半导体的，跟军工有关系，因为我父亲是部队的。但是在填志愿之前，北航自控系一个姓张的同学到一〇一中去了，像做招生宣传似的。去了以后，就说，考京工挺好，要不你考航空学院吧，航空如何如何。我一

① 哈军工，即哈尔滨军事工程学院。1966 年学校主体被迁往长沙，曾被改名为长沙工学院，现为国防科技大学。哈军工的部分院系分别被并入哈尔滨工程大学、西北工业大学、南京理工大学等高校。

② 北京工业学院，简称京工。其前身为延安自然科学院，“文革”前与北京航空学院同属当时的国防科技工业委员会领导。后更名为北京理工大学。

看，是小学时候二年级的同学呀，初中也是同学，高中也是同学，正好他比我高一个年级，他是1958年毕业的，他回来就拉同学来考北航。我想，有熟悉的同学，老校友，小学是同学，中学、高中也是同学，多好呀。所以后来一改，改成考北京航空学院了。航空也挺好的，是不是？航模呀，挺吸引人的。基本上我们是半"保送"上来的。这原因是什么呢？在毕业以前，学校里把我们一部分同学，主要是一些干部子弟叫到一起，说这几个学校，你们可以报。其中有哈军工，有北航，有北京工业学院。这三个学校我记着了，其他还有一些，但是没有清华、北大。因为那时候，我们是看不上清华、北大的，他们别人能考到清华、北大，他们愿意考就考去吧。我们那时的同学最希望的是考保密学校，所以我到北航基本上是半保送来的。

等到了学校以后，我们自控系招了十二个班，包括后来导弹自动控制、飞机自动控制，一共十二个班，分了前大班和后大班，每个大班是六个班。我当我们小班的班长，又当我们前大班的班长。可能是学习成绩考得还不错，政治上没什么说的。吴守伦[①]说我是刘淇的"领导"。我说我什么时候当刘淇的"领导"了？他说你不是中学时你们班的支部书记吗？我说对对对，我是当过团支部书记的。他说刘淇不是你们班的班员吗？他当时是不是团员我不清楚，可能是，他要是团员肯定是我的部下。我来北航以后就当了小班的班长，又兼大班的班长。从大二开始，就半脱产工作，就当系学生会主席。一直两三年的时间就当这个系学生会主席的工作。我是1959年入学的，等到毕业的时候，跟1960年入学的一块毕业，蹲了一级。1960年入学的这批人，临毕业以前，我们去参加河北隆化的"四清"，那是最艰苦的"四清"。在董存瑞炸碉堡的那个隆化。从1964年的10月份，一直到1965年的7月份，差不多大半年的时间。"四清"完了以后，7月份该毕业了，当时北航的老

① 吴守伦，北航教师，先后于1981年1月至2013年1月担任北京市海淀区人大代表和北京市人大代表。

院长沈元说，没搞毕业设计，不能算毕业。哈工大的，没搞毕业设计，就毕业了。我们搞毕业设计，全体毕业生分工，分析无人驾驶飞机。那几年打下14架美国的无人机，都运到北航来，我们就分析这些个飞机。从它的材料、结构、线路原理分工来分析。做完毕业设计以后，12月才毕业。

在学校里，原来评优秀、评三好生，每个班都有人能评上。后来改变方针了，说是不评那么多了。以后学校里就评两三个，各个系里评两三个。我们二系是大系，我们评了三个优秀生。一个是1958年入学的同学，一个是我，还有一个是1961年入学的同学。我当学生的时代，是先进的人物，学习不错，政治上一直走在前面，很受重用，留校可能也考虑到这些因素。等到“文化大革命”受批判的时候，我成了“修字头”①“保字头”的典型人物，就另当别论了。

留校以后，对我影响最大的，实际上还是“文化大革命”。在这种环境里，本来想在毕业后给国家做出点事，但是在十年内乱的时间里头，耽误了很多宝贵时光。开头是人家批判我们，因为我是“保守派”的嘛。俞融生（后改名为俞唐生）你知道吗？俞融生是我们系的党总支副书记，是我们老二系的，他后来当校办主任，再后来去了华侨委员会。

胡：我来的时候，他可能已经不在这儿了。

赵：俞融生，我们私人关系不错。我想毕业以后，在家好好歇一会儿呢。好容易毕业了，有点闲工夫，他打电话把我叫回来上班。1966年初，宣传焦裕禄，有很多学生工作要做，还有好多学生入党，要政治审查。在学生参加“四清”后，发展了一些党员，要材料审查，办手续。老俞把我叫回来以后，帮助做这些工作。所以实际上我也没休息多

① “修字头”，是指所谓修正主义苗子，是“文革”中对“文革”前单位和学校比较重视或重用的青年人的一种蔑称。后面的“保字头”，是指所谓“保皇派”或者“保守派”，是与所谓“造反派”相对立的说法。但在基层单位里，相互对立的群众组织一般都称对方为“老保”，而自称“革命造反派”。

长时间，就给“抓”回来了，做这些事。做完了这些事后，就到天水去建设“三线”①。毛主席不是说，“三线”没建设好，睡不好觉吗？我就到天水去，建设北航的“三线”基地。一共去了十几个毕业生，我分管砖瓦灰砂石。“三线”还没建设完，1966 年 3 月 8 日，邢台地震，周总理到那儿去做地震灾民的工作。它这一震，把天水那个“三线”建设给停了。据说是不能在有地震的地方建设三线单位。正好我们天水那地方是陇西大地震的旧震址。我们要“靠山、隐蔽、分散”，而北航的“三线”地址正是个滑坡的地方，那地方要建了分院以后，就够呛了。我们了解到，离我们那儿不远的地方，在陇西大地震的时候，一个村子都给埋在那儿。所以就停了那边的工作。

停了没多长时间，6 月份，“文化大革命”开始，就撤了那个点儿，人员就撤回来了。在“文化大革命”中间，我觉得我们的时间浪费了不少。本来是有些教学的热情，科技创新的一些思路，有好些思想，特别是我们分析了无人驾驶飞机以后，知道了美国的无人驾驶飞机，它先进在什么地方，在哪些方面我们有差距，我们又怎么样赶上它，都有好多想法。在这种情况下来看，耽误的时间太长了。“斗批改”，批了半天就那么多问题，结果批来批去，先是人家批判我们，造反派批我们，我是群众组织的头头。“北航红旗”知道吧？

胡：知道。

赵：“北航红旗”是以韩爱晶、井冈山为首的群众组织。和它对立面有三个组织，最主要的组织是“北航红卫兵”。还有一个“北航赤卫队”，还有一个组织叫“东方红”。“北航红卫兵”是以一批高干子弟为主的。等到了 1966 年 9 月份、10 月份的时候，一批判“资产阶级反动路线”，这帮高干子弟都跑掉了。我们的出身、成分都挺好，而且踏踏实实很肯干，在学生中间有一定的威信，又没有任何高干的背景，把

① 所谓三线，是按我国地理区域划分的。三线是指云、贵、川、陕、甘、宁、青、豫西、晋西、鄂西、湘西等 11 个省区。1964 年至 1980 年，进行了一场以战备为指导思想的大规模国防、科技、工业和交通基本设施建设，史称三线建设。

"北航红卫兵"组织交给了我们。普通的干部子弟这么一批人，和一批工农子弟。结果我就当了"北航红卫兵"临时总部的负责人。周总理多次接见这些"造反派"，"中央文革"也接见，结果没人接见我们保守派，大家就请愿要求。结果有两次我们派别人排队请愿，但接见会是让我参加的。1966 年 10 月 24 日，周总理在中南海的紫光阁，接见过一次"保守派"的领导人。那是反映情况的会，我代表"北航红卫兵"去参加，向总理汇报。还有一次是 1966 年的 11 月 8 号，周总理又把"北航红卫兵""北航红旗"的，以及各个学校、主要学校的两派组织，包括清华他们"团派"和"414"的，也都请去了。然后一块商量，看能不能让国务院门口，中南海西门，能不能给打开，让那些部长有点自由来上班，别光扣着部长。一块儿商量，我们没扣着部长，是他们"造反派"堵着门呢。周总理接见会，我参加了。而且那次会的传单，还是我写出来的。头一次 10 月 24 日的传单是别人整理的。我参加 10 月 24 日的会以后，回到学校，对我们组织，"红卫兵"的，对"红旗"的，还有"东方红"的，我们请对立面组织的人参加，传达周总理讲话的精神。还没传达完呢，外边就刷上大字报了，赵典军三个字就打上叉了，打个大叉，大标语就刷出去。当时真的是派性十足。

这些政治上的起伏波动，影响你的工作。你想搞教学，根本不可能。你想搞科研，有设想，也根本不可能。同学的思想开头是冲啊杀呀，后来一说"复课闹革命"的时候，才想起来找老师了。同学们想，还是找个老师学点知识有用。除了在职的老师以外，我们这些刚工作的，也成了争夺的对象。这时也不分是不是对立面派别的了。原来他们都以为我是学生呢，后来发现赵典军刚毕业，样子像学生，思想感觉像学生，但实际上是老师。有几个学生来找我，要一块儿从基础课，从基本的东西学习。一直到"文化大革命"结束以后，他们毕业后好长时间，有的学生见了面还说，赵老师，我们当时学的那些东西还真有用。你想他们都没学多少专业课就"毕业"了。在"文化大革命"中间，我带着那帮学生从电机呀，电器呀，电源呀，这些基本的东西，从产品开始，倒着学。先学电磁感应定律呀，倒着往回学。从实物方面来倒着学，还有用。对以后自学还挺起作用的，挺好的。但毕竟十年的时间，给浪费过去了，有这个因素。“文革”以后，教研室的人，包括周围的一些人，都有些派性的残余，甚至现在到下边的一些单位里边去，都能看得到谁是哪一派的，谁是哪一派的，互相之间也不怎么得劲。

“文革”后期，也算是比较正规了一点以后，我本身受影响是比较大的。是什么？本来我们想做点事，结果就是因为“文革”的问题，你什么也干不成。开头是“北航红旗”当权，包括我一个，孔令华一个，还有一个贺兴洲。把我们三个人，和“北航红卫兵八一纵队”的一批人，“八一纵队”是反“中央文革”的干将。他们写了“一问”“二问”“三问”“四问”的，问“中央文革”，是朝着“中央文革”去的那些人，加上我们这三个头头，放在一个集训班里，当时也不叫学习班。每天都去那儿上班、报到，做检查，被作为特殊人物看待。等到回到教研室以后，人家别的老师是革命群众，我不是革命群众，是入“另册”的。到了 1968 年“清理阶级队伍”的时候，我是“清理对象”。我是我们老二系，就是自动控制系劳改队的队长，管理那些因为各种各样的问题被教研室清理的对象。“北航红旗”的系头头说，你们别在教研室待着了，平常在二系楼集合，集合以后学习《毛主席语录》，学完了以后去劳动。找人领队呀，让我领队，我当队长。我还挺有成就感的，因为我领队的那些人，虽然都是“清理对象”，都是“问题”比较大的人，但是我领的这些人中间，没有一个死的，没有一个跳楼自杀的。反而不是我们劳改队的人，我们教研室的，跳楼了一个。还有“三结合”到我们系革委会的一个人，他也跳楼了。我们系死了两个，都不是我们劳改队的。我们劳改队的都全勤，没出事。我经常对那些“劳改”的教师说，正确对待自己，正确对待组织，相信群众，相信党。我自认为做的这个工作，做得还可以。另外对几个女的“劳改”对象，还比较照顾，比较关照。老国民党，老的那帮人，好好检查就行了。反正就是过去的问题，等着处理就行了。所以我们那个队里人还比较全，还没出事。但毕竟那么多的时间都浪费过去了，太可惜了。

以前我做学生的时候，都是当干部的。但是“文革”以后，再安排我工作的时候，教研室的领导，系里的领导，哪级领导我都没干过，没当过任何干部，最多当过党小组长。在干校里当党小组长。其他的，他们让我当教研室副主任，当实验室主任，我说我都不习惯于当领导了，习惯于被领导了，一直到现在。

二、参加区人大代表选举的经历

赵：1980 年，海淀区人大代表换届选举，本来在北航教工选区有两个代表的名额，三个代表候选人。头一轮提名候选人，吴守伦第一，我第二。第二轮，吴守伦第一，我第二。应该是没问题了，因为三个候选人嘛，没问题了。结果第三轮的时候，我出差走了，等回来以后，位于前三位的三个候选人里，却没有赵典军了。对，你哪年来北航的？

胡：我是 1984 年读研究生来的。

赵：你 1984 年读研究生，那我 1984 年正好当选。比你来的时候更早一点，1980 年的时候，更热闹。

胡：1980 年我在上大学的时候，我们那儿也有竞选。我在北京师范学院，现在叫首都师范大学。

赵：你在首都师大，那儿也有竞选吗？

胡：有。刘源、蒋效愚、张中天，都是学生代表。1980 年主要是他们仨竞选。

赵：1980 年的竞选，据传“竞选风”从湖南来的。听说湖南一个高等院校，一个美国的外教，看上了中国的一个男的。结果她鼓励中国的这个男的参加竞选，一竞选了还真有效，他们学校禁止这个人参加选举。结果群众就游行啊，示威呀，反对呀等等那些。一下子把那风传到北京来了。北京的个别高等院校就竞选、折腾。北航呢，当时负责选举的人士布置，三名代表要选一个教师，选一个学生，再选一个干部。他要选的学生，是徐枞巍[1]，徐枞巍知道吧？徐枞巍那个时候是学生，要选他。他要选的干部呢，是俞融生，就是我跟你说的老俞头啊，俞融生（俞唐生）。后来他是当校办主任。他原来是我们系的。他要选的教师呢，没点名是谁。但是推选的五个候选人里，只有吴守伦一个人是教师。五个候选人哪，两个学生，两个干部，一个教师。就这么个布局，五个正式候选人：徐玉柱是干部，爱提意见的，人家校领导要选俞融生；学生中间要选徐枞巍，另外一个姓秦的同学，也要竞选，就是这个意思；就吴守伦没有教师跟他竞争。结果半道上杀出个赵典军来。我本来也没打算参加什么选举，在酝酿候选人的时候我都出差了。出差回来后，系里有个担任领导职务的老师对我说，老赵，你那班学生对你真好。我说怎么对我真好？她说，你都出差走了，人家说提候选人的时候，你那个班里同学说，我们 1980 年的刚入学，不认识什么人。我们就觉得我们赵老师挺好的，我那时当班主任，学生说，就推荐我们赵老师吧。就有好些同学推荐赵老师担任代表。所以我是第一榜大名单海选里提名的候选人。我听了觉得挺不错，挺好，说说笑笑就过去了。就没当回事。结果正好那段时间有一位领导的儿子走后门到六系，这事在教工中议论纷纷。后来无人机所的人找我，说老赵，你认识的人多，认识的干部子弟也多，能不能想办法向中央反映反映。我说反映什么呀？他说，哪有这么走后门的？我说行吧，我想办法把这个意见提一提吧。我就利用这个机会，写了点东西。怎么个意思呢？我写的东西的开头是这样写的，下午选举，中午"竞选"，挂引号，"不求选票多少，但表赤心一片"。就是这个词吧。凡是同意下列主张的，请投赵某人一票。开头写成了大字的，后面用复写的办法写成小字的。写出来，1980 年 12 月 10 日中午 12 点多的时候，就贴出来了。下午一点半投票，中午饭的时候，我也没回家，写完了就贴出来，贴了几个地方。在这以前，俞融生，1980 年 12 月 9 日下午，找我谈了一下午话。他们采取那种推磨的

① 徐枞巍，1978 年入学的北航学生，后担任过北航副校长，时任合肥工业大学校长。

办法，让我没时间，没“作案”的时间。他下班时，跟我爱人说，带赵典军回去。家里老娘那么大岁数了，还折腾什么劲儿，回去吧，别折腾了啊。

第二天早上，1980 年 12 月 10 日选举日当天上午，八点钟刚一上班，我们系有领导就把我叫到他那儿去谈话，一直谈到十点钟。下午一点半就开始选举了，我这儿还没动静呢。他们知道我要写东西，他们以为谈到十点钟，我就没时间写了。结果从他那儿出来以后，我就在实验室里写起来，到了中午都没回家。就在外面贴了出来，我觉得清华的两个主张挺对，“从我做起，从现在做起”。这两个是对的，现在不是还有人提吗？我说，还应该加两条，一个是“从干部做起”，还有一个“从中央做起”。那就是说，从中央的干部，现在从自个儿做起。四条：从现在做起，从我做起，从中央做起，从干部自我做起，就是这个意思。我就在“竞选”的材料上举例指出，某某领导儿子走后门，到这儿来。又某某领导的儿子，从这儿走后门毕业了，还给发了毕业证书。又某某领导的女儿走后门到我们系去了。这些事，都是违反中央规定的。正好陆定一，那时候还正抓这个事，应该按照《党章》《准则》办事，不应该走后门，搞不正之风。我在下午投票前写了这个材料，结果一下子，把个别院领导惹火了。他们公开干预选举，说我说的观点是错误的。然后通报，做了半个月的工作。到 12 月 24 日，第二次选举。第一次选举就是吴守伦一个人过了半数了。结果干部代表没选出来，学生代表也没选出来。第二次呢，从原来的四个候选人，落选的候选人当中选了三个当正式的候选人，当然没有赵典军了。那赵典军第一次选举得了 1080 张选票，把他们的选票分了不少，结果俞融生他们都没过半数。徐枞巍他们也没过半数。老百姓说，他们恨赵典军恨得咬牙切齿。本来选举完了以后，北航小报都留下地方了，准备登出庆祝选举完全胜利，稿子都弄好了。都准备登报了，结果让赵典军给轰跑了。

12 月 10 日当天晚上，保卫部的两位工作人员，以“选举委员会”工作人员的名义，到我家去，说“赵典军，你违反了中华人民共和国选举法第三十条”，如何如何，声讨我，说我违反法律。我说，你把法律拿来我看看，他们没拿法律去。我说你把它写下来，他们也没写，也写不下来。我拿一个录音机要把他们说的录下来，我找纸没找着，找着录音机了，是日本的那种砖头的录音机，正好开了两盒磁带就把他录下来了。一说录音，保卫部的那个老兄，说：“你搞间谍活动，你搞录音。”我说，“我记录一下。”他说：“我们领导跟你谈话，你怎么录音？”我说：“我记录一下。”他说：“我工作这么多年，没见过领导跟你谈话你还搞录音的。”我说：“那么多年，我也没见过录音机，现在有了，记录一下。”

结果他们一看不妙，其中一位狡猾狡猾的，不说话。一说话不就录下来了吗？结果另一位说话。说话就录下来了。录完了以后，他们就走了。据说他们走了以后，打电话找系里的书记，让书记管我。书记说，我家有孩子，孩子小呢，我不能离开家，不能出去。他不来。结果我把俞融生给叫来了。俞融生是校办主任。俞融生也狡猾狡猾的，听了一半录音，他走人了，他不掺和这件事。我拿着录音机，装上电池就去找系里的书记去。书记从头听到尾，听完不说话，就让我回去了。后来听别人反映，系里书记说，赵典军还不错，没想到他还挺稳重。我以为赵典军跟他们吵起来了，结果还能听他们说完了。还问他们，这是间谍活动吗？这是特务活动吗？问了三次，那个保卫部的，只能说不是间谍活动。这才算了结。

1980 年 12 月 24 日第二次投票选举的时候，北航院领导做了大量的工作，最后宣布选举结果，三个正式候选人，都没过半数，选举结束。有两个代表名额，没选出来。宣布“胜利结束”，结束了，不选了。不选了？老百姓不干了，说怎么回事？说我们还选别人呢。结果过了三天的时间，没办法，只好拿那个钢板、复写纸，印出那个“另选人”的得票数。一看，第一个就是赵典军，得了 6000 多张选票。票数都超过那三个正式候选人，都超过他们，得票第一。结果，差了 64 票还是差了 46 票，没过半数。选民对我说，你找他去，他们特意扒拉下来你的票。我说不找去不找去，找那玩意儿干啥。反正这样挺好，第一，提的那些意见，符合中央精神。第二，提的那些意见，符合事实。第三，提的那些意见，符合民心。他也不能整我，而且也没选上。一选上，我爱人挺有意见，你折腾这些闲事干啥？又得罪领导，还管闲事。本来管闲事就得罪人。现在你看，又没选上，又提了意见了，他想整也没整着。多好哇，挺好的，就拉倒了。

老百姓说，不对，有问题。他们浪费了两个代表名额，你们不再选了。要第三次选，我就是正式候选人啦，闭着眼睛我也能选上。这明摆着是怕我惹事，人家不选了。第七届海淀区人大，吴守伦，在北航，就他一个当上了代表。三个代表名额，浪费了两个。这就是那么回事。

等到1984年北京市海淀区第八次人民代表选举的时候，不知道因为什么，推呀推呀，推了半年，到4月份才选举。选完了以后，我一句话没说，就选上代表了。选上代表以后，老代表都知道，赵典军是“妇女代表”，这种说法是吴守伦告诉我的。我说：“怎么我是妇女代表？”人家说了，有关领导“做工作”，说一定要选个女的，或者选一个民主党派的，还要选什么人。一定要选个女的当代表才行呢。吴守伦跟我说，女选民对他说，“选一个女的，不替妇女说话，也不是妇女代表。选上赵典军，他替妇女说话，也是妇女代表。我们就选赵典军了”。结果把赵典军选上了。所以全海淀区的老代表，都知道赵典军是“妇女代表”。在以后，海淀区人大会议闭幕后照相时，区人大共10个代表团，分别照相。那时候还不是用数码相机，用有胶卷的相机。照完了还有剩余的胶卷，怎么办呢？说，来，男代表照一张，女代表再照一张。男代表照完了，我正在一边砍大山呢，该轮到女代表照相了。结果谢冰心的女儿吴青大姐，就揪着我的脖领子，一抓，说：“赵典军，过来，你不是妇女代表吗？”就把我“抓”到她们妇女代表那儿一块照相。以后我们活动，好多次活动，到外边去有什么活动，视察也好，参观也好，凡是照相的时候，男代表照完相，女代表照相时，经常有女代表把我揪过去跟她们一块照相。参加妇联的活动，也都有我。

三、海淀人大现象

赵：从 1980 年到现在，共进行了八次海淀区人大代表选举，我参加了八次选举，三次被刷下来。我当了五届海淀区的人民代表，就是从 1984 年开始到 2006 年。连续时间差不多有 20 年左右的时间。

在海淀区人大，我们做出一点成绩来，这辈子，我要是死了以后，如果有个墓碑的话，如果要写上几个字，那就写："人民代表赵典军"。从 1938 年到哪一年，生卒年月，就行了，就可以了。我们担任这个区的人民代表，确确实实是全心全意为人民服务的，基本思路是这么个思路。说实在的，因为从根上来说，我没出生时，我父亲就参加革命了。从小，从几岁，家里就有人"代耕"，靠村里人给种地，产点粮食。后来没饭吃，就跟着到部队上"随军"。1948 年 4 月，从 9 岁正式到部队的干部子弟学校学习。部队打下石家庄，就跟着到晋县，就是现在的晋州市。打下了太原以后，就跟着到了太原。打下天津，后来又转移到天津。在天津红光学校上完四年级。又转到北京八一学校，原来八一学校在中南海的旁边，就是府右街李阁老胡同那儿。以后我们又转到海淀那儿。以后就变成"海淀油子"了，这一辈子没出海淀。高小在海淀，中学在一〇一中，在海淀，大学在北航这儿了，也在海淀。以后担任了五届海淀区的人民代表大会代表，是吧？在这儿留校，学历非常简单。而且人也特别简单，只会说实话，不会说瞎话。

前几天，又跟组织部、跟人事处、跟保卫部，反正处理党代表的提案问题上打起了交道。我只给学生处答复的提案上的签了字，同意他们的处理意见。中共北航第十五次党代表大会，我是党员代表。大会决定实行任期制，实行提案制。我提了 14 个提案，在答复时，有的没有立案，有的让我签字，我没给签。我说："你不做任何的改变，没有任何一点进步，我能给你签字吗？"包括校长的秘书。他说："赵老师，我认识你。"我说："你认识我，你给我做点事。"我说我当党代表，党员、老百姓对我们寄予希望。人说赵代表，赵代表。我说我人民代表不让当了，抹下去了。他们说你不是党代表吗？我说对对对。党代会260多名党员代表，一共提了45份提案、提议，我写了14份，组织部给我打印出来了。有人还说呢：“赵老师，你怎么写这么多呀?”我认为老百姓提了好多意见，没地方提去，正好有这个机会，我不一块端出来，以后让你解决解决呗，能解决多少解决多少呗。但是有一样，14份意见你一份都没解决，那样你合适吗？我找党委副书记去了。我说副书记，我得跟你说说。我坐在那儿坐着，等着他。咱们离退休处的党委书记给挡驾，说一会儿副书记还有事。我说你有什么事？我就说三句话，三句话说完了他走人，我也不用他回答。我说第一个问题是提案问题，大家寄希望于提案制，党代表任期制，关键是你这个提案制能不能解决老百姓的问题。从我的14份提案来看，没有一份很认真、很合适地处理的。书记说，不是有一份学生处的签字了吗？我说学生处写的措施是北京市委布置的，要和老同志们结合。你们做了一些安排。安排那些是按照北京市做的，不是按照我们做的。我们按照“双关工程”希望你们补充一下，我才同意签字的，其他的我没给签。这么处理这个问题合适吗？第二个问题就是说关于前党委书记的案子的问题，你通报了半天，我们党代表，反而是从非党员那儿得到了传达。你们这样做合适吗？我跟副书记说，6月30日你开党代表的会，正好给传达传达。党代表得知道知道，要不然，你们在隐瞒什么东西呀？党代表都不知道这种情况。我们学校这个正书记出了事以后，怎么搞的我们普通人都不知道？这个像话吗？到底是处理轻了还是重了？重有重的理由，轻有轻的理由。大家反映是你们党委隐瞒了好多东西。不知道你们隐瞒了什么东西。你们要说明说明。第三句话是中学要开学了，“小升初”的问题，只管“儿子，不管孙子”，你们这样做合适吗？违反温家宝总理政府工作报告的精神。北京市说是“免费、就近入学”。你这可好，让我们学校的学生跑到马甸那儿去上学。这合适吗？你给解决解决这个问题。就这么着，说完话，我走人。不要求你回答。

胡：前书记是牵涉到什么案子？

赵：他不是基建方面的事，是科泰公司的事，是十几年二十年以前的案子了。现在这个案子有案中案、案后案，我们最关心的不是这个案子本身。因为他当权的时候，劳动服务公司不是安排“知青”吗？那些下乡回来以后的“知青”，安排这些人就业。认为有初中文化的，就可以把汉字按照编码规则给输入到计算机里头去。人家美国也需要你这个汉字信息处理呀。人家出了这个东西，让你把他编成软件，编成字码。这是需要大量劳动力的工作，挣的是美元。结果劳动服务公司办了这么一个公司。后来美国方面说我们相信你们能做这个工作。但是我们要求你们国家或者学校建立这么一个公司，我们不能相信私人建的这么一个公司。所以后来以学校的名义签的合同。以后能拿美元。那时候外汇很紧张，群众传说书记、校长他们出国的外汇都是从这里拿的。后来听说有人把这部分外汇转到香港去了一部分，他的大事主要是这件事情。结果抓着前书记、前总务长这批人了，问题是什么呢？据说是他们自己成立了几个公司，反正是我们这伙人干活，再另外成立几个公司。用那个公司承接单子把这个钱转到这几个公司。他们自个儿分了点钱。自个儿当老板，按股金、工资待遇什么的，分了这钱。这事的处理有人说轻了，有人说重了。

后来，我给司法部部长写信，说这些事，没人理我。像我们这些说实话的主儿，根本没人理，因为你没有别的背景。

所以我说，从研究课题上来看的话，这些政治性的因素，影响我们影响太多。我真的想在科研上搞点东西，也想在教学上搞点东西。不愿意管这些闲事。但是有一样，这些闲事它找到你头上来了，你能不管吗？伍绍祖[①]说了一句话，2003 年 11 月 23 日，在纪念一〇一中老校长王一知诞辰一百周年的时候，在一〇一中开座谈会，他说我们一〇一中的学生不适应社会，那意思是说，这社会上该说瞎话的说瞎话，该怎么

---

① 伍绍祖，北京一〇一中学校友，曾任国家体委主任，后调任中共中央直属机关工委副书记，2012 年 8 月去世。

着的怎么着，我们不会，只能说实话。就是不适应这个社会。我深深地感到，确实如此。只会说实话，只会说大实话。说完了以后，老得罪人。得罪了人，一切效果都不好。个人做出的牺牲很明显，不过也无所谓，有饭吃就不错了。遗憾的是，本来在教学，特别是在科研上能做也想做的事却做不成了。实际上对国家也是个损失。经常有人找我，嫌物价上涨快，退休金低。我告诉老同志们说，能喝上稀粥，吃上咸菜就感谢毛主席，感谢共产党了。咱也没有什么别的要求。别人看着我，特别是林业大学的一个代表，她说："赵代表，你最大的牺牲是你没提上正教授。"我说："咳，我把一路领导全都得罪光了，还能提什么教授不教授？能让你活着就不错了。"

实际上，你要真想搞科研，或者搞教学，应该尽量少一点这些政治的干扰。让这些人专心致志地做他喜欢做的那些工作多好！结果，我们现在陷在政治的旋涡里，拔不出来了，而且脱不开。我现在呢，思想上第一位考虑的是，应该把"海淀人大的现象"研究透。而且让"海淀人大现象"变成"北京人大现象"，变成一个"中国人大现象"。让海淀区的代表，北京市的代表，全国民选的这些代表，真正能代表老百姓，能起作用。这实际上是我最大的一个愿望。我今年 72 岁了，能起多少作用啊？就只能说总结总结这方面的情况。

你要是想对赵典军有点了解的话，还应该看一本书，你要能找着你就找着，你要找不着，我可以给你拿一本书来，叫作《海淀人大现象》。《海淀人大现象》里一共引了几个人的素材，其中有两个人都是北航的。一个是吴守伦，一个是赵典军。这本书是由海淀人大常委会和北京联合大学编的，联大有"海淀人大现象"调查研究的一个组。他们写的东西。我觉得基本上是比较客观的。当然也有它的倾向性，他们总的提法上，是认为"海淀人大现象"，就是海淀区的一部分人大代表，能够代表老百姓，直接向政府对话，提出意见、建议。针砭时弊吧，就是存在什么问题，不回避，直接提出问题，而且对人大的工作，对政府的工作，甚至对区委的工作，提出好多意见来，起到监督的作用。其中最主要的建议，一个是“北京新技术产业开发试验区”，是我们在 1984 年提出来的建议。正是因为成立了北京新技术产业开发试验区，而且通过了北京新技术产业开发试验区的条例，才形成了一个“特区”，才形成了以后的“中关村科技园区”。这个“北京新技术产业开发试验区”，相当于“中关村科技园区”的前身。“北京新技术产业开发试验区”，那是 1984 年，在好多代表提意见的基础上，肯定中关村电子一条街的基础上成立的。这个人大的推动力是相当大的，其中，吴守伦和我当代表的时候，我们自认为在中间起到很大的推动作用。

第二个情况就是说，“海淀人大现象”中间，海淀的人民代表，代表老百姓监督区政府，对海淀区人大的工作，提建议，监督，积极地发言，它有几个象征性的指标。那几个指标都是我们提建议才实施的。你比方说，“大会发言”，第一次大会发言的时候是在 1985 年。他们原来组织形式主义的大会发言，实际上找几个代表发言，把那时间占完了就完了。有这个程序就可以了。我们表示反对。1985 年的时候，我第一次找到 15 位代表提出来一份议案，也可能是海淀人大历史上第一份议案吧，没准还能找得着。要求大会讨论，保证海淀区人民代表正当的权益，就是发言权。就是人民代表代表人民讨论国家大事的权益问题。会议的组织者让先交发言稿，见到我的发言稿有他们不想让说的话，就会先安排几个人发言，把时间占光了，我们报名发言的人，没有发言的机会了。我们十五位代表提的议案，主席团没让大会讨论，但是实际上他们承认有问题。从那以后，海淀人大就开始按照代表团的顺序安排发言。发言限制时间，基本保证了大会发言正常进行。但是好多次，都规定由代表团指定代表，来代表其所在的代表团发言，等等。我基本上坚持说，谁报名，谁都可以发言，可以限制时间。

再一个就是，北京市的市领导参加海淀区的人大会议，听取代表的意见。这是我和吴守伦，我们强烈要求才定下来的。1987 年，先找国家教委的人参加会议，倾听海淀区高校代表的意见。以后逐渐过渡到由区委、区政府通知北京市的市长、副市长这些领导，让他们听取海淀区这些代表的意见。这个现象到最后没有坚持下来，主要是我们那几个代表给刷下来了以后，这个现象基本就过去了。刘淇他们当权以后，这个事就逐渐过去了。

再一个是，市代表要听取区代表的意见，接受区代表的监督。这都是我们建议的。还有一个建议，代表大会开会以前，各个职能部门设摊子，听取代表的意见和建议。要政府职能部门面对面地听取代表的意见和建议，这是在第十届代表大会上提的意见。正好这届我没参加。这也是一个进步，也是海淀人大现象中的一个现象。

最后在十三届代表大会上，我们提了一个建议，普通的海淀区人民代表应该参加或者列席旁听人大常委会的会议，来监督人大常委会委员的工作。我提出的这个建议，几个代表都支持。这是从十三届，一直到现在十四届，大概五六年的时间，一直坚持着这个做法。这对全国人大系统都是有影响的。但是相对来说，我们这一批海淀区人大代表，对全国的人大怎么样发挥作用，“海淀人大现象”是值得研究，值得发扬的。但是这个中间有一个反复，就是全国人大常委会党组，曾经发出一个九号文件，这个九号文件限制了全国人民代表，和地方各级人民代表发挥作用。它起的作用，起码从我接触的海淀区的人大代表，和北京市的人大代表，这两级代表的反映来看，认为全国人大常委会党组发出的九号文件，对促进、完善人民代表大会的作用，是起了负作用的，没起正作用。是不利于人大常委会的工作，不利于代表工作的。不知道这两年有什么改变没有。好像这两个也没什么大的改变。

每次海淀人大开会的时候，开会一般开四天到五天，每次开会的时候，虽然我现在不是代表了，但是开代表会以前，开会中间，还有会后，都有代表给我打电话，谈这个情况。总的来看，这两三年的情况，比以前有退步，没有什么太大的进步。所以说，恢复和发扬“海淀人大现象”，让人民代表能够代表老百姓，监督政府官员，按照人民的意愿办事，这是相当重要的一件工作。这件工作是保证中华人民共和国宪法的第一条，“中华人民共和国是由工人阶级领导的，以工农联盟为基础的，实行人民民主专政的社会主义国家。”这一条不变味。这条宪法还没改呢，也没人敢改这条。虽然共产党的领导没列入宪法的正式条文中间，但是在宪法的序言里，写入了共产党的领导。现在共产党里有那么多新生的资产阶级分子参加了以后，共产党中间有一部分人的声音是代表资产阶级的声音，这个声音越来越强，这是我们老党员，从延安和晋察冀边区来的老党员，改革开放以前入党的党员，听着觉得不顺耳。我们没有能力改变全党全国的大局，但是作为党员，应该表达自己的意见。

我在一次会议上见过一个北京市政协委员，是房地产商，张扬得很。按照马克思的基本学说，这些人，在经济上有些势力了以后，他肯定在政治上找他的代理人，要保护他自个儿的利益。资产阶级肯定找资产阶级的代表人物呗，要在上层建筑里发挥他的作用，为了他们的既得利益。肯定是如此。作为我们这一批人来看，起码我本人，72 岁了，活得也差不多了。人生七十古来稀嘛，如果有个什么黑社会，给颗黑枣暗杀什么的，也够本了。七十多岁了，还不够本？比那些个在孟良崮倒在战场上的，倒在长征路上的十七八岁的小战士，比他们占好大的便宜。我们活了七十多年，消耗了国家好多资财了。个人是占大便宜了。儿子没有吧，两个女儿还都在，家里孩子都活得好好的，都挺好的，比在长征中，在抗日战争、解放战争牺牲的小战士都强多了。我们算是剩下来的人，也算是享受革命胜利成果的人，也够本了。

四、我的一些基本观点

我的基本政治观点，第一个就是说，凡是称为“共产党”的，都应该按照《共产党宣言》的基本原则来办。《共产党宣言》虽然发表时间挺长的了，但也得研究研究它。我理解的话，最关键的是两条：一条是“全世界无产者联合起来”，这是《共产党宣言》里的最后一句话。现在是全世界的资产者尽量分化你，分化全世界的无产者，把你分成各个国家，然后令各个国家的工人阶级分裂。资产阶级维护自己的既得利益，这是他们的路线。“全世界无产者联合起来”，是工人阶级本身要维护自己利益的最关键的一个因素。它是最关键的战斗力的源泉所在。这是一条。

第二条，就是1883年，恩格斯在《共产党宣言》德文版序言里表达的那一段，原文你们能查得出来的，自从原始社会解体以来，那一段话，关键的因素是什么意思呢？那句话是怎么说来着？资产者剥削无产者，现在无产者必须要把资产者推翻。对吧？那无产者才能得到彻底的解放。共产党最核心的内容就是消灭资产者的剥削压迫，这个核心目标是不能改变的。虽然中间可能有些妥协，有个过程，讲究一些策略，这是允许的。有些联合，有些斗争，有些步骤，有最主要的敌人，有次要的敌人。理论上来讲，如果不消灭资产者的剥削，就别称为共产党。就这个意思。

第二个方面，我主张，凡是叫“中国共产党的”，就应该承认毛泽东思想的最核心的一些内容。你们教党史的，也教马列主义的，前面的马列主义是《共产党宣言》，我们是鲁班门前耍大斧子，你们的本专业是这样的。凡是叫中国共产党的，你应该按照毛泽东思想最核心的内容来坚持。如果不坚持毛泽东思想最核心的内容，特别是不坚持全心全意为人民服务，为中国人民服务，毛泽东思想最联系群众的一条，就是他给陕北葭县，给老百姓题词的那个内容，“站在最大多数劳动人民人一面”。要不坚持这个思想的话，那么你别叫“中国共产党”。

政治上谈得差不多了，不说别的了。我说中国的事受政治的干扰太厉害了。要是脱离开政治干扰的话，没准我们的科研上、科技上能做更多的一些事。在科研的问题上，我觉得社会上的腐败影响我们的科研成果出来，影响它的推广，太严重了。现实的例子很多哈，不说了。像我们这样，六七十岁，已经退休的人，可能还可以研究好多项目，有社会意义的，懂这意思吗？本来在你在岗的时候，有一定的精力，但是不给你经费，把你压下去了，根本你上不去的，搞不了这些东西。类似的这种情况很多。如果离退休以后，给一定的条件，你比方说，做一些是理论总结，写一点回忆录，搞一些科技设想，把它作为“非物质文化遗产”，你留下来，公费或者自费出点书，或者半自费出点书，也能对后边的人有点启发。没准后人对你的思路有兴趣，能起作用。

我体会最深的是，1997 年，我搬到五住宅这儿。现在叫 202 住宅这儿。这个住宅有个 208 室，是周士炎[①]住的地方。我搬这儿以前，可能是 1997 年，或者 1996 年的时候，周士炎教授去世了。他是北航搞动平衡的专家。原来在北航教学区二号楼东北角，还有一个机械学院的动平衡研究室。等到周士炎先生一去世，这个研究室就解散了，没有了。全都撤销了。动平衡的研究就灭绝了。他爱人蒋老师，是水利部的一个老专家。她就找我，说赵典军，你是搞电的，你看老周去世以后，有这么多资料，家里好多资料呀。你看有用的，你拿去吧。我说交给图书馆吧。我去联系图书馆，图书馆不要。我去联系机械学院的资料室，资料室不要。我向有关单位讲，找几个书架放起来，周老师是全国有名的专家，你把他的笔记，把他开会的文件，会议上的好多论文保存起来，以后研究生要用的时候，都可以查。那些资料份数是很少的。那些东西有的是绝版的，以后研究都可以用。还有好多花外汇收集的世界上的杂志，都挺有用的，那些东西。搞专业的人，你找都找不着。结果没人理。机械学院资料室也不要，图书馆也不管，结果他爱人蒋老师按一公斤几角钱卖给收破烂的了。

我有一个基本观点，我就觉得，那个印刷术，印那个杨柳青的年画，还有什么面具、傩舞，搞什么皮影，这些都是国家的非物质文化遗产，值得保护、保存、传承。可是我们的老专家，搜集那么多的国内外资料，本身是这个领域里的拔尖的专家，结果一蹬腿了以后，没人接续这个工作。全完了。这对国家也是个损失。对整个行业也是个损失。所

① 周士炎（1928—1996），浙江慈溪人。1949 年毕业于交通大学机械工程系。历任北京航空学院讲师、副教授、教授，中国仪器仪表学会试验机学会副理事长。在机械电子系统信号提取和分析处理方面有较深研究。设计并研制成功航空陀螺转子、气流纺纱转子、航空发动机转子动平衡机和窄带自动跟踪电测系统等。编有《模拟信号处理》《数字信号处理》等专著。

以我说，北航不重视历史，没有历史观。你不注意以前历史是什么样的，你的前人做了哪些工作，做到了什么程度，后边有人要接力，接着去做这方面的工作，没人管这个。几十年研究的技术灭绝了以后，这是国家的损失，不是个人的损失。个人当那个官，科研处处长照样干。没人理这个，就把这个历史给切断了。这样国家受的损失是很大的。

还有一个表现，我们教研室也有。我们是搞电的，搞飞机上强电的。发电、输配电，电网电力的控制，电力拖动，就是用电机带动各种各样的机构，都归我们。20世纪50年代，苏联专家援助北航建设的时候，都有专家组在我们教研室。现在像六系，像工艺，像二系信息，都是从我们教研室分出去的。我们一个教研室，分成好多个系，面挺宽的。但是，原来苏联专家带来的教材、计划、学生作业、样机等等，全都当破烂给卖了。那就没有历史了。文化革命以前的，各种各样会议的资料，各种各样的教材，各种各样存底的东西全都没了。我们经常听到，哪儿出来个伟人，到了法国，到了英国，能查出你毕业时的分数，甚至你考试的卷子，都能查得着。我们这儿一点资料都没有，全都给卖光了。连教研室的沿革，哪年叫什么名字，哪年有什么负责人，谁担任什么领导，有几个人，人事处的都不一定很全。就只知道活着的人，其他的死了的人就拉倒了。

教学上的档案，科研上的档案，政治生活上的档案，更甭提文艺上的档案，得过什么这个奖那个奖，一切档案工作，全都没有了。我们到莫斯科航空学院参观去，苏联解体以后，莫斯科航空学院他那个教室，比我们的还破，椅子都坏了，看人家那个房子虽然很破败，但毕竟人家瘦死的骆驼比马大。人家实验室有些档案材料，都很齐全。实验设备，虽然有的不一定太先进，但毕竟还都是有的。结果我们这儿，一朝天子一朝臣，换了一帮子人以后，什么历史都没有了。

最近可好，“一江春水向东流”，我们北航毕业的人现在不怎么留校了，有的工农兵学员就留那么几个，剩下的都是引进人才了。引进的西安交大的，反正他们那儿，“一江春水向东流”嘛，喜欢到北京这儿来，我们引进了不少人。清华的也有不少人。来了以后，外来高学历的人担任各级领导工作，对以前的历史，一点都不知道。而且反映到离退休工作上，也出现一个问题。他们这些基层的领导，对离退休的这些老人儿，都不认识。每年就是吃一顿饭，见一见。老人儿越来越少，他们那新人儿是越来越多。所以说，割断历史这个现象，就非常严重。历史的传统，好的传统，好的经验，也传不下去。现在就是，教研室的领导和教师都不认识，我们甚至在教研室搬到新主楼以后，教研室在哪儿，有的退休教师都不知道我还去过两次。我知道那个办公室，实验室更甭提了。哪些人待在哪儿，在哪个办公室，根本找不着人了。

我们成立了“关工委”①，说要关心青少年的成长，关心学生的成长，关心青年教师的成长，你想关心都关心不着，因为你不认识那些人，见不着那些人。所以说，这些情况差得太多了。基本上现在是单兵作战，现在办公大楼里的房子倒多了。一个人一摊子，基本都是单兵。真正集体的、联合作战的情况，就比较困难。现在出现这些问题，我们也管不了了。管那么多事干啥呀？本来就不是你该关心的事，你好好歇着去吧！你管闲事管得太多了！

我们现在比较关心的呢，前几年，正好一批新领导，他们刚来，还觉着“新官上任三把火”。他还没放完火呢，找机会给他们出点主意吧。还想让离退休的一些老家伙，为北航出点力，想成立一个老年航模队。起码我们离退休的，有好多全国航模冠军哪。一大批老冠军，打着牌子来，还有两下子哪。希望在航空航天新型号创新、全国青少年培养、招生宣传各方面做些工作。《航空知识》《航空模型》的杂志还在我们这儿办着呢。杂志社社长是我那个班的学生。他毕业设计都是我带的。这些人还管着这些事呢。我们想自个儿从航模的角度来看，考虑到过去的历史情况，航空也好，航天也好，从航模的角度来看，有些设想都是从航模来启动的。想做一些工作。结果很有热心，申请了。校长也

① “关工委”，即关心下一代工作委员会的简称。

说支持，书记也说支持，支持了半天，结果都不落实。场地不落实，经费不落实，什么都不落实。结果不了了之，拉倒了。我就挺遗憾的。

如果现在离退休的教师，从 60 岁退休，到 65 岁，有一半以上的人，都能做一些工作。65 岁以后，一直到 70，我现在都 72 了，每天做半天的工作，肯定没什么太大的问题。是能做的。我们中国，并不是专家太多了，而是专家太少了。你把这些专家，让他在学校里头做工作，或者到社会上去做工作，我觉得都可以给国家做贡献的。结果学校让这些人退出历史舞台，腾出地方给引进人才，实在是浪费了国家宝贵的资源。

如果国家想发挥老专家作用的话，可以派一个专家组，到西北地区也行，到别的院校去也好，搞一些课也可以，搞哪些科研任务也可以，帮助哪些厂子也可以。这都可以起些作用，而且对全国也都起作用。而且对你北航这个招生宣传哪，扩大你的影响啊，都起作用。特别是我们说，成立一个老年航模会，或者叫航模队，那你搞招生宣传，在岗的这些人出不去，这些老头老太太，你给一些出差的费用，到各个地方去，到这些省市自治区，顺便去看看几个风景点什么的，宣传宣传航模的基本知识，搞几架性能比较好的飞机，进行一些表演，再拿几个“冯如杯”上做得比较好一点的飞行器，做一些表演。然后带着一部分学生，还可以扩大你北航的影响。你招生肯定占便宜。

同在学院路上的北京科技大学，花三百万还是几百万，跟《同一首歌》搞了场演出，结果第二年招生就增加了好多。咱们这儿，用不着花那么多钱，你花一点出差的费用，住旅馆的费用，或者住在中学小学里，人家也能给你解决一部分费用。你搞一些航空航天讲座，搞一场航模表演，扩大一些影响，而且你找一部分老的专家，帮助辅导一下中小学的航模队，担任人家特聘的指导顾问，人家就可以出一部分费用，把队伍养起来了。像这些工作，没人组织去做。没有发挥这种作用。如果你的工作，从老的，到年轻的，全部都考虑考虑，扩大影响，单从减少招生的宣传费用，就很合算。还用得着 2004 年他们在广西乱收费？

收那么几个子儿，收了几十万，赔了几十万。领导用了三个月的时间去“擦屁股”，还丢那么大的人，差点把官也丢了。2004 年，北航在广西乱收费那件事情，赵典军没出面。他们怕我出面。人们都说，2004 年北航在广西招生中乱收费是中国教育乱收费冰山中的一角。绝不止北航一家乱收费，如果我一出面，就“撬”出点东西来。吴守伦说：“别别别，听中央的，看党委的。”我说：“行，那就看党委的吧，听中央的吧。”结果某高官出来处理，到最后不了了之，就算了。生怕把比北航收费更严重，名气更大的那几所学校的问题给撬出来。其他乱收费学校的问题没撬出来，北航也没能翻身，北航也不能得到“解放”。结果人家不让动弹，不让动弹就算了吧，拉倒吧，爱怎么着就怎么着吧。就那么过去了。到最后，一提起来，社会上只说你北航乱收费。

可是你要搞招生的宣传呢，你做这些宣传工作，又培养了人，想当初，赫鲁晓夫的时候，几个专家在那儿对着赫鲁晓夫“白话”[①]，“白话”了半天，专家对他说，像土豆那么大的东西，只要达到了第一宇宙速度，土豆出去转悠转悠就回不来了，就变成卫星了，俄语叫“斯普特尼克”。赫鲁晓夫听懂了，赶快做了个东西，不大，那卫星不就出来了吗？不就上去了吗？几个专家向赫鲁晓夫这么一“白话”，卫星上天了，苏联首先进入航天时代了，世界也进入航天时代了，改变了一个时代。你美国晚了几个月的时间，他本来也有能力的。结果就走到苏联的后边去了。中国人，有那么多有脑子的主儿，要帮你中央出点主意，除了现在计算机 IT 时代，下边一个时代是什么时代呢？由老头子们出点主意，有的年轻人，受了启发以后，再来出点主意，没准中国就上去了。下边就真的是中国的世纪了。关键是能不能发挥老家伙的作用。领导是不是能听得进下边的意见。你听不了下边的意见，以为你是最聪明的，听不进下边的意见，那怎么行？那只能当孤家寡人了。离开了人民，离开了群众，离开了最工农兵群众，当孤家寡人哪有成功的？

① “白话”，北方方言，意思是闲聊、吹牛。

我们这批五六十年代世界观形成时期教育出来的人老了，跟不上社会发展的步伐了，现在不少人都与时俱进了，有的人接受了西方的“普世价值”观念，还要求全国与世界“接轨”，不就是和资本主义“接轨”吗？我们这一代是接不上去了，只能做毛泽东时代的遗老遗少了。今天啰里啰嗦谈了半天，可能是絮絮叨叨，废话连篇。但心态是真诚的，仅供你们研究社会学、人文科学的人批评、分析用了。

我干的就不是我原来学的专业

——周浩敏教授访谈录

采访时间：2011 年 9 月 22 日下午

采访地点：北航图书馆西配楼 315 室

被采访者：周浩敏（以下简称周）

采 访 者：胡懋仁（以下简称胡）

［访谈者按］ 我最早知道周老师，是每天早上我外出锻炼时，总能看到周老师在练八卦掌，多少年风雨无阻。有一年我搬家后，发现我新搬的家就住在周老师的楼下，我们住同一个单元。这样跟周老师见面打招呼的机会就更多了。退休后，在离退休处开会时，也总能看到周老师。他是他们系的退休党支部的支部书记。我向周老师提出采访请求后，周老师也很愉快地同意了。

周老师大概应该算是“文革”前入学的大学生了。“文革”中滞留在大学里的学生曾有一种非正式的称呼“老五届”，即指应该于 1966 年至 1970 年毕业的大学生。周老师即为 1966 届的大学毕业生。好在周老师在大学时已经基本完成了学业，没有因为“文革”而受到学业上的影响。

多年前，我在给周老师所在院系的学生上课时，结识了一位学生。多年后，我再见到这位学生时，她提到了周老师，说周老师人特别好，在她做毕业设计时对她帮助很大。经她这样一说，我就更想采访周老师了。

一、退休以后我还在干

胡：您现在还在继续工作，是吧？

周：我现在工作上已经退休了，现在就只在指导组，为本科生和研究生做教学督导工作。我退休前所在的单位是十七系（仪器与光电科学与工程学院），我原来一直在自动化学院（三系），所以退了以后，就回到三系去了。因为我在那儿待了30多年。现在是自动化学院退休支部的支部书记。其实就是一天到晚的瞎忙，很多琐事。

胡：那时候十七系还没有退休的教工吗？

周：十七系我是第一个退休的。因为这个系也很年轻嘛，大多数都是30岁出点头。实际上，我都快退休了，才成立了这个系。后来人事处给我调过去，因为确实一个老教师都没有。后来张广军找我，我们私交都不错。他做了点工作，实际上不去也得去。如果按我自己的想法，我肯定不会过去。十七系它整体上是仪器光电，现在叫作光电学院，学院下有三个系，一个是光电信息，其中有一块是搞光纤陀螺的，那是一大块。原来三系下面有一个信息工程专业，最初就是我跟张广军一块儿调研弄起来的。弄起来以后，新成立了光电学院，不少老师以科研为主，接触教学不多。后来调到宇航学院后，有一个系，叫作导航，一部分从宇航学院来的教师，成立了另一个本科专业，这实际上是个惯性导航专业。这个研究室"文革"以前叫"4研"，现在叫"5研"。在"5研"的基础上弄起来的，再加上原来宇航学院一些人，还有原来3系一帮人，是测控系的，叫作测试与控制吧，搞测试的一帮人。光电学院，主要是三拨人，一拨搞光电的，一拨搞导航的，一拨搞测控的。我是搞测控的，是从自动化学院过来的。我们原来叫自动化测试与控制这样一个专业方向，大专业是自动化。我一直就在那里，所以这么过来的。

胡：我听您的一个学生说，退休后您一直还在干。

周：其实我一直干到2009年，我最后一个学生2009年毕业。今年我准备撤了，因为我儿子在美国嘛，可能你还见过，咱们原来住一个楼。我去美国以前，就撤出来了。我基本就不去学院那边了，学生也没有了，课题也结束了，也就是一般的教学上的事找我一下。因为那边老教师比较少嘛，当时有个精品课，精品教材，我是牵头的。这样我还得干，但是当时我已经几乎完全退出来了。退出来以后，回到三系这边，这几个月还确实挺忙的，这几天几乎是天天瞎忙，有时候也感觉挺累的。我们那儿退休的人多，事又特别杂，这才真正体会了什么叫服务。我现在感觉就是这样，就是这么个事。像我们那边，岁数都偏大，退休的人当中，70 岁以下，除了几个工人以外，几乎都没有了。都是七十几岁的。从 60 岁到 70 岁这一段中间没人。我们这一段连工农兵学员都没有，就缺了一大块。就只能让相对年轻的来干。我还想，到年底前能不能卸掉一块。年轻的没有啊，要退还得几年，十年八年可能会有。它就这样，要不特别老，要不特别年轻。咱们学校教师队伍特点就是这样，1958 年到 1960 年的是一个大肚子，我是 1966 年来的。从 1960 年到 1966 年这一段就非常少。再进人就是 80 年代了。你想想从 60 年代到 80 年代，十几年，没有这个年龄段的教师。

胡：那等于只有在恢复高考之后，1982 年才有分配来的教师？

周：现在有一个教师，叫樊尚春，是那个时候以后来的，他是 1981 年入学的。我们原来 77 级、78 级的留下了一个，后来他到新西兰去了。所以要等到樊老师退休还得十来年以后。他也住在外头，年轻人基本上都不在校内住。

胡：我们那儿也是，在我以上的，年纪最轻的是 69 岁。她是外边调来的。

周：你原来是哪个系？

胡：我们原来是人文学院，十一系嘛。

周：那你们那儿的年龄跨度可能更大。

胡：像我们那儿老的，都是 1994 年、1995 年退休的，我们这拨人是中间很少的一拨人。是恢复高考以后，当时年龄也是比较大了。您来北航是什么时候？

二、“文革”中我被分配到北航

周： 我们应该是在 1966 年毕业，我是从哈工大过来的。到北航时，差不多到了 1967 年年底了。因为“文革”嘛，我们到这儿已经是 1968 年了。到了以后，把我们弄到 825 厂劳动，就是北航机械厂。最早叫 881 厂，后来大概因为毛主席的一个什么指示，说工人阶级领导一切，可能是 8 月 25 日发表的。所以厂名代号就改成 825[①] 了。劳动了不到半年，大概到了 1968 年的 9 月份，国防科委有一个文件，说根据毛主席最新指示，这些新分配的大学生，要接受工农兵再教育，又弄到 38 军农场去劳动。38 军刚从东北过来，军部在保定，有一个师在天津南郊，在八里台那个地方。

胡： 八里台不是天津大学所在地吗?

周： 不是那个八里台，是在咸水沽那儿，在小站那个地方。我们在那儿待了差不多两年。两年，完全是学生连，接受军事管理的学生连，跟部队编在一块儿。当时主要是国防科委那个序列的。当时我们是属于科委管的院校嘛。在那儿搞“斗私批修”吧，另外就是种水稻。农垦的活儿主要由兵来干嘛，我们也参加一点，主要是思想改造。基本上是这样的，李未跟我们也在一块儿，他在一排，我在三排，是一个学生连队的。我们的排长都是部队干部，司务长、炊事班都是部队的人，其他的都是学生。回学校以后，学空军，后来又搞什么体制改革，分成什么大队、中队，后来自动化就分到 301 中队。中间有一段时间，当时北航的负责人又搞了一段相对论批判，我又在那儿待了几个月。后来体制改了以后，我们那儿就改成三大队，就是相当于三系，回来以后，就是

---

① 周老师对这件事的记忆大致如下：1968 年 7 月 26 日，《人民日报》发表姚文元署名文章《工人阶级必须领导一切》，传达了毛泽东最新指示：“我国有七亿人口，工人阶级是领导阶级。要充分发挥工人阶级在文化大革命中和一切工作中的领导作用……实现无产阶级教育革命，必须工人阶级领导，必须工人群众参加，实行革命的三结合。”8 月 5 日毛泽东将外国来宾赠送的芒果转赠首都工宣队，8 月 13 日接见工宣队代表，8 月 25 日中共中央、国务院、中央军委、中央文革联合发出《关于派工人宣传队进驻学校的通知》。所谓“825”，即是指这个通知发布的日期。

1970 年年初了。大概是 1970 年的四五月份，回来以后，还在工厂待了一段时间。后来不知道怎么回事，有人建议，说找几个年轻人，不知是谁推荐的，当时北航的负责人就找我们谈，说要批判相对论。

胡：您原来是学物理的吗？

周：我不是。我是学工艺的。

胡：那为什么要找您参加？

周：反正找了一帮人，有搞翻译的，也有搞数学和物理的，所以我现在跟他们搞物理的老人儿特别熟，我们见面都说得上话。应该说我在北航的经历还挺丰富，中间有一段时间我还去过无人机所，在生产开发处还待过一段时间。我们这些人后来提职称总有点困难，每次提职称，都说起我们这一段经历复杂，意思是没有稳定在一定的岗位，有点不务正业的意思。这也不是我们自己愿意的，当时都是组织安排。后来建立了一个总质量室，也把我弄去了。在那儿也差不多干了一两年。后来又上了一个新专业。原来在 60 年代，咱们学校曾经成立一个光电方面的专业，后来撤掉了，现在这个专业没有了。

胡：光电，我们当时的印象就是激光。

周：对。激光总要有个器件，现在是光电信息工程，包括检测，包括其他一些系统。如果从 1970 年算起，到 2004 年离开三系，30 多年，基本上就是这么多年。

胡：您 1970 年刚到三系的时候，1970 年还没招学生呢，那时候业务上主要做什么？

周：1970 年才开始招工农兵学员，我那时候基本也是在搞无人机。最早把我要去是搞电器的，电机电器，那时专业是 304，那时候北航没有像我那么年轻的，那么合适的。1973 年开始进入教学单位，开始当老师。当时带着工农兵学员，带着他们到处跑。那时候开门办学、下厂，好多厂都去过了，包括人民机器厂，都去过。

胡：人民机器厂是在门头沟吗？

周：那时人民机器厂在双井、在大北窑那边。后来又到海淀电器厂，反正不少厂我都跑过。工农商学兵，除了没有做过商人，我什么都干过了。哪行哪业，全都待过。反正是样样通，样样松。三系的这几个教研室，我几乎都去过。那时候的老人跟现在不太一样了，现在年轻人都自己干一摊事，那时候大家都非常熟悉。所以我退了以后，十七系也没有退休的，正好我跟三系的老人儿也都熟，老同志都要求，我也就回来了。反正退休，在哪儿都一样。三系的领导我也都熟，比对十七系的人熟。十七系也给我留个办公室，但我实际上很少去，还有一个年岁更大的老师也在用那个办公室。如果把这个办公室收回去了，他也没地方待了。现在也就是有事的时候去一下，开会的时候有个地方可以待。

胡：您学的是仪表？

周：对。仪表测控，这就跟我学的专业比较接近一些。当然测试要有传感器嘛，我们搞的项目就跟这个传感有关，当然我不是搞前头的，我实际上是搞后头，就是信号处理这一段。我们搞硬件搞得比较多。包括我搞的那些科研项目，基本上都属于这一块。我的课程也是搞信号的。我承担的精品教材，现在是国家规划教材，就是《信号分析与处理》。我们的研究方向的名字就是信号处理技术。

胡：信号技术跟仪表有什么关系？

周：有啊。一些后续的信号就是有关系的。比如，我们主要搞的科研是弱信号处理。现在测量信号，有信号，有噪声，我要把信号拣出来。传感器是把所有的信号都采集过来，包括噪声。这样有一些信号取不出来，就需要做这个工作。在1990年还是1991年，当时有两门很重要的课程，一个课程叫信号分析与处理，还有一个是误差理论与数据处理。讲这门课的老师要退了，后来就要我接这门课。我就把这门课接过来，然后就发展发展，现在教材已经是教育部部级规划的教材了。另外，这门课也是北京市的精品课程。我是牵了个头，所以实际上，我们做自己的课题，做的东西是硬件方面的课题，在这方面接触得比较多。其实跟我学的差距比较大，那时候虽然也学过一些电子方面的东西，但是一个学的是电子管，一个是跟实际上干的东西不太相干。

胡：那您上大学时，六几年的时候应该有晶体管了吧？

周：没有。1961 年的时候就只有电子管。

胡：1961 年是电子管，到 1965 年、1966 年就该有晶体管了吧？

周：到“文革”开始，晶体管才开始突出出来，原来就只有电子管。应该说，虽然这个东西在原理上是差不多的，但在实际上器件发展太快了。

胡：我的印象是，那个时候晶体管的性能不太稳定。

周：那个时候确实不太好。实际上到最后这个发展起来就非常快了。有本书叫《晶体管电路》，就是清华出的，其实它一开始就是给工农兵学员提供的。为什么那本书那么好，确实比较容易接受，它写得比较深入浅出。另外我到三系以后，搞弱电，就逼着你把原来的东西先放下。如果从工艺的角度，原来我估计可能当时用在 903，903 是搞陀螺工艺的。我们现在有些老人儿，原来都是 903 的。陀螺工艺，就是精密加工工艺嘛，我们做的跟这个精密加工工艺比较接近。当然在学校里头，这个专业在“文革”当中就给撤销了。

胡：精密加工不就是纯工艺的吗？

周：是纯工艺的。它实际上跟咱们七系的工艺很相似，就是对象不一样。方法手段上可能有点区别。这个机床、刀具我们都学。仪表工艺跟一般工艺没什么区别。它就是小、精，就是这些。在航空工艺上，我们本来是偏于机械的，最后实际上又偏向于电了。这次我们大学同学聚会，我们同班同学里头，大概改行改得最厉害的就是我了。我把我的两本书送给我的班主任，他也说已经找不到你原来专业的影子了。当时在我们班我的岁数最小，现在还在干的也就是我一个了。别的同学都退休了。咱们就说，这一辈子尽管没做什么事情，但也算是没有太白过，就这么一点感觉。要说有什么成果，说实际一点，也不是没有，但是比起年轻人，咱们没法比。咱们也就是做了点事吧。

三、对国外科技水平的认识

胡：您在哈工大读书的时候，虽然那时候和国外接触得比较少，但是有没有了解到对同一个专业里相对比较先进的技术，你们有没有渠道去得到这样的技术？

周：那时候不比现在。哈工大也就是从苏联各种各样的杂志来了解一些。

胡：那苏联在60年代跟咱们关系不好了以后，还会有这样的渠道吗？

周：我们学校最后留下来一个教俄语的专家，这个我没跟他学过。为什么我不太行，我去了以后，从我们这一届开始，中学学什么，就继续学什么。原来在哈工大必须要转俄语的。从我们这一届开始，我中学学的英语，到哈工大还继续学英语。所以那些材料我也看不懂。这些材料也比较少，还有一些德语的材料，我后来就学了德语，第二外语是德语。德语材料的数量还行，可能也是跟苏联的关系。英语的材料基本上也还是很少。当时哈工大，要不就是去过苏联的研究生，要不就是从苏联留学回来的。对苏联的情况了解得还行，对于其他方面的材料了解得就很少了。

胡：您到北航以后，特别是改革开放以后，开始了解国外的相关技术的先进性，大概是从什么时候？或者是一个什么情况？

周：其实有一点，在搞无人机的时候，它有一些资料，是在六院。看到了美国的一些东西，那确实是新鲜。咱们有些老师，那时就感觉到，在西方国家可能有些新的东西。那时最早的接触是从实际的产品，实际的技术材料。我的外语，说实在的，怎么都不行。我看东西还可以，别的不行。当时我年轻，第一次有出国机会的时候，考分差几分，没能出去。后来就又学外语呀。一开始没有培训，那时候也不知道怎么应付考试。那时候也特别紧张，急急忙忙地没有考好。后来让我准备出去，又培养学了一年。后来又说有课，怎么样，各种原因，最后也没出去。以后的机会都给年轻人了，我们就没有机会出去了。从那以后，逐渐逐渐就开始比较主动地看一些国外的资料。另外要搞项目，总得要去了解国外的情况。比较来说，在改革开放以后，比较正常的，比较主动地去看一些国外的东西。

胡：是不是1972年以后，就是尼克松访华以后，与西方的来往应该开始有了吧？

周：开始有是开始有了，但是我们比较滞后一点。不过当时我跟搞科技情报的都比较熟，所以有机会看到一些国外的期刊。

胡：那时候有一些影印的国外期刊。

周：对，影印的，我自己还订过。我当时自己有经费，所以自己订过一些技术杂志。当时我倒比别人多看了一些，看的时候目的性非常不清楚。因为没这个压力。后来，一个是教学上有这个要求，另外你又去申请课题，这时就开始主动地去了解一些情况。这时候出国的人也多了，眼界也逐渐开阔了，这就开始接触得比较多了。我也经常去图书馆查阅国外期刊，对自己的业务上，在搞科研上还是有所提高。在扩大眼界的作用上还是很明显的。对国外情况的了解，一开始压力也没有那么大，当时主要还是听课，听高为炳①他们讲课，作用也还是普及，讲一些控制与系统，讲一些比较新的东西，包括数字电路，另外还有英语。就是这种进修的课，在改革开放一开始，这种渠道的进修，目的性都不是很强。到了80年代末、90年代初，自己才比较主动，自己有了这个愿望去了解，有了这个觉悟。当时压力也逐渐加大。

胡：高为炳到底是搞什么的？

周：他讲课属于理论力学的，但是他搞控制理论搞得非常好。原来搞开门办学的时候，当时把基础部拆了，他就过来了，分专业的时候，我正好跟他在一个专业。当时我们一起带学生下去，他当时就是很主动

① 高为炳（1925—1994），河南卫辉市人，我国著名控制理论专家。1948年毕业于西北工学院航空系。曾任北京航空大学系统与控制研究室主任、研究生院副院长。1991年当选为中国科学院院士。他在变结构控制理论、机器人控制领域及航天方面取得过多项世界先进水平的研究成果，获部委级奖多项。发表论文200多篇，出版多部专著。

地去学了很多东西。他数学基础也非常好，这个人当时搞控制理论，包括航天二院、三院，还有咱们三系搞控制的人，都说他理论上都很懂，主要是因为数学好。他对外面的情况了解得也比较多。他讲模拟计算机，我们都不懂，就是从他那里我们才知道的。三系一开始就有模拟机呀，通过他，我们才懂一些基本概念。

胡：对于计算机，老同志都是自己学的。

周：现在都是数字机，一开始是模拟机。他是从模拟电路开始接触这些东西。对于国外的东西，我们现在好的也学，有的不好的东西，从我们的思想观念来说，也不是很欣赏。西方文化有它好的一面，而有一些实际上我很不欣赏。如西方的音乐、舞蹈呀，我并不欣赏，有些东西我们也很不习惯。我还是喜欢咱们民族的东西。当然要说西方的技术，咱们要学，你不承认也不行，包括一些思想和方法。所以我们要申报项目，要实现一些技术，你说有什么创新，顶多跟踪，顶多学习，你真正有自己的东西太少了。

四、对创新的思考

胡：您觉得在创新上的难度是什么原因造成的？是本身的理论水平有限呢？还是在工艺、材料上的水平上不来呢？或者我们现在只是在模仿，这主要是什么原因？我们很难有自己的东西，这个究竟是什么原因造成的？

周：这个原因我觉得非常复杂。这可能在长期的培养中，包括我们受教育，关于创新这一点都不是作为一种指导思想来做的。你去做实在的工作，行。而你要有自己的新的想法，在咱们国家传统的习惯里头，往往得不到注意。所以，它不是一种被支持的主流的东西。主流就是你不信它这个事情。我觉得，这个长期以来就是非常复杂的一个东西。估计这也得依赖时间才会改变。其实我们过去，思想上不怎么开放，现在开始开放一点了。但在总体上，我们好像不怎么鼓励自己提出什么新的想法，而且为了快嘛，直接拿过来就行了。为了快，有些东西直接买过来就行了。你不去想到，说我们国家怎么在这个方面另辟蹊径，开辟新的途径去尝试一些东西。这帮人，长期以来，受到这方面的影响，对这个问题注意得也不够，精神上也缺乏这些东西。另外一方面，就是工业技术确实差得比较多。再有，就是我们比较急功近利，现在有些风气我觉得更是有点问题。就是现在表彰的一些项目和成果当中，不是没有好的，但是其实这里头带有很大的水分。可是你如果不这样做，好像也不行。弄得都很浮躁。其实你真要创新一个东西，我们搞科研的都知道，十年磨一剑。这都不是一下子就能出成果的，往往有谁支持你这个工作？对不对？很多人都不懂，包括一些专家，有的专家也不见得就是专家。包括开鉴定会的时候，往往他请的并不是真正的行家，或者找到一些弱点，再混过去。这些实际上很多东西都谈不上创新。

胡：现在这个专家鉴定很有问题。我们在读研究生的时候听过这么一个笑话，也不见得就是笑话：比如说有一个学美学的研究生，他的论文在答辩的时候，如果请来的答辩委员是哲学方面的，我就跟他说艺术方面的问题；如果请的是艺术方面的答辩委员，我就跟他讲哲学。这样一来，他们都不太懂，这样稀里糊涂就给你通过了。因为你做一个东西，很少有人跟你做完全同样的东西，这种情况太少了。这个评审机制的问题不少，真需要修改。

周：真是隔行如隔山。有的听着像是那么回事。这种做法对创新实际上是一种制约。现在为什么那么多人造假，造假能出东西呀。对造假的处理太宽了，很多东西拿出来说是创新，但是实际上里面假的东西很多，真正的创新其实是很难的。有时候，人们提出的想法可能在别人看来是很怪的，很难得到理解和认同。另外，上头也不希望给你钱，让你用十年二十年来做一件事。你在学校里头也一样，一年一考核，你要不行，你就什么都没有了。你连教师都不一定当得成。他就不允许。你就说像陈景润，你要搁在现在，我估计他都出不来。你怎么出来呀？那玩意儿，像他那么干，很多年就只做自己的研究，没有论文，没有近期成果，连研究所都不会要他了。所以我觉得这可能非常复杂。咱们国家要真正说，要有自己的东西。现在有些知识分子干部还不如过去的一些工农干部。咱们航天如果有些新东西，还是由于过去的基础，还有一批老的人。他们建立的基础，到现在还能借得上劲。别的说句老实话，就挺难的。现在你招一个博士，人家会问这个博士，你的创新点在哪儿？咱们国家现在有四万个博士，如果每人都有三个创新点，那咱们国家就不得了了。那咱们早就是创新型国家了。现在不是说垃圾专业多吗？我觉得也是。我们也知道是这么回事。这个东西，反正慢慢来吧，我总觉得不能着急。这些事情，在国家也不能总是这个老样子吧。我觉得中国人还是可以的，脑子还是有的，从古代到现代。其实就是藏龙卧虎，无非就是有个合适的政策，发挥他们的作用，从长远看，还是有希望的。咱们几代人，慢慢来吧。

胡：中央提出创新，下面马上就要见到新东西。

周：好像这就得支撑这个东西，好像我这个体制好，这么做那不行啊！你有一个东西，有一个想法，那一辈子有一个想法就不简单。真正有自己的想法，那可能就是很不得了的了。像国外那些经典的东西，管了多少年了？牛顿力学，那个牛顿的理论，到现在搞工程的人都没离开它。爱因斯坦影响多大？我们现在离得开吗？咱们学问不够，现在也不干了，也不操这个心了。

胡：那倒不是。想问题还是可以想的。到时候该提什么意见、建议呀，还是有必要的。

周：如果说要创新，也就是这几年，过去说新意、特色，可能还有点感觉。真是说要创新，我觉得可能会有各种各样的、不同的类型，不同的创新。

胡：可能有不同的层次。

周：反正这种总的想法，在咱们国家，其实也不是没有。毛泽东早就说过，别人能做到的，我们要做到，别人做不到的，我们也要做到。这都早就说过的，只是没有相应的落实到教育界，根本也就很少提到这样的高度，这也就是这几年提出来。过去，我们受教育，讲“三基”，基本理论、基本方法、基本技能，就这“三基”，就这些玩意儿。对我们当时来说，这就是基础。现在来说，也是这些问题。其实创新，也要靠基础，现在就是基础不足。现在一些年轻人，比起老的科学家，基础上还是存在一些问题。搞创新，如果基础不扎实，是做不好的。那些老专家，适应非常快，他们哪见过那么多新东西呀？他们就是理论非常好，非常扎实。包括高为炳，我们都了解。他年轻的时候，苏联每年搞那个奥林匹克试题，他全部都做过。你有这个基础，才可能真正有创新。现在有些人做的东西，倒是好看，根本就不是那么回事。就像现在“中国制造”，就是这样，核心技术没在你这儿。你谈什么创新呀？学都学不过来，核心技术你都拿不到。我们现在是非常欠缺的。我们接触的这些老人儿，真是有点东西的，真是有点水平，能说出道道来的，基础都非常好。这与创新可能有关系。这个最吃力、最费劲，也最管用的。

五、后来才学的八卦掌

胡：您是什么地方的人？

周：我是浙江人，靠近金华，我们家的那个县现在叫江山。

胡：您什么时候开始练的八卦掌[①]，是从小时候吗？

周：练八卦掌是从 1983 年。我是这样，念大学的时候，我们有个体育老师，他是武术专家。全国的太极标准套路，他是制定者之一。上体育课最后，我都没干别的，就跟他学拳。当时学武术，学的就是太极拳，是杨氏太极拳。他的太极拳打得非常好。我后来在“文革”当中，跟同学学过一些拳，但是后来丢掉了。到北航以后，我就是长跑。我的长跑还是可以的，每天我就围着北航的校园，跑一圈，每天一圈。跑完还用凉水洗澡。后来觉得不好，这个方法不好。正好 1983 年，在北海拜了一个老师，就开始学八卦掌。这个老师当时是鼓楼工具厂的，做钳

① 八卦掌又称游身八卦掌、八卦连环掌，是一种以掌法变换和行步走转为主的拳术。由于它运动时纵横交错，分为四正四隅八个方位，与“周易”八卦图中的卦象相似，故名八卦掌。有些八卦掌老拳谱常以卦理解释拳理，以八个卦位代表基本八掌。“文革”后期，在北京等一些城市中，练习气功、太极拳以及八卦掌等的人数逐渐增多。

工，是个老师傅。他是八卦掌的第五代传人。我跟他学了两年，后来在北航因为太忙了，我就再没去了，只自己练。当时那些跟他学的都是年轻的，我当时跟他学的时候已经39岁了。还有北理工的一个，我们俩岁数比较大。他就专门教我们。他们那些民间拳师教法都不一样。他们分成技击、防身、健身。他给我们的定位就是能健身就行了。所以他教给我们的就是一些基本套路，然后就让我们自己练去。他自己也学很多东西的，包括西方的拳击都学。

胡：北京市有几个教八卦掌的？

周：北京有个八卦掌研究会，专门有个八卦掌教研室。他就是在八卦掌研究会里管这个的。所以在北海公园有个场子，他的师傅也经常去。他师傅当时都已经80岁了吧。他手一上去，几个年轻人根本靠不了前。他过去是码头工人，一天至少要吃6斤以上的粮食。他做码头工人，是扛包的。扛包是几个麻袋，手抓着，胳膊下夹着，头上顶着，那功夫大了，确实厉害。他那手太有劲了，他觉得没用什么劲，你就受不了，因为他懂。他拗着你的劲，你根本就动弹不得。拳术就是攻防，我练这个，一开始也觉得挺枯燥的，我也学过别的拳嘛，别的拳看着也好看，但是这个拳的学问大。它跟《易经》有关系。我买了不少书，但是没时间看，那时太忙。但是逐渐逐渐地，在拳理上也琢磨。《易经》我也比较喜欢，我在中学也比较喜欢文学，当时语文老师说我报志愿报错了，说我应该学文，不应该学理，当时向我推荐复旦的新闻系，当时我觉得无所谓。我哥是哈军工的，毕业前回去过一次。他还是愿意我学理工吧。

胡：那您怎么没考哈军工，而考了哈工大呢？

周：哈军工都是保送的，我也不知道。当时也没名额，不是说哪儿都有名额的。所以就报哈工大了。那学校还真是不错。东北那么冷，南方人根本就很难适应，特别冷。我基本都穿我哥的衣服。学校对南方学生照顾得都不错。比较一下，我觉得北航对学生不是太什么，哈工大对学生应该说在各方面比较关心。北航有的学生，走了以后，不认北航，这有关系。我们那时候，辅导员和班主任对学生确实好。我们北航的学生，对辅导员印象很负面，我觉得确实有这个问题。咱们这个思想政治工作队伍，应该说素质上都还不错，有好的东西，但是工作方式、工作方法，对学生的感情上，我觉得有欠缺。我们对哈工大有留恋，他们是以学生为本，这方面不是说的，他是做的。包括对学生工作队伍，这种对情感上的交流，对学生的关心，我们学校是要加强的，不是表面上的。

胡：我原来又当班主任，又当辅导员，那时就一个班。

周：可能这样就更好一点。

胡：我这个人可能有点怪，我倒不觉得学生跟你一定要有多深的感情，老师对学生负责，要让学生自己将来出去以后能独挡一面，能够处理他的人生，这就够了。他是大学生，是成年人，我觉得这跟中学、小学不一样。有的女老师可能就觉得，要对学生特别细致入微，这当然也有必要。如果男老师要这样做，可能就觉得特别不自然，觉得别扭。所以父亲和母亲的角色，应该有区别。如果让父亲变得完全跟母亲一样，这不太可能。不过这事也不好说。

好学生不可能培养得很多

——云雪（化名）教授访谈录

采访时间：2007年11月1日上午

采访地点：北航新主楼云雪（化名）办公室

被采访者：云雪（化名，以下简称云）

采 访 者：胡懋仁（以下简称胡）

［访谈者按］ 采访云雪老师之前，曾采访过他的两个博士生。当时也是要采访他，他说他很忙，就推荐了他的博士生，也许是博士后，我已经记不清楚了。在采访了他的学生之后，我仍然不甘心，还是想采访他，可能是不好意思再推托了，他同意了。后来在定稿的时候，他一再表示不能透露任何他的个人信息。我也只好尊重他的意见，给他取了一个化名，而且把访谈中有可能涉及他个人的任何信息尽可能地屏蔽掉。但我不知道我做得是否彻底。

云雪老师是一个很努力，在其学科中也是很有建树的人。平时与云老师没有太多的接触，只是在路上见面时点点头。但听说他得过某项著名奖学金而去过某国，而且在某国工作了一年多，想来一定会有很多想法和感受。所以就一直很想采访他。在访谈时，我感觉他也是个有什么就说什么的人，有话直来直去，也敢于针砭时弊。他特别提到，现在的研究生教育包括博士生教育存在不少问题，这些问题亟须解决。他还认为，不要指望把所有的学生包括博士生都能培养成有作为的人才，能培养出百分之一到百分之五就已经很不错了。

一、我做的主要工作

胡：我今天来，是想了解你的专业主要做的工作，还有就是在研究当中，解决的各种问题，然后是一些考虑的思路，类似于这样一种情况。你不是做数学的吗？比如说你是数学哪个方面，哪个领域，我完全是外行，只能是问一些很基础的问题。

云：我是做结构，做模型计算，材料和结构，是力学方面的一些模型。

胡：你主要做这一类的，是吗？

云：还有工程应用，在航空航天方面的。

胡：你这个数学类是属于哪一种的？如果算大类，算是哪一大类？

云：我什么都用，主要解决应用上的数学问题。像高等数学吧，大学的，研究生的，博士生的这些阶段中数学方面的问题。

胡：你现在具体的做法，比如说是理论性的还是应用性的？

云：都有。理论也研究，应用的也研究。

胡：能不能具体地说一下，介绍一下？

云：我一般地研究材料结构的不确定性。

胡：这不确定性一般说来是什么概念？

云：你比如说复合材料吧，复合材料属于又是材料，又是结构。它里面有一些性能具有分散性，这种分散性就是不确定性。

胡：那比如从复合材料这个结构问题怎么理解？复合材料跟结构是怎么一个关系？

云：一次成型。你比如说天上的飞机，美国的波音飞机，最新的飞机，它的机身就是用复合材料一次成型，机身一次成型。那个材料就成了结构。

胡：那这个分散性是什么概念？

云：分散性是指它性能是不确定性的，按同一配方、同一工艺、同一批次生产的复合材料，它的性能是不一样的。由于它性能不一样，它的实验结果，计算结果就不是一个数值。

胡：这样看上去是可重复的，实际上并不重复。

云：对。不重复，有不确定性。

胡：如果要做批量生产，或者让它性能稳定，你解决这个问题主要考虑什么方面？

云：就是一些分析模型和算法，以前研究不确定性都是概率统计法。概率统计方法需要一些不确定变量的代入以求得分布密度和统计特性，而这些特殊密度和统计特性，一般很少有只能通过随机样本实验的，但是随机样本实验呢，有的时候由于条件等原因做不了，能做的也只是小样本实验。那这就有误差。我用的是集合理论方法，就是用于结构分析。我只是需要知道不确定变量所在的范围，我就可以给出这个结构显示出的什么样的概率。像这个静力问题、动力问题、振动问题，都取得了一些突破。并且已经应用到结构强度这些设计问题。

胡：有没有一些具体的案例，具体的过程？

云：有些不确定性测试涉及的结构静力响应问题。这个静力响应问题在数学上就是线性方程组，这个线性方程组的系统理论是集合。静力是个集合，响应也是个集合。我怎么把这个响应集合求出来，这就要用区间数学和集合理论，超集合理论。你比如说区间数学，区间数学对这种集合响应，数学家有他的解法，但这些解法都是解析的，不能用于工程应用，而我研究的数学方法可以工程应用。

胡：解析法为什么不能做工程应用？

云：工程应用都是规模很大的，不能用解析表达式，只能用数值计算。还有静力问题、动力问题、振动问题、响应问题，还有可靠性问题，鲁棒①优化问题，我们都取得了进展。在结构方面、在航空、航天

① 鲁棒，来自英语 robust 的音译，也就是健壮和强壮的意思。它是在异常和危险情况下系统生存的关键，也有抗干扰性的意义。无论系统外部或者内部出现什么问题，在一定的范围之内，系统自身能够及时修复，或者及时恢复原来的正常状态。系统所具有的这样的特性即被称为鲁棒性。

也取得了一些成绩。

胡：针对一个具体的问题，你的解决思路最开始是怎么形成的？或者在这个过程中遇到一些问题或难度，通过什么样的方式去寻找解决它的办法？

云：先找出以前一些理论的思想，然后在理论上寻找突破。突破吧，你就得找模型、找解法，然后到数学里面去找，看看有没有现成的方法。如果没有，就要从头做起。结合一些结构的特点，提出一个模型。我们提出的这个模型，研究理论一开始就是模型。美国有个教授叫（Noore），他写这个跨入21世纪的计算结构力学，其中共有18个方向和进展，其中就把概率统计法、模糊理论，和我们这个集合理论突破方法，这是18个方向之一。他写这个综述引用的论文就有我们的，引用我们的论文。陆续地还有很多，美国的、德国的、法国的、意大利的，还有英国的，也都引用我们的论文。他们还引用我们的模型，结构模型，有的也引用我们的解法，而且在我们的解法基础上，他再创造。

我们研究这个理论，一开始就是前沿，就是有独创的，就是原创，还是很系统的。静力也有，动力也有，响应也有，稳定性也有，现在一直在做结构强度的应用。有静强度、动强度，还有疲劳分析，还有设计可靠性。目前已经把这些东西用在系统弹性力学，飞机的颤震啦，一些材料结构的一体化设计啦，我们有理论，也有应用。不像一般大多数人，只是拿别人的理论来形容。而我们的理论就是世界前沿，我们发表的文章都刊载在国外的著名杂志。SCI都在引用，最近一查，SCI引用我们的有80多篇了。我们提出的模型和解法，在世界上是首次。

胡：你怎么想起用集合的方法来解决这类问题呢？

云：在上博士生的时候看到控制论，控制论里边目前有用这些方法来研究鲁棒控制等控制论当中的不确定性。当时我们就想，既然控制论能应用到力学中间、结构中间，等等。当时有一个题目，我记得有三个月就做出结果来了。先有结果，结果先出来了，但是证明没有，就从这儿开始突破。先从振动问题开始，振动问题一突破，静力显示问题、动力显示问题、稳定性问题，优化啦，可靠性啦。在目前与国外都有合作，像德国、英国都有合作。

胡：合作主要是用他们什么方面？

云：都用。主要是思想方面的，还是互相讨论吧。

胡：你说先得出结果，然后再找证明。在这个过程当中，可能刚开始，做出结果之后，还不可能一下子就找到一个完整的证明，是吧？那么后来这个证明是怎么出来的？是从理论到理论呢？还是从结果向前推导？

云：证明是渐进的。国外证明的标准是特定的。但是这个标准是广义的标准，像振动问题、稳定性问题，他们都是广义的。我们是搞工程、搞应用的，不需要那种广义的证明。推广的结果应该是直觉吧。先想出来要调出一个一个结果，再想到它广义。广义上是什么样子的？直觉想出来的，应该是这种，结果证明果然就是这样。做这些东西数学底子要好，还要有工程背景，你外语还要好，外语不好，你也看不明白人家到底写的啥东西。

胡：外语是不是要读得多了，才能了解那些表达方法或词汇？

云：对。但它毕竟不是咱们的母语，人家是母语。其实有时候老外写的东西也不乍地，可是人家英语好。中国人吃亏吃在不是母语，写起来不流利，别扭。中国人留学到国外，其实这点也不能完全这么说，因为有时候他写中文也不是那么痛快，也挺差劲。

二、我对创新的理解

胡：你的数学底子在本科的时候是怎么打下的？

云：我学的是力学专业。当时头两年跟搞数学的一起上课，一样考试。那时候我们大学数学系很强，现在搞科研要有后劲，数学底子必须好。数学底子、外语水平必须好，这方面不好没后劲。而且现在我们这个课题组，理论问题也研究、工程问题也研究，通过理论问题上学术水平面，通过工程问题、解决工程教学和工程学的问题，但实际上没有数学搞不了这些问题。工程问题有差别，工程问题创新性不行。

胡：什么不行？

云：创新性不行。

胡：那这个创新看怎么理解了呗。要是基础上，那肯定不行。如果在技术上，一点一点的小的改革、改良，那种设计的，也会有。

云：就是说，你们这点是占工夫的，我跟你讲。就是说发明啊，过了二十年就不行了。但是真正理论问题，那上百年，甚至几个世纪都没问题。你像牛顿定律，那多简单哪，那就三个字母一个等式，现在整个力学都是这套体制的。咱们出不了大师级人物，与基础有关系，而且与指挥棒有关系。咱们有的院士也没啥东西，这是中国遴选制度的问题。中国现在研究基本问题还不行，现在没有跟上，没有方向。但是工程问题呢，它可以和国民经济直接相联系，对吧？但是那些东西，咱们本来就落后，你搞这些东西肯定不是最先进的。特别你航空航天，人家国外对你封锁，你就得自己搞。你比美国、德国、日本，也不行。

胡：你们现在自然科学基金的课题有多少？

云：不多。我实际上最多的时候做三个自然科学基金课题。

胡：它应该是支持基础研究的吧？

云：但是它也会说，你这有什么用啊？光发表文章也不行啊。现在应该是，你得做实验啊，最好能跟型号联系起来，对吧，既有水平，又能解决工程问题，这种研究是最好的了。但是这种不是那么多，有时候你擅长的未必能拿到项目，有时候你能拿到项目未必是你擅长的。但没办法，这都是客观存在。比如说吧，咱也别偏激，搞理论的就别搞工程，搞工程的就别搞理论，两者最好结合起来。但是这种能结合起来的人很少，我就希望能结合起来。又有理论，又能上水平，到时又有工程应用，解决一些工程问题。还有一些项目，有好多猫儿腻的，不是说你有水平就能申请到。

胡：对，这在我们那儿都一样。

云：而且有些人拿到项目未必有水平，有水平的人未必能拿到项目。这都是悖论。而且有些做法很不好，这个导师啊，天天要报项目，你没办法深入进行反思，因为这项目你做完这个，下一个在哪儿就没着落了。你要想钻进去，研究实质性问题，你没有那些精力、时间去考虑怎么申请项目的问题。而你要考虑怎么申请项目的问题，你就没有时间来研究具体问题。所以这样的事，迟早都要面对的。你比如说对于博士生导师，国家是不是应该给一些长远的项目，既然是博士生导师嘛，肯定有水平，给他一些经费，别让他把精力都投入到申请项目上，要不也是对资源的浪费。对于那些水平高的，精力非常充沛的，那你叫他多申请项目。

胡： 北大有一个搞社会学的教授，叫郑也夫①，大学时跟我同校同年级，他是历史系的，后来出国学社会学，他是从北京社科院调到人大，又从人大调到北大。他说他在北大就不申请项目。

云： 你文科可能这样还行吧。

胡： 现在也不行。

云： 咱们这儿要没项目，你在学校就待不住了，你连教授都评不上。

胡： 郑也夫他就是当了教授以后去的北大。他可以这么干，他比较冲，在社会有一定的影响力。他就可以这么干，别人就够呛。

云： 在中国，在学校，一个政策，一个措施，拿出来以后，这是个系统工程，作为领导，要进行管理，这都是系统工程。这不是说一句话就决定一件事的。现在有些高校，就是说，你要想招博士生，那你得交钱，你得给学生钱，这只是问题的一个方面。而且招博士生，你要通过学校把钱给博士生。国外已经这么做了，英国已经这么做了。这是一个问题，他这么做，也有好多问题没有解决。中国包括教育部在里头，学人家的一些皮毛。那个英国，他们打分是考虑学生的奖学金，你这个博

---

① 郑也夫，中国著名社会学专家。1950 年 8 月生于北京，汉族，北京大学社会学系教授。著有《走出囚徒困境》《代价论》《信任论》等。郑也夫是中国改革开放以后最早研究中国知识分子问题的社会学家。

士生导师，招博士生，你要给学生钱。但是，也有学生，啥也做不出来。我就碰到过，啥也做不出来。那这种学生咋整？国外实行这种导师给博士生钱的弊端。这种弊端，国外没有解决，你中国就这么学了。老师的钱也不是慈善经费，你得有人把它做出来才行。我在底下也问过一些导师，给学生钱，如果学生做得好，给多少钱都好说。那他做得不怎么好，你给他钱，完了到点了，任务交不了差，这学生就这个样子，你找谁去？这就没人管了。所以一个领导决策，是个系统工程，各方面都得管。我在我们系管研究生，这方面我也了解一些情况。这个问题怎么办？这就得跟学生签合同。或者叫学生坐班，签合同。到点了，到什么点，该拿什么东西，拿出来。拿不出来，那走人。我就不能再给你钱，或者把钱降低。或者你走人，或者你这个学生要淘汰。因为现在发现什么？他不是学习，他糊弄你。这些东西你得考虑考虑，我们倒不是说不给学生钱，给学生的只是很少一部分钱，无所谓。但是我们要考虑大多数学生的利益和导师的利益，对吧？各种因素都要考虑到。你不考虑到，就这么实施了，那怎么行？国外有些大牌教授，咱们这儿说教授必须讲课，国外没有。英国的大牌教授可以不讲课。留出精力和时间做大一点的事。或者是少讲课，没必要一刀切。咱们好五分钟热气，啥事都一刀切，教授必须给本科生讲课。现在有哪位院士给本科生讲课了？不也是教授吗？什么都不干，现在教授几乎什么都不干。但拿的钱是最高的。我们有的院士连普通教授都不如。什么拿的都是最高的。然后动不动学校一报就是这是院士，那是学术带头人。带什么头了？像这话都是不能说的。

胡：学校拿这个做牌子。

云：就是拿这个做牌子。但是这有什么用？就像选这个破先进，每年年底都选先进。选上先进能干活吗？现在先进几乎都是轮的了。今年你当，过年他当，起不到鞭策落后，鼓励先进的作用。现在总说中国人拿不到诺贝尔奖，是遴选制度有问题。诺贝尔奖是有政治倾向性，确实有政治倾向性。但是中国人拿不到诺贝尔奖是不是有水平方面的问题呢？网上有人说，像陈景润如果活着的话，现在在中科院，可能就待不下去。网上也有人说，北大有个教授说，现在大学，我教授当的像个下蛋的鸡，每年下了多少蛋，到年底还得数数，能下多少蛋。人家比喻得很形象。真正搞学问的，得静下心来，才能搞好学问。现在谁搞？现在各个项目一来，有些教授比喻跟撒鸡食似的，哇地一下拿把鸡食一撒，教授都去抢。抢上了就算我的，没抢到就垂头丧气。学人家外国要学人家好的。人家有些不好的，你也琢磨琢磨，能不能学来，不能瞎学。我们到英国管高校投资的那个委员会那儿去了，人家管高校投资是怎么管的？人家那儿打分。各个学校给钱是不一样的，不像中国，什么清华北大给多少钱，剩下的什么 6000 万、3000 万的。人家没有那么不科学。比如说打分，而且你有实验室，有教授。咱们有个副校长到英国，我就是跟他们去的。人家投资很科学的，投资之后，人家还有专门委员会研究效益。我估计咱们以后也会有。但为什么你不改变投资呢？你比如说现在咱博士生论文，应该注重一些实验，一些工程应用。咱们不是，咱们搞的是基础理论问题。这不是导师的原因哪，不是，就是国家投资的问题。咱实验室就没有标准，人家国外高校，有实验室的投资和没有实验室的投资，那是不一样的。

什么叫教授？教授应该有自己的学术观点、学术体系。要没有这些东西，称不上教授，只能是个工程师。在咱们这儿，谁有钱谁行，谁有钱谁厉害。全国都这样，连北大清华现在都是。我这一问，北大清华也是谁有钱谁厉害。

胡：北大前几年评教授，它是这样啊，有经费的和没经费的比，如果成果一样，就评那个没经费的。因为你有经费和没经费干的活都一样，就说明你这个有经费的水平并不高。

云：他给你查经费。北大一开始自然科学基金不敢报的。现在环境变了，而且他说你发论文，你得把这篇论文拿出来看看，不是你说发了就行的。中国现在就是太浮躁，这就是初级阶段。

胡：你们现在做项目，做模型这种研究，是你们这些老师做的为主，还是那些博士能够比较深入地参与进来？

云：原生的东西，都是导师自己做出来的。我的那些模型和算法，都是我琢磨出来的。找学生做些例题吧，学生不行，这些方面你还不能明说，明说了会打击他们的积极性。

三、我对科研及培养学生的认识

胡：像做数学模型这种研究，还不是靠团队，主要还是靠自己，靠老师个人，是吧？

云：你说得很对。这个科学研究，什么是科学研究？现在有学术团队，也有单枪匹马。诺贝尔奖就很明显，有的是一个人的，有的是两三个人的。那两三个人的就是团体，不同的团体，对吧？好多事咱们这儿老好一刀切，一提搞课题就要搞团队，不是那么回事。有的研究是团队能搞出来的，有的研究是单枪匹马能搞出来的。咱们这儿净搞一刀切，五分钟热气，而且领导管理，是个科学，是个系统工程，不是弄个多少人就能干的。现在各个高校都是院士当校长，各个系主任和院长都是教授。咱们不是说，院士不能当校长，教授不能当系主任，不是那个意思。就是说，这里没有充分必要条件。有人是适合当的，有人就是不行。

胡：2001 年的时候，咱们学校有的老教授说，咱们的校长都不是院士，怎么怎么着，后来这就当成一个条件了。

云：现在仔细琢磨，还不如过去。包括校庆，这些钱谁弄的？还不都是这帮人？但是这些领导真不作为。不论是系主任，还是院长，得有德。江泽民那时候讲以德治国。实际上真正以后搞学术搞好了，以德为主。能、才是一方面。

胡：你为什么会有这样的体会？做学术还是才和能，是非常重要的。如果才能有差距，德再好不是也做不出东西来吗？

云：这不是你单独一个人，你生活在社会上。而且你能成功，不是一个因素，而是多种因素。这多种因素你光一个方面能行吗？所以要以德治国。而且搞学术搞大了，必须要以德为主。其实慢慢地就做出来了。一个教授，学校给你教授，给你博导以后，你能有多大出息？全得靠自己。因为学校不能白给你这些东西。你要想做大了，首先得心胸开阔一些。第二对钱得看淡，对名和利得看淡，你这方面谁看淡了谁就打出去，谁看不淡，谁就打不出去。比方说是看得淡，但真正做起事来就不是那么回事了。怎么才能拉出团队？首先把名和利看淡了，把钱看淡了，这样才能拉出团队。现在拉团队呢，好像得拉到项目才能拉出团队来。其实这都不是真正的团队。你要没项目呢？那团队不就没了吗？而且学校制定政策吧，应该符合大多数老师和学生的利益，得制定这些人的政策。哪个老师不想拿项目？但真正拿到这些项目的都是少数。制定政策的人不能只看到这些少数人，大多数老师拿不到大项目，你制定政策得符合这些大多数老师的利益，事实上，真正能成才的，一百个人里头，真正能成才的也就三四个人。你制定政策是针对那九十六、九十七个人，还是针对这三个人、四个人？共产党得维护广大人民群众的利益。

什么叫有创新？创新性，就是每天你都能学一点，每天你都能琢磨一点，每天都思考一点，每天都有所进步。你要长时间不看论文，不看书，那你想法肯定不行。

胡：你这还是很勤奋的，天天都看，是吧？

云：天天都看。因为我要不看了就要落后。实际上，我以前想的那些东西吧，有很多已经比较靠前了，但还得要看，还得要琢磨，还得要交流。现在学生不行。有些想法跟学生一说，学生跟不上。

胡：你说学生不行，是指他的基础不行呢？还是对前沿不像你那样热情关注？

云：他也不是基础的问题，北航的学生都不错的。我现在发现什么叫好学生？老老实实听老师话的学生。因为大多数人，他不可能都有创新性，有创新性的学生几乎碰不到，极少。那他怎么毕业？老老实实听老师话，而且这可能是我对学生的要求。因为什么呢？我指导学生我很细，我把模型、公式推导出来了，你给我做例题。有些东西不是他做不来，是他坐不下来，他心思没在这儿。所以我说大多数年轻人在混文凭。你这还不能说，实际上就是这么回事。其实这很正常。真正能成才的就那么几个，一百个里就三到四个人。

胡：那你让他干，他不干，那他都干什么呀？

云：干什么？网上聊天，看大片，睡懒觉。宁可睡懒觉都不去上课的。你知道吗？我的学生都这么做，就不用说别的学生了。没几个有研究实力的。你说他不是混文凭？你要想找这个学生当研究生，找他的导师每月得把500元钱打到学校的账上，不是这一块就完了，里面好多问题哪。学生一毕业就说钱少钱少，是不是导师不想给钱哪？导师说，不是不想给钱，云老师，他老老实实在这儿干活，给多少钱都高兴。他不老老实实干活。你这话不能往出说，你说出去，那学生不得造反哪？那说不出来，这些东西拿不上台面去。他确实不敢讲，大部分学生都不行。但是我也这么想，如果大部分学生、每个学生都行了，那哪个老师都能当院士了，是不是啊？所以当院士是少数的。所以大部分学生不行，也很正常。

胡：我问一句，给你报没报过院士？

云：到不了那一步，远着呢。不行，现在连长江学者都不是，还院士。

胡：长江学者遴选什么标准啊？

云：得有大项目。国外的大项目。

胡：李未那时候有大项目吗？

云：这事不好具体琢磨。

胡：80年代，他去爱丁堡，他提出一些东西，好像是理论上的东西。他之所以当院士，是理论上有突破。

云：你想北大那么厉害，清华计算机也有，也不一般。北航现在（2007年）就两个中科院院士，能当中科院院士就很不一般。

四、对国外产业政策的认识

胡：国外跟你做类似工作的，大概什么情况？

云：挺多的。在控制论里头研究不确定性，研究鲁棒性的，他们发表的论文，80% 到 90% 都是这个。因为这个不确定性是客观存在的，是不以人的意志为转移的。你承认不承认也是这样。而且确定的东西，已经让人家研究得差不多了。你知道吧？什么叫有创新？当然现在也不能说我就成功了，不能这么说，一说我又完了。你该研究的，你想想，世界上有多少教授？什么叫有自己的特色？老说，研究得主流啊，主流，我最反对这句话。那主流的东西，哪个是你做的，你要清楚。你得有自己特色。国家老说，要创新性，要原创性。到了真正谁有原创性？谁有特色的？他也不管哪。就空喊些口号。

胡：国家现在提这个，可能在这方面我们做得太少了，太差了。但是这是决策部门提出这个东西，而具体做的人，他是下边的，他又有自己的一套标准。

云：英国，它对提高什么产值啊，它不这么认为。它要研究高新技术，那些掌握国家命脉的高新技术，它花大力气，非常难做。对于污染性的呀，或者说有些东西，怎么说呢，对国民经济没有左右的东西，它也管不着，连研究都不研究。有的正相反，就研究高技术。你像什么保护环境这些产业，不搞，不要。你看对于高新技术，你知道吗，什么航空航天啦，什么造船啦，当仁不让的。中国必须走这条路，因为高新技术人家对咱封锁。就像一个教授吧，你要做的事太多了，对吧？那你得挑大事来做。那啥是大事？对国家来讲，那就是高新技术，关系到国家危亡的那些产业。那你必须老老实实。

我是怎么研究工程项目的？我是纯搞理论的，怎么研究工程项目的？是别人找上我的。别的教授给人算题算砸了，知道吧？算那个直升机螺旋桨上用的复合材料。螺旋桨用的是复合材料，别人算完了呢，跟人家厂所一对呢，跟实验数据合不上，差数量级呢。后来交给我算。我这边也算，人家那边做实验，到时候算完了跟人家对上了，符合很好。这我才对搞工程项目有兴趣。原来我对工程项目不太感兴趣，现在发现我做工程项目肯定能做出来。就试试吧。这么一来，我发现原来我研究的那些模型、那些算法，解决工程问题一点问题都没有。很有余地。而且能得出新东西，新方向来。这就一直整。现在看还有些成果。大项目咱弄不着，小项目那个航空航天呢，它一试一个准。我现在还在扩大我的研究领域，一扩大一个准。申请国防预研的，啪，中了。申请航天基金，啪，中了。航天两个都中了，这不谁都不认识。

胡：这是他们认识到你的作用了。

云：我干啥事一步一个脚印，不糊弄。像有些人就是为做项目而做项目，把项目拿下来了，自己也不琢磨琢磨，正事也不做，那学生干吗上你那儿去呀？国家对科研项目投资很多，但是做得怎么样呢？这就要打问号了。做得怎么样？都能交差。所以有人交不了差的，那做的什么破玩意儿？那就是八路军糊弄共产党，那人家交差了。花那么多钱，人家交差了。工程项目为啥好做？你就说航空航天，你要按手册，按指南。你去下面的厂所，你想用新方法，人家不用你。你在厂所跟人家谈项目，谈创新，人家笑话你。你谈发表论文，人家笑话你。除非搞预研。正式项目你是要有规范的，你必须按这个来。所以这些东西，像一些大项目没啥可羡慕的。还是那句话，那东西是主流，那东西是上千万的东西，哪个东西是你做的？这话一说又得罪一大批。

胡：因为我也做一点科技哲学方面的研究，你这些话平时也不可能跟别人说，所以我了解这些非常好，非常有用。也非常感谢你。

云：因为世界上的道理是相通的。有的像自然辩证法啦，会启发你的思路，知道吧？而且，你看牛顿写的《自然科学中的哲学原理》，他为啥说哲学原理呢？博士为什么叫 PhD，为啥这么个意思呢？这在西方还是有道理的。他要研究现象后面的规律问题。所以说，科学里面也有规律。没有规律还研究啥呀？而且无巧不成书，我研究的真是无巧不成书。我有一句话经常讲：成功是偶然的，失败是必然的。成功真是偶然的，真是无巧不成书。

胡：成功也是失败很多以后才出现的呀。

云：大多数人都失败，只有少数人是成功的。什么叫必然？必然是你拿出来一整套的东西是成功的，对不对？成功是少数人的，所以成功是偶然的。但是其实对学生教育，我不提倡这些东西。我不对学生说，树立科学理想啥的。没用。我就要求给学生做到的，做个好公民。把你自己的事搞好。但是我又说，说一百个人里有三四个人成功，那谁是那三四个人里头的？这东西是可遇不可求的。而且，说要关心国家大事，我最瞧不上这句话。哪个国家大事是老百姓关心的？1957 年反右派不都是关心国家大事的结果？这些在人家西方国家是不可能尊重你的。西方国家一说你是搞政治的，远离你，觉得你是骗子。那它那里也有骗子，是吧？

胡：他主要是那些政客，那些选举的，拉票的，这些政客，是被看不起的。说谎，肮脏。

云：你说你关心国家大事，那哪个事是你能决策的呢？包括刚才我所说的话，我嘴上那么说，对外不能说，但事实上有些话不能说。1957 年我肯定也是右派。

胡：那时候也是比较复杂。

云：有个胡老师，胡继忠[①]，你知道吧？

胡：知道，做蜜蜂小飞机的那位。

云：他出了一本书，他太亏了。他这种情况，全国都很少有。居然这个人，付出的和得到的，不成比例。他有本书，现在咱北航书店还卖，是叫《梦想蓝天》哪，还是叫什么名？他那个分支，在北航就完了，真可惜。

胡：他没有研究生吗？没有人跟着他做吗？

---

① 胡继忠，北京航空航天大学教授，蜜蜂系列轻型飞机的主要发明人，还主持研制有人驾驶与无人驾驶的共轴式直升机。

云： 有啊。因为有些内部的东西这些研究生不了解。他这人是有真本事的，有型号的人，他自己就做一个型号，但是很可惜。他一退了，就不成了。他是设计型号的，而且那个共轴双旋翼直升机，那是他设计的。什么蜜蜂啊，什么飞艇啊，都是他的。那可惜这个人哪。有时候我跟郑书记聊过，因为郑书记很了解这个人。要论水平，胡继忠比杨为民[1]有水平。

胡： 杨为民不是因为水平高才出来的，他是那种精神干出来的。

云： 真要说精神，还得是胡继忠。他那本书我看了，对我启发非常大。但是你要我选做这两个人里的一个，我肯定选做杨为民，不做胡继忠。打成反革命。八几年才平反哪。我估计他就是乱说，知识分子的臭毛病，乱说。

胡： 杨为民也不容易呀，杨为民受多大苦？他就是真是玩命。

云： 胡老师也玩命。

胡： 我觉得有一个问题，就是他们那个无人机，后来就放弃了。后来我稍微了解一点情况，有些老人儿跟我说过，当时是学校决策的问题。

云： 对，那不是一个人的问题。杨为民就是武器系统的可靠性，是他研究出来的。他研究的都是大项目。听说，他为他的团队服务，他用那钱给几个老师买房子了。这点也是，在商品经济把钱看淡了的，极少，极少。高（镇同）先生是把钱看淡了的。你看那房子，高先生不去，哪儿也不去。当然你也不能说，人家把钱看不淡就怎么怎么的，因为这是社会，人在这旋涡里，你要想生存，你就得有你自己的一套。有些东西不光咱们国家不重视，国外也一样，英国我知道，他们也是，也要求你见效益。一开始咱们这儿做 211、985，现在发现外国也在做，不知道是咱跟外国学的，还是外国跟咱们学的。真不知道。德国也在做

---

① 杨为民（1935—2002），北京航空航天大学教授。参与过开发研制无人机项目，曾主持研发中国的可靠性工程。因其工作努力，乐于助人，曾被评选为北京市优秀共产党员“十杰”。

这个，英国也是。这些人害怕咱们撵上去，咱们真要撵上去了，他害怕。你超过他了，他不高兴。

五、对国外科技状况的认识

胡：你在国外一年多？还是两年？

云：两年。我在国外那两年，真是老老实实地在研究东西。因为我们不存在钱的问题。那给的钱是很多的，我们四处转悠，四处看看，所以对资本主义，我比一般的留学生、一些访问学者，我比他们任何人都有发言权。因为我们真的深入了，到外国人家里。包括在英国也是。那儿的教授对我特好，我一直遇到的都是好人。

胡：你也好啊，所以他们才对你好。

云：我们都不出房钱。

胡：你住那房子多少钱？一个月几百镑？

云：7000 镑吧。

胡：那是相当贵的。那是好的房子啦。

云：那是每月的零花钱。

胡：那房费呢？

云：房费是两个月上千吧。这回我到英国，我去的地方确实是人家的航空系，航空特色。那个布里斯托尔这个城市在英国是很有名的，就研究航空的。空客有个厂子，就在它那个郊区。这个学校，有点像美国的飞机城西雅图，在英国的航空史上也是很有名的。第一架协和飞机就在那儿。而且协和飞机，最后的那架飞机，就放在空客的那个厂子里。这回到英国，我就知道了怎么研究飞机的结构和材料，毕竟原来我不是搞航空的，我是搞数学、搞力学的。这两年我就知道了怎么研究航空航天的结构材料。我在那儿找资料很方便，有一本书，1966 年的，中国没有，到哪儿哪儿没有。北图也没有。然后一看，那书太老了，那是区间数学的第一本书。

胡：那成了资料了，成了古董研究的保存、收藏了。

云：他那儿的航空航天资料太厉害了。几个书架子。我成天就在那儿，要不到网上去搜，要不就到图书馆，因为我就住在图书馆，成天在里泡。而且人家那网也好，那 google 收集资料特方便，不像咱们这儿似的，搜不上。

胡：咱们主要是校园网出不去。

云：可能他们也封锁咱们。他们也不让随便下载。你要超过范围，会警告你。而且人家那研究，注重实验。他那注重实验是有政策，有导向的。你有实验室，和没有实验室的，那投资就是不一样。而且搞科研，课题实验手段，一个是理论分析，一个是实验，这两个在航空航天领域，缺哪个都不行。必须三个结果都对上了，那东西才可信。而且人家那实验室利用率特高，他一个屋里好几个风洞，咱这儿，一个屋里一个风洞。

胡：他那个风洞是多大的风洞？

云：他那个小，人家是实验用的。人家也有大风洞。你看人家那教授，不像咱这儿似的，一年下几个蛋，人家没有。教授很轻闲，教学任务也没有。

胡：英国的教授很少。一个专业只有一个。

云：国外的就是少。他少，他都那样。也可能咱多。

胡：风格不一样。美国就多，英国就少。

云：但是你到欧洲一去，明显感到教授值钱。我在欧洲，过境的时候，我拿护照，一看是教授，走吧。

胡：欧洲大概都是共同的。包括英国在内，欧洲的这个方式都一样。教授相对比较少，不像美国。

云：咱这儿评教授制度、评博导制度不好。人家这点好，人家招聘。咱这儿，教研室五个人，三个人去争。

胡：咱们这儿不是早就说要聘，不再评了吗？怎么还是在评啊？国外就是，你一个系就一个教授，别人你也甭想，也没有那么些事。

云：你要到我这个学科来，你来了就是我这个团队里的。你要想到别处去，招聘。这是制度造成的。人家那个校长，就老老实实当校长。咱这儿的校长，通吃。咱这儿一评奖的时候，全是校长，副校长。这东西你还行啊？你以为自然科学基金公正啊？这都别说。不行的。中国的院士制度非搞臭了不可。前两天选院士，你到没到网上看？

胡：我看了一眼，《光明日报》登了一个提名的名单，后来，我没再看。

云：不是。人家对院士制度提出质疑。人家很好的制度，在咱这儿凭啥院士不退休？人家国外，院士跟教授一样退休。科学上有作为的都挺怪的，都有点怪僻。你说你叫有怪僻的人去当干部，这可能不行。但是也有人当得非常好，我觉得咱们这届领导真好，英明，能干事，是不是。

我们干的这玩意儿，别的国家还真没有
——王华明教授访谈录

采访时间：2011 年 12 月 29 日
采访地点：北航四号楼王华明办公室
被采访者：王华明（以下简称王）
采 访 者：胡懋仁（以下简称胡）

［访谈者按］ 我认识王华明老师是很早的时候，每天早上在操场跑步，总能见到一个个子不高的年轻人也在跑步。当时看得很熟悉了，但是没有打过招呼。那时，我还在给国外来的留学生讲授汉语，负责相关教务工作的是当时在外事处工作的小崔老师。所以我跟小崔老师就比较熟一些。后来知道，小崔老师是王华明老师的夫人。王老师在我校很早就是名人，我要采访他，心里也有点发怵，怕他不同意。因此，我想走一条曲线的道路，先打电话给小崔老师，小崔老师说，你就直接找他吧，我把手机号给你。我就直接给王老师打电话，王老师听完我的意思后，很爽快地同意了。

在采访结束一年后，王老师获得了国家技术发明一等奖。我由衷地为他高兴，并打电话向他祝贺。他做的这个激光快速成形真正是具有创新性、原创性的。在采访时，我感觉王老师之所以能够做成这件事，一个原因是他勤于思考，对一个问题翻过来掉过去地思考，从多个角度，多个层面来思考；另一个原因就是他能踏踏实实地做事，不浮躁，不重名利。

在这篇访谈里，王老师对当前科学研究中存在的不正之风进行了自己的分析，也为此表达了深深的担忧。的确，这是一个亟须解决的紧迫问题。

王华明教授简历：王华明，男，1962 年 5 月出生，汉族，四川省合江县人，中共党员。1989 年毕业于中国矿业大学北京研究生部矿山机械工程摩擦学专业，获博士学位。1992 年获德国洪堡基金会“洪堡基金”，并于 1992 年 10 月至 1994 年 11 月赴德国埃尔兰根纽伦堡大学金属科学与技术研究所进行国际合作研究（“洪堡学者”），回国后，到北京航空航天大学材料学院任教。先后任处理专业教研室科研副主任、主任，材料加工工程学科部主任、材料学院材料加工工程系主任，北京市特种功能材料与表面技术重点实验室副主任等职。

一、专利技术与科研抄袭

胡：你在哪儿读的本科，专业是什么？

王：我本科读的是四川工业学院，现在叫西华大学，我学的专业是铸造。读硕士在西安交通大学，后来上博士，在中国矿业大学北京研究生部。

胡：你读硕士是读什么专业？

王：在西安交大，我学的是铸造，做的是金属基复合材料。博士到这边也换专业，是矿山机械工程。但是我做博士论文，不是在矿大做的，是在钢研院。就是在大柳树那儿，因为我的副导师张清先生是钢研院的。拿到博士学位后，到中科院沈阳金属所，做博士后。做完博士后以后，到日本去了一趟。后来就去了德国。

胡：在日本待了多长时间？

王：在日本待得很短，三个月。在做博士后期间，我就做了跟发动机涡轮叶片有关的研究，现在航空发动机用的涡轮叶片是单晶叶片。

胡：单晶一般不都是指半导体材料吗？

王：单晶不都是半导体，也有金属单晶。

胡：金属单晶是什么概念？

王：金属单晶是这样，一个发动机叶片，就是一个晶粒。前些天得了国家最高科学技术奖的师昌绪院士，我是以他的名义招我去金属所做博士后，就在胡北麒院士的指导下做单晶涡轮叶片研究。完了以后就去德国，用的是洪堡奖学金。我是北航第一个获得洪堡奖学金的，是1992年去的。在那边做激光。后来到了北航，现在也干激光。

胡：激光加工的这个情况，是国外已经有了，我们再另起炉灶地做呢？还是在借助他的这个技术的基础上，我们自己有一些新的进展呢？

王：激光这东西是外国人发明的，用激光加工材料也是外国人先干的。我们刚开始也是跟着别人的思路在走，很快，我们就跟别人不一样了。现在不谦虚地说，我们有我们的特色。

胡：你这个大概做了几年就出来了，就可以应用在实际上了。

王：哦，那太苦了。要说激光成型加工，实际上我们从1989年就开始了。现在领导来参观，说激光成型是从1998年开始干。干到2005年，出了这么小的一个零件，就很小一个东西，用在了飞机上。从这个意义上说，做了8年，做到这么大。从2005年干到2008年，这4年呢，我们一直在迈大步。从1998年至2005年，这8年，我们追赶上国外了。2005年以后，我们就不是赶上，我们的方法都不一样了。这方面我们就是突飞猛进了。从2009年，10年，11年，这两三年，又是突飞猛进。这方面，别人没有我们的方法，也没有我们的设备。我们有自己的方法，自己的设备，自己的标准。

胡：现在专利呢？要申请吗？

王：专利有，有一小部分。

胡：是不是有的还不允许申请？

王：太忙，没时间申请。

胡：有没有在国外申请专利？

王：没有。

胡：是因为技术保密的问题吗？

王：专利这个东西我觉得是要靠有一套完善的体制，才能保证专利有真正专利的作用。专利是靠公开保护，你告诉了别人，别人就会了。你必须要告诉别人，你不告诉，你没告诉清楚，那就不算。有两方面的原因，一个是中国现行的体制，我就公开地用了你的，你怎么办？你没招，这是第一。第二个呢，中国要建立和完善专制保证的机制，说你有三项专利，不够。我说我有 10 项专利，太少。你得起码有 200 项。我想核心专利，有一项就够了。可口可乐就一个配方，专利也不申请，保险柜锁着，通吃全世界。我们是你要报奖，五项专利不够，人家说，至少得 200 项。

胡：这是谁定的标准哪？

王：现在就是两个东西走入误区。我真有些看法，就是我们国家现在认为，申请了一个专利，就是有一个自主知识产权，就叫什么核心技术，就叫原创技术。专利是这样，专利并不是你做出什么东西了，就有专利。专利是，我可以今天坐在这块儿，想到什么，我就写出来。这个有的是真的，有的不是真的，有的是可行的，有的是不可行的。你只要有这个想法，你写了东西，而且专利是你写得越少越好。我就写一点，你别写太多，比如说我在这个地方钻了个特别小的眼，以后这个地方就会怎么样。行，我就写这个东西。最后他去查，说看看别人有没有在这个地方钻眼的，一查没有，这个专利就授权了。假设我做个眼镜，这个地方是圆的，麻烦了，因为别人的眼镜在这儿也是圆的。我说在这儿钻个眼儿，这个眼儿会积点灰尘，灰尘有什么好处，就成了专利。你可以无中生有，你一天可以写出很多个专利。根据现在的规定，你只要掏 2000 元钱，你就算有了一个专利，专利局因此收了不少钱。

现在好多事是矫枉过正。比如说论文，一年写 30 篇、50 篇，我觉得这种工作一点意义都没有。你说第一个设想是你有兴趣，我说我是科学家，我对这个东西确实有兴趣，我做完了，论文发出去了，我心理有个满足，在科学上大家的认识又深了一步。我从来不是说要追求多少篇论文。我们国家现在是发篇论文，要有多少影响因子。影响因子这个东西害死人。你一定要去比那个影响因子。你确实对科学有影响，第一让大家的认识深入一步，第二个是做出有用的东西，让社会进步了，就是有用。作为工程科学，我有这样的观点，北航这样的学校，如果干的东西都没用，有啥用？

还有一条，全世界没有任何一个国家，比中国在口头上更重视基础和更重视理论，和更重视科学。我们都在讲，科学问题在哪儿？基础问题在哪儿？一般的人要问别人的时候，我开句玩笑，你去参加会议的话，如果你要想让别人难受，你要显示你的水平，你就问他，你这个科学问题在哪儿？你创新性在哪儿？你基础性在哪儿？别人不问你这些东西，别人就问一下，你比别人进步在哪儿？欧盟前年请我们去参加他们第七框架的评审，请了四个中国专家。他有一条，progress beyond the state of arts。就是你比目前的状态进步在哪儿？你比别人进步在哪儿？他没问你有什么创新点，什么科学问题在哪儿。实际上，中国是这样，自古以来，就强调这种理论。你说你自己的想法也提不出来，就跟着别人屁股后面跑，纠偏捡漏似的做个小问题，发表点文章，一年要发个十篇文章还是多少篇文章，一篇文章给你多少奖金。实际上你去看吧，德国人，日本人，一个教授，从他当教授那天起，或者甚至是从他博士开始，一直干到他死。英国人也是这样，我就做这个领域，真的是专家，他干一辈子，他就干这一个方向。他也不变。我们国家有很多专家，今天弄点钱干干这个，明天再弄点钱干干那个。专利是对知识产权的保护，一般不管是学校还是公司，都很重视。这个东西我做出来，我用专利把这个给圈上。你别人再来，它就是一种商业利益。应用，就是谈有什么用。它圈上这个东西，确实是为了保护这个东西。我们国家片面追求数量，领导说，你看，我们今年发明专利增加了 500 项，明年增加了 600 项。你看这 600 项，有几项真正是有用、真正是自己提出来的？所以我们申请专利很少。我们申请的专利大概加起来，激光快速成型这块儿，也就六七项吧。大部分申请的是国防专利。国防专利是不公开的，而且最核心的技术，我们没有申请专利。

胡：那就跟可口可乐的配方一样。

王：为什么要申请专利呢？那就是给别人看，他还有专利。一般都要问，他有多少专利？没专利，没专利你就不行。专利我就是蒙着头，一天我能造 10 项专利。我对论文和专利都有看法。我真有看法。现在为什么全国都抄袭严重？那个抄袭已经到了恐怖的程度。胡老师，你真不知道这个抄袭到了怎样恐怖的程度。我是有完全深刻的体会。这已经确确实实到了触目惊心的程度了。我了解的，我们组的论文，被别人抄，他是抄到什么程度呢？假如说，是一篇关于“红薯”的什么研究，他就能改到这种程度，他就改了“红薯”这两个字，就只替换这两个字，写成关于“豌豆”的什么什么研究。里面的任何曲线，那明明是一个“红薯”，他下面就写着是一个“豌豆”。只替换两个字，而且都是很有名的学校的博士。我就不相信他的导师不知道？就是打死我，我都不相信。做材料研究的人，这个材料是你做出来的，还是谁做出来的，你不知道多不一样。我们课题组有十几篇论文都这样被别人抄袭。你说你举报，你举报有啥用？现在全国也都这样。没用。

胡：举报，我觉得是这样啊。举报，不指望现在就得到处理，但是这笔账给他记上。

王：没用。胡老师，你可以想象，现在有的大牌的学术权威人士都这么干，你说小老百姓，谁去管去？恐怖到什么程度呢？恐怖到真的让你吃惊的程度，你没法想象。你看这份期刊，这是材料领域里比较有名的期刊。这份期刊 1978 年发的论文，他把这篇论文里所有的曲线、图表，一模一样，完完全全把它弄下来，现在他把它换一个名。原来是电子什么什么，现在改成激光什么什么，发表了。我一看，这个曲线怎么这么熟啊？这不对呀？因为我以前看过。1989 年我在金属所做博士后，那时候我有个记录本，没有电子版，再拿出来一看，有这篇文章。再把那份期刊拿出来一看，一模一样。除了换一个名以外，就像刚才说的那种替换，就在国内国外发，国外那时候也没电子版哪。1978 年那时候，国外也都是打字打出来的。这事还是一个著名项目名下的学者干的。

胡：向国外的期刊举报应该还是起作用的吧？

王：没闲工夫。

胡：是。正事还做不过来呢。可以找研究生做这事。

王：我个人的观点是这样。假如是在社会科学领域，假如是一个研究生写的东西，你老师还真不好去把关。这是我个人的观点。因为那东西是脑袋里想出来的，写出来的东西，是真的，是假的，是抄的，还是不是抄的，那是观点。观点肯定是要综合别人的东西，观点里总会有别人的东西，你不可能单拿出哪一点，说是自己提出来的。但是一些基础呀，相关的东西，那玩意儿很难说，说是抄袭，还是不是抄袭。你整段整段地抄，标点符号都没动，这容易看出来，那肯定是抄的。但是他瞎弄一下，揉一下什么东西，你还真不好说。

搞工程科学，搞自然科学，你做出的结果。前面的绪论你可以抄，但你做出来你怎么整个硅化物去了？硅化物的形态跟碳化物不一样，一看就很清楚。这种情况，要么是你这个老师不知道，要么就是他也有问题。

胡：像这种情况，期刊编辑应该能知道呀。他是专业的，碳化物、硅化物他应该分得清。

王：真不能怪编辑。编辑是这样，编辑他仅仅是编辑，他并不是专业人员，并不懂专业。

胡：编辑审稿要找人审。

王：找人审，审稿人也一样。假如你把稿送给我，我作为审稿人有很多事情也没干过，那也只是凭我的判断。我只看看你说得怎么样，有没有道理，有道理，我就认为是合理的。你不合理，我就不让你过。我并不是干这个东西的。假如有些东西，明显我是干过的，我一看就知道你这里有问题。有的东西涉及的面是比较大的，你确实不能区分出来那个东西是真的还是假的。他照的照片是真的，这是红薯的真实的照片，只是他说这是豌豆的照片，假如我没见过豌豆，我又不知道豌豆是什么德性。所以说审稿人，一定要找很精通此专业的专家。能找到高水平程度的专家，究竟有几个？专家都是很专的，包括自然科学领域里的，他做的东西就是那么一点儿。像数学家，像一篇论文，推导的过程有那么厚的一摞草稿，写出的论文就十几页，你要说让审稿人把推导过程中的问题揪出来，判断推导的过程是正确的还是错误的，那不可能。审稿人只能说，作者的这个思路对还是不对，基础对不对。推导过程就很难看得透，还得靠作者自身。

二、科研体制与行政化

王：我个人认为，现在论文的这种滥，包括评职称，还是跟体制有一定的关系，不是一种科学的管理。说白了，就是行政式的领导。他就要量化，今年到了多少钱，写了多少论文，有了多少专利，你论文的影响因子是多少，被引用了多少次，就是这种数量性的东西，作为当领导的来说，它可以量化。而科学这种东西，有的可以量化，但不是都可以量化。我对这种东西，我个人认为，是已经跑题了。

国外的情况呢，你看国外的教授，这个教授的位子空缺了，他在全世界，或者全国招聘。哪怕你只有 25 岁，你成了，这个位子就是你的，你就是教授。从此以后呢，那就是你的事。并没有校长要求你，今年发了几篇论文，今年得到多少经费，校长不管。因为你已经是教授了，我可以就做一件事情，我就做这个研究。我也可以去弄很多钱来，招一大堆人来干事。确实就是这样。但是作为校长，他并不是说，你不行了，把你这个位置拿掉。搞什么每年考核一次。没有，真没有。但是咱们国家教授确实太多，有些教授现在撑不起来，水平不够。你真要按照国际标准来说，那些人真不够当教授。有些人一当上行政领导，马上就能当教授。国外相对来说，它确实很严。

胡：我已经采访了十几个老师了，跟你这个想法相同观点的人不少。当然他们说的侧重点不一样，不是像你这样，侧重于这个方面。他们说的其他的问题，都是在说实话。并不是就你一个人另类，大家都是在这样想问题，因为事情在这儿摆着，客观实际就是这么个情况。

王：改革开放初期，或者说到80年代吧，那个时候，我觉得大家还真是挺严肃地做学问。那个时候读硕士、读博士，相对来说，老师们确实很认真。那个时候条件比较差，但是那个时候的风气还是不错的。后来我感觉，核心问题还是在管理上。那个时候的博士论文，你干了很多工作，干完以后，老师认为水平够了，你就毕业了。那时候有的老师连续开学生，这个学生不行，啪，开了，很厉害的。我在西安交大的时候，上了半年，老师说有个学生没有培养前途，就不要了。第二年再招一个，干了一年，又说没前途，又给开了。我是79级的，1983年上硕士，遇到一个硕士生。那时候硕士生也挺少的，我觉得他干得真是不错，真干得很好。你说他作假吧，他也没作假，真没作假。他做物质结构，通过透射电镜一看，这个东西就是它。电子衍射证明它就是。大家都不怀疑。结果这个硕士生看这个照片，洗出来有一个点不太亮，一个小圆点，一个小斑，不太亮。他认为不太亮就不完美，他就弄一个东西曝光，让它亮一点。你作假，跟电子衍射看的不一样，一眼就能看出来。大家也承认，你这个东西就是这样一个晶体，大家也都知道是。但是老师说，这个点是假的。他自己也承认做了一些手脚。就因为这个事情，结果就没有学位。你说他冤吗？大家都承认，这种做法不对。那个东西不亮，你就让它不亮就算了。它一般是中间亮，边上慢慢就暗了。他把中间做得很亮，这个在自然过程中是做不出来的。后来他毕业了，给他分配到一个很小城市里的一所一般性大学。那是1985年底、1986年初，那时硕士很少。这个东西在现在看来算什么呀？他真没有作假，但是在做的过程整了这么一个东西。

胡：你说现在这种现象吧，跟当前这个市场化有关系，什么都是市场化，特别是跟职称、待遇，都跟这个挂钩。

王：我觉得还不是跟市场化有太大的关系。我觉得它是一种行政化的表现。

胡：跟行政化也有关系。我也没想好这个问题。因为那个时候学校都没钱，没钱就想搞钱。搞钱呢，就想搞项目，搞这个东西。你要有激励，你跟国外差距很大，你怎么赶上去？国外有这么一个 SCI①，国外是用来做一个工具，我们是用来做标准。

王： 咱们国家自然科学基金委材料学科组的一个老师就说，什么叫 SCI？就是 Stupid Chinese Idea。只有在中国人这里，SCI 才算回事。人家根本没当回事。它本身不过就是一个文献检索的工具。中国把它当作一个衡量水平高低的标准。其实人家根本不讲究这个东西，真不讲究这个东西。我甚至有时候会认为，有的人干出的东西没什么用的时候，他就讲这个，我这个影响因子是多少。然后有的人把自己论文中的这句话抠出来，啊，这句话别人是怎么引用我的。我说，有这个闲功夫吗？用红笔把这句话刷上，然后扫描下来，让别人看。我说，这有用吗？有意思吗？你有时间干点正事，你统计那个干什么？还有的人甚至还这样干，比如别人给你的审稿意见，有一个总的评价。这个审稿意见拿来以后，你就照着修改，修改完了就完了。完了就扔了，就没什么事了。而有的人就会把这个审稿意见拿来作为衡量他水平高低的一个东西。说那个谁谁谁，什么专家，对我怎么说的，我这个思想怎么怎么样。真是还有这样的人，干这样的事，我说你这样做有意义吗？

我觉得这还不是市场化的问题，还是管理行政化的问题。你要有多少篇论文，你才能是教授。每篇影响因子是多少，我给你多少钱。原来我在西安交大的时候，那地方还不错。他们那儿的风气还真是比较正。现在有没有变我不知道。他们那里的老师还是有那种精神，那种科学的精神，很严谨，干事情踏踏实实。我的老师，我当时的印象特别深。那时我也有点意见，我们做了这个工作，当然那时候也不要求发论文。1989 年以前都不要求发论文。那时候一篇博士论文往全国送出去 40 多份，然后回来，说你行了。我在西安交大干完，干完说写篇论文吧。老师是这样的，说这工作结果太新，我们得等一等，看一看，看看反映。

① SCI（Science Citation Index）是由美国科学信息研究所（ISI）1961 年创办出版的引文数据库。SCI（科学引文索引）、EI（工程索引）、ISTP（科技会议录索引）是世界著名的三大科技文献检索系统，是国际公认的进行科学统计与科学评价的主要检索工具，其中以 SCI 最为重要。

我说，都做了工作，发篇论文，看什么反映啊？都是自己的事。但是他觉得需要等一等。

胡：那他需要什么反映？人家都不知道你们做的工作，人家怎么反映你的工作呀？

王：当时这反映了他的一种态度。就是自己要再看看，这里面有什么问题没有，是不是有什么不足的。这就反映了这一代人的风气。我还真是这样。我 1989 年毕业，我的博士论文没有发表，那时也没要求一定要发表。当时国家没有要求，后来慢慢国家也开始有要求了，也重视这东西了。还有一个是在沈阳金属所。那个地方在学术上也是全国为数不多地好。那个地方确实是这样，到现在为止也还是这样。非常好的现象，那个地方尊重知识，尊重学问，那还真是好地方。

三、讲课对科研有很重要的意义

胡：你现在还承担讲课吗？

王：我从 1995 年开始，一直上本科生的专业基础课。1995 年我就有这个观点，当时选学校，我为什么到学校来，当时心目当中的学校，学校比较自由。给学生上课，培养学生，有闲工夫的时候，自己做点科研。你教书，有工夫你就做科研。工夫少，你就少做点，工夫多，你就多做点。相对来说，这儿比较自由。所以我一直是这种观点，如果你在学校当教授，不上课，那你应该在研究所当研究员。如果当教授，不上课，你算什么教授啊？我一直是这个观点，真的。根据学校现在这种情况，你说上课咋弄？现在这个风气，除了提职称，看看你上了多少课，有多少课时，除了有这个用以外，其他没用。现在的考核体制不就是这样吗？我觉得这是个良心，你没上课，你良心过不去。原来我就是这样的观点。九几年的时候，还有 10 元钱、8 元钱的课时费。课时费我认为是不该给。你讲课，是你的本职工作，你拿了工资了。你一周讲多少课，这是你的本职工作。这个再拿课时费，在我看来，好像也不对。这是你的本职工作，带个研究生，还算多少工作量，最后加上课时费，算多少钱。说句题外话，这是我个人的一个基本的理念。老师上课，还要收课时费，当然它是体现了多劳多得，体现了一种对老师工作的认同，有的人上课，有的人不上。大概是有这么个意思。

你上课，什么好处？除了时间把你绑死了以外，你讲得再好，并不认为你的水平就高。包括现在的教学成果奖，我说远了，我对这个教学成果奖看法多了。教学成果奖，现在是报奖。教学成果奖，并不是说他这门课讲得好。举个简单的例子。有的课，45 个学时。有的老师让学生上去，一个学生讲一个学时。美其名曰互动，让学生参与。这个东西就可以拿奖。你看看，它彻底改变了以前满堂灌的这种思路，那学生上讲台，主动参与，他要查很多资料，他才能在那儿讲。在这个过程当中学到很多知识。说得确实对的。实际上行吗？那是害人哪。讲课我有个体会呀，这门课哪怕是你最擅长的，你认为你讲得最精彩的内容，真正轮到你上讲台了，你就会发现好多问题你没吃透。比如说我讲金属学，金属学我应该很熟，而且你认为在这方面你功力最强。真正要上讲台要去讲的时候，你就会发现有好多东西你真的没吃透。那学生没学过，行吗？还有一个学校评奖。我参加过几次评奖。说是这样，教学成果奖，关键看你有没有改革。如果你讲得好，讲得深入，讲得透彻，也只是评优秀教师。要是讲得特别好，用的什么图，讲得很透，他说你只能评优秀教师，不是教学成果奖。你说以前那些大家，没有一个是评出来的。比如说，一个学科，南方有谁，北方有谁，那不是大家评，那是大家佩服，这个老师确实水平比别人高。这是看一种声誉。

胡：你说那个我很有体会。就是说，我虽然对这门专业很熟，但是一上课，我就发现还有好多东西没弄清楚。这个我觉得是老师上课一个很重要的动力。虽然我讲了这么多遍，但是我一讲到这儿，我总觉得有些基础理论的问题，或者基本概念的问题，是需要研究的，是需要琢磨的。其实你说讲课有什么用啊？讲课的用处就在这儿。我给学生上那个马列原著，讲恩格斯写的《路德维希·费尔巴哈和德国古典哲学的终结》，我讲十几年了，从九几年开始讲，一直讲到退休。每讲一次，我都有一些新的收获。每讲一次，我都发现新的问题。我就得去琢磨这个问题。你说动力在哪儿，作用在哪儿，我觉得就在这儿。它不光是表面的盲目的重复，你不下功夫那当然无所谓。

王：还有一点。像我们搞自然科学的，或者说工科，我还有一点体会。如果这个领域，你要去足够地研究，那就是要把别人的东西读懂，要把你理解的讲出来，如果你是干过的，你真的深入地研究过，这个时候，你讲这个东西那就确实跟别人不一样。有的老师我理解是这样，他确实把这个教材吃得很透之后，他把它组织得挺好，讲得很生动。但是这个东西在我看来，我觉得不行。他只是看了人家的东西，没有自己的东西。因为他确实没有做这方面的研究。

胡：工科你还得跟踪最新的工艺，是不是得跟踪？

王：那肯定的。我就说为什么你在搞这方面的研究，第一是你对这方面的现状很清楚；第二在研究中，你发现了好多这些东西，这些东西跟你原来的那些东西还不一致。这些不一致跟你原来的东西，有的可能是反的，有的可能是正的，你肯定有些自己的东西。这些理论原来产生的条件，现在会怎么样，以后会怎么样。这些东西跟踪还是起码的。这块东西你现在干着，它的现状你肯定是要了解一下的。但是这样，发的论文和你自己真正干过，那是两码事。了解现状只是看看，现在做到什么程度。你也可能跟着别人这样干，也可能不跟着别人这样干，我向着另外的方向做去了。

四、我做的主要工作

胡：你现在做的这个激光成型，你的思路是怎么来的？原来你接触的都是国外的那种做法，那种思路。那你怎么就想到完全不同的思路？

王：是这样。是在干的过程中，全部是在干的过程当中，出问题的时候，这个问题出来，那个问题出来，最终可能是要掉头走的。我个人的观点，一切新东西，都是在做的过程当中，遇到了困难。为了解决这个困难，转向了。意外总是出现在过程当中。本来是要摘桃子的，走到路上看到几棵人参，更多的情况是这样。一个是，你走一条路，走不过去，就转向，走到正确方向。另一个呢，出现一些意外的结果，你一看，这个有意思啊。我研究这个不就变成什么东西了吗？这些新的观点全是这样出来的。我个人认为，如果你做研究，只从脑袋里面空想，天天坐在房间里面冥思苦想，那也许是战略科学家吧。

我们有两个方向，一个是快速成型，一个是耐磨耐蚀的材料。给本科生就讲那个铬三硅结构。讲结构，跟材料一点关系都没有。所有的人就是在讲结构。我讲的时候呢，当然也讲结构，我就在琢磨，这个材料这么怪，把它做成材料，它的性能一定挺怪的，肯定有的性能特别好。行，那就让我们学生的毕业设计先干着。一干，好得一塌糊涂。我们在国际上大概一百多篇 SCI 论文，都是这一块。有时候给学生讲这个创造性，我就举这个例子。我说如果我没讲这个课，我们就没有这个方向。这个方向在国际上是我们第一次提出来的，是我们干出来的。我说如果我讲另外一门课，可能方向比这个还好。反正我觉得我们现在这个方向挺好。没讲这个课，我肯定提不出这个方向，打死我都想不出来。原来我就觉得其实自己很无知，原来硅和金属还能形成化合物，原来我认为化合物都是氧化物呀，氮化物呀，从来没说金属跟金属也能形成化合物。那时就是不懂。

胡：硅是金属吗？

王：硅是亚金属。它是半导体。它核外四个电子。

胡：对，介乎金属与绝缘体两者之间。

王：是呀，这玩意儿还能形成化合物？原来就很无知。原来还有这种东西？一看，既然有这种东西，它性能就该好。为什么？有硅就抗氧化，有硅就抗腐蚀。它就应该好，就该这么高。学生一做，有点脆，一脆了呢，你得让它不脆。再加点别的东西，它就不脆了。这样方向就起来了。那就从 1996 年干到现在，一直还在干。我每次讲课的时候，都会给学生讲这件事。我从 1995 年讲这门课，1996 年就开始了这个方向。其实在基础理论东西的里面，没有摸透的东西太多了。最基础理论的东西，不管哪一个领域，都是这样，我举个例子。不管你有多大的学问，不管你水平多高，你在一个 3 岁的小孩面前，小孩追究着问你为什么，他就能把你问死。只要一个 3 岁小孩，连问你五次，一般情况下问你三次到两次，你就完蛋。噢，它就是这么个规律，跟公理似的。你要证明这个公理，不好证明。这是公理，大家都说这是常识，就是这样。他小孩不管你这个，他就要问为什么。这个没为什么了。在基础课里面，太多的东西，问一个为什么，你发现就不行。基础课里面有好多东西，包括现在在 Nature，在 Science 上发文章，就是最最基本的东西。我们这个领域发的最高水平的论文，就是我们这个领域里最基础的问题，而且这些问题的结论早就有了。我在 Science 上找了四五篇论文为例，实际上是我们这个金属学领域里最基础的问题。你再看，你说哪一点你不明白？哪一点东西教材上没说？其实就是这么点东西。但是呢，人家第一次想了这个事，人家就是比你聪明。

胡：我觉得也是这样。现在科学越发展，一个是面上摊得大，另外一个就是往下挖得深。越往下深挖，它问题就越来越多。你要想的问题，其实是很多的。就看你愿不愿意想，愿不愿意耗这个工夫。

王：有时候，科学进展是很慢的。我个人的观点，真正回想过来，科学进展很慢，真的很慢。二三十年前，问有些学者，问你这个学科将来会发展成什么样子？以什么样的速度在发展？多少年以后会怎么样？哪个材料会被淘汰？哪些材料会被应用？现在回过头去看，材料科学的进展是很缓慢的。实质上更多的只是一些技术上的进展。

胡：所以还只是叫技术革命嘛，还不叫科学革命。你现在带多少研究生？

王：有二十来个吧，硕士生、博士生都有。现在比较少，以前招得多。

胡：比如你现在的这门技术，在企业中用到没用到？

王：现在还是我们在用。以后慢慢地会转到中航工业集团去。他们去把这个技术产业化。

胡：这个技术最终是应该走进企业的吧？

王：对。中航集团会建一个公司，专门就干这个事情。

我们是承上启下的一代人

——陆民燕教授访谈录

采访时间：2011 年 9 月 22 日上午

采访地点：北航为民楼陆民燕办公室

被采访者：陆民燕（以下简称陆）

采 访 者：胡懋仁（以下简称胡）

［**访谈者按**］我和陆民燕老师是同一年入学的研究生。她是 1980 年入学的本科生，本科毕业就考上了研究生。我读大学时年纪就不小了，毕业后又工作了两年才考上研究生，所以我的年纪自然要比她大了不少。和她更为熟识是在一起上课的时候。在读研究生的时候，我们选择的第二外语都是德语，所以在一间教室里一起上了一年的课。后来，又一同接受中国航空技术进出口公司的资助，同一批出国做访问学者，而且都是去的英国。她走得比我早一些，是在伦敦。我走得要晚一些，是在利兹。虽然平时很少联系，但是在校园里碰到时，还是会简单地聊一会儿。陆民燕老师是我所有的采访对象中相对比较年轻的，因为我也想找一些年轻的老师采访，和老一代人做一些对比。他们与老一代人的经历肯定不同，思想上也有差异，但是也可能存在某种共性。那么这里的具体情况是怎样的？这是让我有些好奇的地方。

虽然与陆老师很早就熟识，但还真没有深入谈过，在这次访谈中，我感觉陆老师是一个工作很踏实的人。他们的工作很重要，但平时的工作也很平凡琐碎。另外，作为可靠性工程较早的参与者，从她的谈话中也能感受到这门学科在逐步发展，在逐步完善。

一、我主要是做软件

胡：你是怎么到14系这儿来的？

陆：那个时候还是有点分配性质。如果没机会留在这儿，我应该去航天部南苑那边。航天一院。当时我学的专业在那边是非常对口的，我原来学的专业是仪表与控制，是属于自控那一块儿，学传感器的。当时我本身做硕士论文的时候，做的是软件开发。所以才有到现在这个地方来的。那时候有大量的人做这个开发，当时我们本身是在做本溪的一个控制项目，那时候我进入这个课题组，就接触大量开发的工作。当时14系还是无人机所，需要人，当时带我的导师，她爱人是这个系的，就这么联系上的。后来一说，他们也需要嘛，就这么过来了。那边是研究院，这边是学校嘛，离家也比较近，就到这儿来了。

胡：我听说，你小学、中学、大学都在北航这个院里。

陆：对对对，没错没错。我来14系这儿，刚开始不是做软件，他们不是需要人吗？它这儿不是搞可靠性吗？我最开始时做的是信息，可靠性信息，它有个信息中心。那它也要进行数据处理呀，反正当时它是一个需要人状态。刚来嘛，什么都做，做信息做了一段时间。

胡：做信息主要是做什么？

陆：它是这样的。咱们的可靠性信息呀，它要收集数据，然后分析，然后要去指导，得到一些结论。收集数据不是咱们自己去，当时建立了很多数据收集点，比如咱们国家刚开始的运－7[①]、运－12[②]什么

① 运－7（Y－7）飞机是中国西安飞机工业公司参照苏联安－24型飞机的基础上研制生产的双发涡轮螺旋桨中/短程运输机。运－7于1970年12月25日完成首飞，1984年中国民用航空总局正式颁发运－7飞机适航证，1986年投入服务。运－7的出现结束了中国民航全部使用外国飞机的历史。

② 运－12运输机是哈尔滨飞机制造公司在运－11基础上进行深入改进的发展型号，属轻型多用途飞机，可用作客货运输、空投空降、农林作业、地质勘探，还可改装成电子情报、海洋监测、空中游览和行政专机等。很快成为了中国航空工业界一个在商业上较为成功的机型。该机于80年初开始研制。经过两年时间、1100多飞行小时试飞定型。1985年，运－12飞机取得了中国民航局颁发的第一个民用飞机型号合格证，翌年又取得该局颁发的第一个生产许可证。在其巅峰时期（2000年6月前），共有102架运－12飞机外销非洲、澳洲、美洲、亚洲、北美洲的18个国家。

的，航空系统已经有了这些数据收集点。它要改进产品，就要收集信息，再看有什么问题。那个时候每个月都有信息报来的。我记得那个时候有武汉机场，都是一些小的机场，咱们北京肯定没有。有小公司买这个，就有这么一套信息系统。而且厂家有专人驻那儿，收集信息的。他们把信息汇总到我们这儿来，我们当时就是航空部信息中心，这个中心就落在我们这儿。运 -7 等可靠性信息中心在我们这儿。他们的信息来了以后，我们就审查这些数据，然后录入、计算什么的，后来就开发软件，就做这些东西。反正多少跟软件粘在一起。然后等我要出国了，要出国的时候就要确定专业方向，以前做的那个就是个工作。尤其是你要出去就得有那么个专业方向的东西。走之前要确定以后我大致要做的方向，后来出去就联系的这个。回来就接着做这个东西。

胡：那你那时候确定的是什么方向？

陆：就是软件可靠性。本来我们做的是可靠性嘛，当时没人做软件，比较少。那时候刚开始，都做硬件方面的。软件需要人来做，我就这么过来了。我们主要做的是计算机软件，是用户使用的软件。

胡：软件的可靠性主要会存在什么样的问题？

陆：软件的可靠性，它跟硬件不一样的，它之所以有可靠性问题，还是因为软件里有 bug（软件漏洞）嘛，有缺陷。这相当于跟缺陷相关的，但是更关注于这种缺陷能不能表现出来。缺陷相当于你的内因似的。你要是说没有缺陷，那怎么使用都不会出问题。有的缺陷，在不同的使用情况下会表现出来。表现出来，就是不可靠。没表现出来，那就算可靠。就算里头有很多的潜在的一些问题，但是如果没有表现出来，那也是可靠的。反正就是围绕这种东西来研究。

胡：那你们是针对系统做这种理论的研究呢？还是针对用户提供的软件来发现其中的问题呢？

陆：其实到后来，我们这块本身的发展就包括帮他们发现问题，就是软件测试。广义地说呢，它跟可靠性也有关系。那就是说，里头要没问题呢，那肯定是可靠的。这块儿的目的是尽量发现问题。软件测试，等于是我们发展了一个业务方向。包括工程服务这种的。当然你也要有理论的研究，比如说它这个缺陷的机理是什么，为什么会产生缺陷，目的还是怎么样避免呀，怎么样去减少啊，就是也有理论研究，也是技术服务。

胡：你这么说，我觉得是不是这样，只要是软件，特别是大规模的软件，缺陷几乎就是不可避免的？

陆：这是肯定的。但凡是有点规模，都不可避免。因为一个是人编出来的，等于是你大脑思维的产物。思维这种东西，除非是特别简单的东西，你可以保证它不出错。但凡这种错综的逻辑关系呀之类的，你就很难保证不出错。所以只要到了一定的复杂程度，就可以肯定地告诉你肯定有，只是多少而已。

胡：就是出现问题的大小和多少？

陆：对，还有后果的严重程度。有时候就没关系，带着就带着呗，只要没造成什么恶果。那就很正常。因为你要找出它的代价，那就非常高。

胡：成本非常高。

陆：对。为什么 windows 要打那么多补丁上去？他也知道有问题，对吧？你不可能无限制地测下去，那样的话，成本呀，这些东西都不允许。但是我又可以接受，比如说咱们一般 PC 机[①]上用，它不会出特别特别严重的后果。大不了就是死机了再启动，大不了就是过一段时间再给你打个补丁。一般也没什么后果，就让它过去了。

胡：如果在特别精密的操作当中，就可能会有问题吧？像航天领域，火箭马上就要发射了，发现了相关的问题，这个影响就可能会比较大吧？

陆：有可能。所以在那种情况下，你就有可能要考虑，比如说这个操作系统，它能不能承受。如果它不能承受，你就得看有没有更好地操

---

① PC 机，即英语 Personal Computer 的缩写，即个人计算机之意。

作系统。它要做一个事先的风险分析，但是没人敢说这个东西没问题。

胡：早就听说有机器自动编程，那它那个逻辑关系应该不会有太大的问题吧？

陆：自动编程它只是说它这样一个编程的过程是自动化的，但是比如说，那个自动编程的软件也是人编的，对吧？是不是这样吧？你怎么能够保证这个软件没有问题？但是有一点，可以说这个东西会越来越好。假如说我有这么一个编程的工具，也可能刚开始会有问题，就跟人一样，跟其他软件是一样的。但是如果这个东西不断地使，然后不断地改，它就会越来越尽善尽美。到这个东西已经相当成熟的时候，你就会认为这个东西可靠性比较高。但是说它绝对没问题，那倒不太可能。

胡：在读研究生的时候，看到过一些材料，像 prolog①，就说是自动编程的。我出国的时候，我就想找这个 prolog 编程的例子。结果在网上看到一个 prolog 的小软件，它实际是一个自动的小游戏，比如下棋，或者往格里填数字。但是没有找到普通用户所用的那种实用性的东西。因为我也完全不懂这个东西。这些年也不接触这些东西，所以也不知道其中的进展情况到底是什么样。你们测试这个软件的可靠性，就是说现在的软件设计和所依靠的技术手段，和刚开始咱们用过的小型机，或者后来的 PC 机，那么现在的进步和发展体现在什么方面？

陆：从硬件上来看，现在的性能提高得太快了。

胡：在理论和思想上有没有什么大的突破？

陆：硬件的东西我不是太熟，这种东西只是我们应用的环境和平台。因为硬件的变化使计算机系统的应用，使得软件的应用就会有很大的空间。在时间上，我也可以用它来做要求非常高的一些应用。有硬件平台的基础在那儿呢，就使得做软件的空间也增大了。比如说，我要做

---

① Prolog（Programming in Logic 的缩写）是一种逻辑编程语言。它建立在逻辑学的理论基础之上，最初被运用于自然语言等研究领域。现已广泛地应用在人工智能的研究中，可以用来建造专家系统、自然语言理解、智能知识库等。同时对一些通常的应用程序的编写也很有帮助，能够比其他的语言更快速地开发程序，因为它的编程方法更像是使用逻辑的语言来描述程序。

特复杂的事情，硬件速度要是特慢呢，这就是不匹配了。我也就不会发展这个事了。但是因为硬件足够快，就看你软件能不能干那个很智能的事了。

至于从软件上，理论上的东西，我不知道这叫不叫理论啊，就是说，软件工程它的一些发展，有些更先进的，更适合现在面临的问题的，比如说一些软件的演化问题，现在好多东西都不是说重起炉灶，它是在前人现有的基础之上，不断地更新，增加新的东西，然后 update（升级）这样的东西。像这样一些东西，在软件工程里讲的一些开发的模型，还有一些相应的工具呀，都会对现在的软件开发，软件质量保证都会带来比较大的影响。这些东西都是相关的，都是一环套一环的。如果要求软件单独走得很远，这不可能。相互的这种支持，然后才能解决越来越复杂的问题。

胡：你们现在做的是不断地升级自己的测试软件，还是对用户的软件进行测试和分析，或者帮助他们找到问题？还是这两者都做？

陆：两者都做。找问题相当于工程需要，是吧？比如说咱们好多型号软件，在定型之前，一定要经过第三方的认可。我们本身就是有资质的第三方单位。就是他拿来，我们去测。但是在测的过程当中呢，因为软件测试不完全是人的智力活动，它可能也需要一些工具的支持呀，一些技术的研究呀，包括开发测试的平台。因为我们做的都是装备的嵌入式软件，不是咱们那个 PC 机上的哪种软件。

胡：类似于单片机上的吗？

陆：对。它是软硬件都有嘛。不是拿出来搁在这儿，是把它作为一个整体来测。像这样的话，就要有一个测试环境。因为我们要提高测试效率，包括准确性什么的，这些还是要有一个测试环境来支持自动化测试。所以这就要开发这个技术。所以，为了做这个，我们就需要技术支持，还要技术开发。开发本身就需要研究，所以我们的科研就要与之结合。

胡：因为不同的装备都不一样，你不可能用一个测试系统把所有的软件都兼容了。

陆：不敢说所有的，但是有一定的通用性。因为我们测的东西，比如它有一些接口是标准的话，因为等于是我们往他那个东西送数据，送数据，它的那个有些接口是有标准的。比如总线，它要都约定是1553总线，或者什么串口、并口之类的，我们只要做成这种标准，我们就一定可以通用。但是，我们并不涵盖所有的接口，所以你不能说对所有的软件都通用。

胡：那编程使用的语言都一样吗？

陆：那就是要看做什么。如果我们是做黑箱[①]测试的，我们不关心那一点。等于我们已经把它变成black box（黑箱），我只关心这个就行了。因为它实际上说白了，它加载到那里头的已经变成机器码了，就是你爱什么语言就什么语言，它装在上面的，就已经是可执行的。

胡：那你们大部分都是黑箱测试？

陆：我们偏重于黑箱测试。因为它是在定型前，定型的时候就越接近最后的产品了。中间过程是有白盒测试，白盒测试有专门的工具，这一般我们不开发，这有现成的。我们用人家的。但是我们本身不开发这个东西。

胡：那就等于只要接口是标准化，那就没有别的问题了。

陆：道理是这样，这个我们就能支持。但是这个只是说，我们具备了这样一个和它对接的条件，最核心的是，有了这样一个基本条件以后，你能不能去设计出来各种各样的情况加到它上面去。这个是人的智力问题和方法。

胡：那问题是，它遇到的场景和情况，很多是你事先不可能预

---

① 黑箱，又称黑盒，就是指那些既不能打开，又不能从外部直接观察其内部状态的系统，只能通过信息的输入输出来确定其功能和参数，比如对人的大脑活动的研究方法就只能主要采用黑箱方法。“黑箱方法”从综合的角度为人们提供了一条认识事物的重要途径，尤其对某些内部结构比较复杂的系统，对迄今为止人们的力量尚不能分解的系统，黑箱理论提供的研究方法是非常有效的。

知的。

陆：所以这就是测试的局限嘛。测试，一个是说，我可能压根就不知道，还有一个是说，即使我知道了，我也没那么多时间，把所有的场景都测到。这个时候就是说，我选择什么场景。要不然是最容易出现的，要不就是出现的可能性是最多的。大家都会碰到，你不把这种测到，谁都会碰到问题。如果没测到，那就是测试的问题。

胡：这种事挺有意思。你觉得咱们在这方面跟国外的差距有没有，或者说是有多少？

陆：如果从测试技术上来说，这个东西可能没有什么不同。在硬件平台上，像我们开发的东西，在此之前，我们曾经引进过一个东西。那个东西在国外应该是比较先进、比较高档的。引进的时间大约是在2000年左右。引进的是德国的一个东西，那个时候是说，他们当时打出来的旗号是说，他们已经用在空客380上了。当时空客380正在研制阶段，他们这个东西就是给380配套做测试。那就应该是挺厉害的。当时我们是买过来的，后来，我们自己做的预研，我们也趸过来。趸过来以后，我们就开发我们自己的产品。当然德国那套东西后来也在发展，当时我们开发的那个产品，实际上就是说，我们其实有些创意确实在性能上比他还要强。当时要开发的还有一个目的，就是说，毕竟那是人家的产品吧，你会很受制于他。他要往前进了，你才能跟着有新的东西。先不说价钱的问题了，包括售后服务当时都很不方便。你想，肯定有周期嘛。当然有了自己开发的这个东西呢，你就有很大的灵活性。

胡：他的设计思路是不是对你们有启发呢？

陆：德国人挺有意思，他们的思维方式跟我们不一样。当初我们接受他那个东西挺费劲的。因为好像我们不会这样考虑问题，这个当然也谈不上好坏，就是不一样。所以后来我们的思路也是不一样的，但是我们至少知道他是什么样的，他实现了什么。实现了的那个相当于一个目标的话，那就是条条大路都可以通到那儿去。我们当时是一个团队，由另一个教授，他偏重于计算机硬件，由他主要负责开发的。这算是一个比较好的成果。现在我们的型号测试上一直在用着。

二、理论突破还比较难

胡：在你们的这个领域里，先不考虑硬件的局限性，你觉得在理论上会有什么突破？或者说，导致还没有突破的主要障碍或者主要问题是什么？

陆：我们主要在做软件的可信性方面的东西。可信性比可靠性是一个更大的概念。可靠性可能是指的里头的一个属性，我们现在也在探讨里面的一些问题。作为可信性的理论，因为它是一个大概念嘛，这里到底有一些什么样的理论在里头，但是的确也没有想得太好，现在还只是在关注可信性。第一，可信相当于这样一个问题，实际上国内国外都非常重视这个问题。特别是现在这种大系统，现在不是讲什么系统系呀，我也不知道你们是不是这么叫。

胡：我知道统计物理学把更大的系统叫系综，综合的综。

陆：哦，叫系综吗？我们看英文叫 system of systems，相当于若干系统的系统。他们好像把它叫作系统系。

胡：就像太阳系、银河系一类吧。

陆：对。现在反正我们在关注这些问题。像系统系这种特点的，那么它的可信性等这方面的东西。你说在理论上，现在还确实没站在这个高度，能整清楚是怎么回事。

胡：那实际上大家都还处于一个摸索的阶段。

陆：在可信性这一块，应该是这样。包括整个的理论建立，应该还是在摸索。在欧洲，他们对这个东西关注得还是挺长时间的。但建立这样一个东西，感觉上现在还没有特别多的，也就是极少地方能看到建立这样一个可信性的所谓工程。因为现在还没有建立起来，可能还是有一些原因的。比如你的知识体系呀，你的理论体系呀，现在我们也在琢磨这个事情，就是怎么能逐渐地建立起来。

胡：这个可信性问题是不是也是属于逻辑系统研究的问题呀？或者算是数学系统研究的问题呀？比如原来的形式逻辑或者数理逻辑，它是比较机械的，后来也出现了模态逻辑，什么“应该”呀，“可能”呀，在这个模态逻辑里都有。

陆：现在是这样，它有一种非形式逻辑，应用在这个领域。实际上是从证据这个角度，你要说明它可信或者不可信，它就有点像证据这个。现在呢，确实发展了一支，它叫 CASE。这个 CASE 本身就是非形式逻辑。所以你刚才一下子点到这个地方，确实是非形式逻辑因这方面的应用。这是一个方向，我们现在也有一个小组在做这个。

胡：那它这个整个逻辑系统大概是一个什么结构？跟形式逻辑的不同点主要表现在什么方面？

陆：因为我也没特别研究过，但是关于它现在这个东西我大概知道，它实际上是一种三层结构，叫 claim，argument 和 evidence 这样一个结构。最终我要回答 claim（提出的要求）。比如，它是不是足够安全，然后下面是一个论证（argument）的框架，最后你要提供 evidence（证据）。这个结果是这样，但是往上推，它是非形式逻辑的一种。

胡：它不是通过二元运算的？

陆：不是，它是非形式逻辑。

胡：那它有什么特殊的算法？

陆：我是没看出它有什么算法，你只是很直觉地就知道它这个有道理。就有点像法律上，比如我判断证明你是有罪还是无罪，然后它下面就会有一系列的支撑，最后是证据。但是证据呢，它可能是要说明什么问题。这就相当中它中间的那个 argument。

胡：法律就是我提供证据，来证明你有罪还是无罪。那么论证（argument）这个证据的这个过程是不是相当于逻辑的运算？

陆：你要叫它运算，或者说算法，也行。它推导的中间那层就是这样。

胡：你比如说彭宇这个案子[1]，一定要说是他给老人撞倒的，法院就说你有罪，他这个推导就有问题。他这个算法是有问题的，为什么？按照法律来讲，它的基本规则就是，没有确实证据的，你就不能认为这个行为是成立的。就是说，只是老太太的一面之辞，只是这一个孤证，而且只是人证，没有物证，也没有旁证，这本来是不能成立的。但是，法院就推断，别人都不管，只有你去管，所以你有问题。这个推导的逻辑规则本身是不成立的。他在推导上是有问题的。不说这个案子别的问题，单说在推导逻辑上就是有问题的。就是在形式逻辑上，就是不能成立的。但是很多人没感觉到其中的逻辑问题，只是说你不对呀，你有立场问题呀。

陆：所以需要律师呀，需要法官呀。

胡：这个结论就是法官出的。我也没看到律师提出这样的质疑。他只说这不能算证据，但是为什么不能算证据，我没看到具体的说明。

陆：所以他那个研究的就是应该有什么样的证据，应该是什么样的一个逻辑，推理的逻辑。但是他强调的是这种推理不是严格的形式逻辑，它是一个非形式逻辑。

胡：它可能就是一切和形式逻辑有一点不一样的就叫非形式逻辑。因为在国外，形式逻辑非常严谨。

陆：对。它这东西就是没法给你一个严谨的。说这样弄出来，那但凡是任何人都得承认的。它不是这样，我感觉它带着一些主观的东西。

胡：或者说它没有办法表达出来的，如果要表现出所有的条件，那就太复杂了。

陆：甚至我都怀疑它可能表达不出来。实际上确实面临这个问题。你说说怎么就可信了呢，是吧？你直觉就会觉得需要提供一系列的证

---

① 2006年11月20日，南京市民彭宇陪同一名在路上跌倒的徐寿兰老太太前往医院检查，检查结果表明徐寿兰股骨骨折，需进行人造股骨头置换手术。徐寿兰随即向彭宇索赔医疗费，彭宇自称是乐于助人，怎么反倒被指成是肇事者，拒绝了老人的要求。后在各种调解失败后，于2007年1月4日在鼓楼区法院提出民事诉讼。

据。但是你提供的证据，人家认不认还是另一回事呢，对不对？所以它试图建立这样一个东西。如果有，你自己就会去论证，如果没有，它会建立一个框架，然后在这个框架下面，你再去做具体的事。而且即使在这个框架下，也并不意味着说所有的东西都要提供，实际上真正的可能是说，我提供了若干，它还有一个什么过程，就是说人家是不是认可。假如说我是接收方的话，你提供的这些东西我是不是认可。它实际上是有逻辑在里头的。我怎么判断，谁重谁轻吧，这总得有吧。这是一个我们现在目前看到的，国外也是在做这个东西。

胡：咱们这儿的博士有没有专门研究逻辑或数学这方面的？

陆：我们现在的博士没有，但是有一些博士，我正在让他们看这方面的东西。我个人觉得，这还是有点步人家的后尘，谈不上我们自己创新。

胡：因为从中国现在的经济发展水平来看，从科技水平来讲，对基础理论研究投入的可能还是比较少。

三、对大学定位的看法

陆：对。我觉得其实大学里头，应该更多地承担这方面的研究。因为像我们系吧，是一个特别典型的工程的系，就是说，这是个定位问题。我觉得大学，在工程的活动当中，我们的定位可能还是有些偏的。不是说我们单位，是说咱们国家。这纯粹是探讨，我个人认为，这可能是一个历史时期的问题。绝对要回归，我们不能去做人家工程的事。包括现在我们做人家的工程服务，当然比如说，将来弄出去，专门做工程，也不是不可以。但是这不能说，教授、副教授、博士都去弄这种东西。那就是做了不是大学应该做的事情。真的是，大学就应该出那些基础的研究，你就天天在琢磨你有什么新东西。那些东西可能在未来，上升为工程。但是现在还不能成为工程。要不然，现在谁来想这些事？真的是这种感觉。

胡：我看过介绍科学院的一本书，其中皮毛地介绍了一些数学所的情况。它就是太基础了。你比如说像你们这个可信性问题，它又不是特别的纯理论。但是它又是很重要的理论，其中理论因素特别多，浓度比较高。到了中科院数学所那种纯理论，可能就是纯度更高。

陆：基础理论也分层，比如说哲学，或者说数学，数学里还有应用数学，对吧？虽然说是分层的，但是我觉得大学应该是偏重于基础，至于到哪一层，还是跟你专业有关系，是吧？比如我们是研究工程的，那就应该研究工程的基础。要是理学院，他们可能做得更基础。反正总而言之，不能说我们有什么大型号，我就说尽管我身在其中，前些年其实我们花了很多的精力在型号上。在科研，或者基础科研做得很少。其实，不应该这样，真的是不应该这样。因为其实我们也都去过国外嘛，我在那儿参加的也是基础研究项目。到现在，我都认为，他们不是直接对着型号，它是这样，这在将来肯定会有相应的型号，但是他们偏重的还是基础性的东西，是打的地基的东西。说白了，就是什么人做什么事，大学的定位是什么？我觉得培养人是这样，你培养人然后做基础研究，我个人觉得应该是这样。至少你别的可以没有，但是这个不可以没有。

胡：我去的是利兹大学。你去的是哪个大学？

陆：我去的是伦敦城市大学。

胡：我们一起住的中国学生，他们系的有的在燃烧，在热能方面的专业。他们就说，他们的教授也经常被外面的公司请出去，帮助解决什么问题，他们的对外服务是这样一种形式。大学肯定也有，我想英国大学也会有国防项目，它肯定也会交给大学做，这也是肯定的。他不会让国外去的留学生接触这方面的研究。所以咱们不知道。但是它的基础东西还是很多。咱们现在这个问题挺有意思的，前两年我跟四系的一个老师聊过，他是搞发动机的，是个工人。他说过，在咱们上研究生的那个阶段，也就是 1984 年前后，北航想转。为什么无人机下马呀？就是北航的思路要转，就是我不想再接那么多型号了，我要做基础。当时航空部还有意见，还批评北航领导，说你们这么做是错误的。而且当时有一个什么情况呢？就是下马以后，北航的日子特别难过，没有钱。到了后来换了校长之后，就又开始转，又接型号，搞这个。这样搞课题，钱就来了。钱来了，日子就好过了。

陆：对，说白了，就是你没钱。所以这是国家政策问题。你要让在学校里头的教授、副教授，他要无忧，他不能够说，我天天想着我没钱怎么着，怎么给学生发钱，这个基本的要保证。这个基本的也是相对的，是吧？但是教授要有教授的基本的嘛，他现在没有保证。所以就搞得他必须要弄钱。再加上你这个考核体制，是吧？

胡：考核体制是配合这个思路的。

陆：你必须要经费多少，每年给我们院都在加。今年是1，明年就是1点几，就是这样的。我就觉得，我可以理解。比如说校长是上面给他压，校长为了完成他又压给院长。院长又压给各个系。他就是这样的。所以你就弄得就是说，我就搞钱啰。在这种情况下，谁能搞到钱，谁就是能干的。而且说实话，搞到这样一些钱，就是一些大的项目，它真的跟我们的基础研究，它对这种基础科研到底有多大的帮助？

胡：现在自然科学基金，它的导向是什么？

陆：自然科学基金，相对来说，它还是侧重基础，这是肯定的。但是你要通过获得自然科学基金来达到院里和学校的要求，不可能啊。所以这还是一个评价体系问题。比如说，自然科学基金项目的个数、经费数，当然这个能反映出你做基础研究的能力，因为它的投向就是做这一块的。但是比如一个总的经费这个东西，实际上很难挂上钩，很难跟你的水平挂上钩。这个真不好说。你比如说，我们做实验那种东西，我相信从那里面会提炼一些科学问题，但是绝大多数肯定不是，它就是一项工作，是对型号的一种服务。型号要求做什么实验了，是吧？拿到你这儿来了。你呢，比如有一些工人，或者请来一些人，来做这个实验。但是做的这个东西，当然会给学校、给我们院的账面上进来一些钱，但是从学校的科研这种目的出发，或者培养人的目的出发，当然有了这个条件对培养人还是有用的，但是总的来说，我觉得偏离了大学的目标。我真的觉得，这是一个历史时期，我不知道会过多少年，但是肯定是会回归。大学一定要是大学。

胡： 比如通过自然科学基金支持力度的提高，或者学校把课题的经费，分出一个比例，做基础研究。比如项目经费来了，上交给学校一部分，那么学校从中拿出一部分搞基础研究，至少我觉得他现在是能够做得到的。

陆： 当然学校从什么角度考虑是一回事，至少现在面上看起来，学校不太好看。我们自然科学基金项目的数量不是很多。上次开会说，上海交大，他抓得就比较有力，抓得比较早，今年他们有几百个项目还是多少，反正是特别多。咱们比人家一半还不到，就少得多。那再一个，这也是比较重要的衡量标准。今年，一个是学校比较着急，再一个可能也是鼓励，今年是他也要鼓励年轻人嘛，给每个 35 岁以下的老师，只要你申请了，你没中上，学校都给你一万元钱。这就相当于奖励。这就是一个导向，后面会有更多的人去申请。因为只有更多的人申请，才会有更多的人上去。这是有比例的，这是有相关关系的比例的。你不申请，肯定没有。你申请了，就可能有。除非水平都特别差，你上去的比例就特别小，但是一般还是有比例的，就是水涨船高这样。所以我自己觉得，学校还是在往这个方向走。比如说，国际化，这是大学应该干的事。

胡： 刚才说，80 年代那会儿，出现了这么一个小小的波折。他那时的思路并不是不对。但是对学校来说，一下子就受到很大的制约。钱特别少，整个都特别困难。到了后来又改，开始鼓励大家去争取横向课题经费。评价体系、考核体系都以这个作为很重要的指标。现在学校的日子好过了，慢慢都起来了，但是真正回归到你说的那些大学的基本职能，确实还需要一段时间。

陆： 我相信会回归。前一段不是出台制度改革吗？叫什么专任教师，还有专职教师。专任指的全是事业单位编制，然后又分为教学型、科研型。或者叫教学为主型，或者科研为主型。再一大部分叫专职教师，专职的队伍分 ABC，A 类有一部分属于事业编制，其他就都不是事业编制了，就是会流动了。再就是三五八考核。三五八考核就是，比如你是副高职，必须在三年、五年、八年内职称申报正高，如果你三五八全都没上去，你就得转岗，或者下来，要不就得走人。非转即走，非转即降。

胡：我觉得这有问题。

陆：这已经有好多学校执行了。

胡：这么执行有问题。你想，什么时候都是副教授比教授多，有些研究不可能在三年、五年内出成果。

陆：最多八年。

胡：八年也有问题。这等于是让副教授这一层流动量是最大的，流动频率是最高的。

陆：还有讲师这一级呢，讲师也是一样，好像都是三五八。就是你必须参加三五八。不是说咱们现在申请职称，你可以不申请，是吧？那个是你必须参加。我知道这里有问题，但是现在这是趋势，学校已经在酝酿这样做。学校暑期干部会，这个精神都带过来了。学校也已经有了比较细一点的想法，而且很多学校都这样做了。

胡：这个东西还是粗一点，糙一点。有的副教授教学上特别好，但是申请教授，他有好多门槛值达不到，但他在教学上确实有长处，但他文章可能发得不多，真正好的东西不可能一下子出来那么多。你想，一年发三四篇、五六篇论文，我觉得这样的文章质量肯定都是有问题的。你想想看，真正好的东西，没有反复的打磨，反复的锤炼，它怎么能够保证那么好的质量？对吧？你天才也是这样啊，爱因斯坦写相对论的论文才多少字？就几页纸吧？按中国刊物现在的标准，根本没资格发表。北大弄过副教授这事，弄得北大的副教授人心惶惶。

陆：对呀，不知道现在怎么样了？

胡：估计不了了之了。

陆：不知道。咱们学校还拿着什么跟国际上人家比。

胡： 人才流动是必要的，有些确实是不称职，或者跟着混饭的。但是在处理上必须要有特别细的规定。你这儿老是一刀切，什么都一刀切。

陆： 这个其实嚷了好多年了。这次可能要往细里执行了。这可能是个趋势，早晚是要做的。所以日子也不太好过。

胡： 现在新来的博士都是签合同。

陆： 是签合同，但是没有明确到现在这样的。它这个就是说，你八年没有变化，就得走人。其实它就是要你变化，你得变化。原来那东西没说你一定要变。理论上也那么说，比如说考核，不行就降，但实际上没有降的，没有走人的。至少我们这儿没有。

胡： 有那么一个百分之二十和百分之八十的说法。就是任何一个单位，就是百分之二十在干活。像我原来在的那个教研室，这几年进了几个博士，都特别好。哎，但是到这个环境以后吧，还是有突出的，有稍微弱一点的。本来都是很好的，就有稍微下来一点的。这事特别有意思，你把好的集中在一块儿，还是会有百分之二十的人表现突出。

陆： 所以它就是规律嘛。

胡： 这只是统计的结果，统计的规律，说不清理由。

陆： 应该还是可以分析出来，为什么会有这种规律。规律还是有内在的东西，一种无形的东西在那儿。

胡： 只是现在没法把它描述出来。

陆： 自然界为什么会这样，可能说不出道理。可能这就是“道”吧。你要是发现这个规律，你就按着这个“道”走，结果可能就能适应，适应自然。

四、关于可信性理论

胡： 刚才你说的那个可信性理论，如果这个理论取得更大的突破，你觉得会带来一个什么样的巨大的变化？

陆： 我好像回答不了这个问题。

胡：大家都在做，肯定不是无意义的。

陆：对。我能看到的，可信性的这个问题，肯定是一个非常重要的问题。比如由我们人弄出来的一个东西，不是大自然弄出来的东西，大自然可信不可信，我们可能没法去左右它，只能做通过人的力量能够去左右的东西。人做出来的东西，可信不可信，它可能越来越重要。特别是现在网络时代，这个问题就尤其重要。因为它的影响面太大了，一旦它不可信，那可能就不是一个国家、两个国家受影响，而可能是全世界都受影响。不是说世界是平的吗？如果说能解决可信性的问题，我不是说在理论上，而是在最后这个问题得到解决，我们就可能不会出现那种灾难，就是人为带来的灾难。我觉得是这种性质。现在不是信息化时代嘛。

胡：对于可信性，可不可以用这样的话来说，就是不可信的一定不可靠，可靠的又不一定可信。或者说，可信的东西，相对来说就是可靠的？

陆：可信性更宽泛，对任何东西，你可以认为它不可信，那它就不可信。可靠不一样，它可能更窄一点。你可以认为可靠就是不可信，如果你认为可靠就是可信的话。因为可信取决于你对它的理解。你说可信，我可以说不可信。因为咱俩的价值观判断不一样。怎么叫可信，怎么叫不可信，所以可信是更大范畴的东西。比如你认为不安全的东西不可信，对吧？我认为这东西不可用是不可信，假如说啊。所以可信是一个大概念。这个大概念它之所以大，我跟博士，跟一些同学讨论这些问题，它为什么是一个大概念，就是因为它肯定是有共性的。你说，不安全叫不可信，我说不好好工作叫不可信，实际上它在根上就有一些不可信的机理在里面。这是因为有共性，所以它在会放在一个大的概念里面。

胡：可信性的英文怎么说呀？

陆：可信性是 dependability。但是在用词上，也有差异，也有的用 trustability。

胡： dependability 还是跟可靠有关系吧？

陆： 是有关系呀。这个词也看怎么说了。ability 更多的是指一个能力。这个东西现在就是说很关注，国内国外都有。国内也有一些关于这个的重大的基础研究项目，可能提法不太一样。这个事真的是关系很大。对谁都很大。这不是什么敌我的问题，就是说一个全球性的。你只要不是放在敌我的层面上，那么全球都面临着可信不可信的问题。可能会有全球性的灾难。这个我知道，有一个相当于在学术界很知名的学者，他就说过，9·11 是灾难，世界都承认，但是如果对软件，没有认识到它有不利的这一方面，不采取措施，将来就有可能出现类似 9·11 的灾难性的东西。那就是灾难，要考虑灾难的后果，影响的范围。他提的高度很高。如果有什么一些有效的办法，从理论到实践，到工程，那就感觉到这是一个全人类要解决的问题。

胡： 你看高铁这个事故①的调查报告现在还没出来，它这个事故肯定在可信上有问题。

陆： 对，绝对是，是这样。它在可信上有问题，我们也在分析，它是一个典型。它原来可能对安全不够重视，你不安全肯定不可信。原来他特别关心的，当然这跟利润有关系，他原来特别关心速度呀、准点呀，在我们来说，这是一个可用性的问题。就是现在要发车了，是吧？是不是能走得了啊？你要走不了，肯定就晚点了嘛。晚点了就会带来各种各样的后果啦。他原来可能更关注的是这方面。可靠当然更宽了。安全就是出了事，人命关天。可靠就是空调坏了，不太舒适，但不至于有什么大问题，我这车还能走。那安全就影响大了去了。

胡： 按照国外有一种说法，国内现在也接受了。就是一个事故一定有若干个环节都出问题了。

陆： 实际上就是这样，首先就是总的管理问题，技术问题。

胡： 若干环节都出问题，不是单独一两个环节出的问题。

---

① 是指 2011 年 7 月 23 日，在浙江温州境内，发生动车追尾事故，造成重大人员伤亡。

陆：在此之前，我们确实就跟高铁北车，可能是北方车辆吧，我们跟他们有合作，他们有需求。但是这些东西都才开始，现在出了事，就更知道这个的重要性了。他们的基础也不是很好。其实你要是越了解内幕，就会越觉得可怕。他们有人参加，我没有直接参加。有老师和学生参加，参加了以后，他们说，太可怕了。

胡：国外这种事故也有，德国就有过。

陆：日本也有。但是我觉得特别关键的一点，就是说人家已经出过的事，我们从道理上就不应该再出。我们是不是真正地特别主动地、积极地去了解人家的经验教训，然后把它变为我们的制度，不能让它再发生。

胡：就是开发高铁这个项目的整个过程，你把这个安全因素放在一个什么样的位置上。或者你在整个工程开发过程中，我把这个安全因素是把一个什么样的比重，放在我这个项目上。

陆：对，这很有关系。

胡：当然他不能说完全没有安全，因为各个系统本身都要提出安全要求，但是他在整体的考虑中，他是不是把安全放在真正适当的位置，这可能是他一个很大的问题。

陆：是这样。确实是各个环节。一个是提了要求，没提要求就更不用说了。提了要求你做了没有，做了你检查了没有，你检查得充分了没有。最后你就要回答这是不是安全，安全达到什么程度。然后你说，你怎么支持了你说的你达到了这个安全的程度。这就是刚才我说的，这是一个非形式逻辑的证明问题。这样分析下来，他在这些方面做得是不够的。有些东西可能还没突破，有些东西可能已经有了，但是他们还没认识。或者你管理还没到位。有些也可能是技术问题。有些技术还在分析，还没有掌握。肯定是多方面的。

五、我们专业应该用什么人

胡：你们现在进博士主要是什么方向的？

陆：你是说他们的专业方向，原来的背景，是吗？从我来说，我希望是计算机方面的，还有数学方面的。主要是这两个方面的。这主要是对我们软件这一块的。

胡：要按我胡说八道啊，我觉得数学的可能应该要得多一些。从计算机方面来讲，不太难。如果只是计算机特别熟，而数学底子不太行的话，可能……

陆：看偏重哪个方面吧。如果偏理论那方面的，那就可能用数学的。搞数学的，他的逻辑块非常严密，这里有几个数学的，确实是这样。从博士来说，要做基础的，确实应该这样。计算机的呢，可能对项目这一块比较熟。所以工程背景作用要大一些。如果你研究软件，他对软件的感觉是不一样的。两者兼备当然是最好了。

胡：我们那儿是这样。我还没退的时候，我进人吧，各个专业的人都来找，现在就业不是挺难的吗？我说我就找马克思主义哲学的，而且是在博士阶段做马克思主义研究经历的。有的说是搞马克思主义哲学，有的女博士生，写什么女性研究，这都是跟马克思主义不沾边的东西，她的文章能发，可是这样的博士我就不要。因为说明你基础不行。还有讲思想道德修养和法律基础这些课，也是进的马克思主义哲学方面的博士。因为这门课人手调剂不开，所以让这些博士去上这门课。他们讲的效果明显比非马克思主义专业的人要好得多。这门课虽然不是马克思主义的理论课，与哲学有点距离，但是有马克思主义哲学背景的人来讲，效果完全不一样。我曾经给一个培训班上过课，学员是外地高校的一些讲思想道德修养与法律基础这门课的老师，明显感觉他们的基础理论都不到位。我们那儿有两个新来的博士，一个我不太了解，另一个是中山大学哲学系本科毕业的，后来在清华读的博士，而且她是研究马克思主义哲学的。她们两位老师讲思想道德修养和法律基础这门课，课堂效果特别好。

陆：这是跟哲学有关系，还是跟马克思主义哲学有关系？

胡：跟马克思主义哲学有关系。因为它这门课是思想政治理论课，所以马克思主义的理论基础很重要。哲学也有别的方向，像中国哲学，西方哲学，还有搞政治哲学的，也想来咱们这儿讲马克思主义理论课。历史证明，他们这种专业的人来了以后，一般讲不好马列课。

陆：那你说他们的理论背景差别在哪儿？比如说，对于研究孔子、老子、庄子这些，让这样的人讲道德品质，是不是更好一些？

胡：这是中国哲学史研究的，如果让研究这些方面的人讲思想道德修养课，他们的思路太窄。让他们和现代社会的实际结合，他们做不到，有距离。

陆：我总觉得思想品德跟中国传统文化不是结合得很紧密吗？

胡：思想品德不能光是传统文化，因为道德问题还是跟现实有直接的关系。所以你必须要解决现实问题。而你那个传统理论解决不了现实问题。

陆：你说传统理论解决不了现实问题？

胡：解决不了。它有局限性。它只能在某一方面提出它的想法，或者提出它的观点，这些观点和想法可能是很好的，但是它不能从根本上解决这些问题。

陆：我觉得我当年上学的时候没有这种思想品德课。

胡：当时是没有。

陆：是后来加的。我是挺想知道，当然这应该是问学生了。就是像思想品德这种课，对他们带来什么样的影响？我当然觉得这门课本身应该是很好的课，但就是不知道现在这些孩子，接受这些东西，真的能成为对他们行为的影响吗？这课是不应该当学问学吧？至少我们教他们，不是让他们当学问学的吧？

胡：对。不是单纯地当做学问来学，但是有学问的一部分，很少的一个比例。大部分是让他们对这些问题有自己的思考，至少我是这么觉得的。比如我讲马克思主义哲学，我主要不是讲马克思主义哲学的知识部分，比如马克思说过什么，恩格斯说过什么，这当然也很重要。我主要是结合现实。比如说，现在这个世界是这样一个世界，咱们的国家是这样一种情况，你怎么看？怎么来解决？对吧？那么不同的人提出不同的看法，不同的想法，不同的解决办法，那么从马克思主义的观点来看，当然不可能是马克思本人来解决这样的问题，而是从马克思主义的原则立场上来看，你怎么办？怎么分析？当然从我个人，我不能说我就代表马克思，但是从我学习马克思主义的理论和立场来看，我用马克思主义的理论、立场、方法来分析，我认为应该是这样的。而且我认为这样的分析是能够做到实事求是的。那么对于思想品德也是这样。为什么我认为那两个老师讲得好，她们就是这样。她们一方面特别结合实际，另一方面又能从中挖出理论来。为什么我要这么来看问题？为什么我要这么解决这个问题？或者为什么我用这种理论能够发现产生这些问题的根源？这么一讲，学生心里就比较信服。让他信服是最重要的。我现在作为北京市委教育工委信息员，经常去听这些课。有的老师，讲毛泽东思想概论，讲得时间很长，有二十多年了，也拿过很多奖，讲课比赛的奖啊，但是基础不行。这老师是学历史的底子，这个东西不是历史课，它是理论课，虽然这位老师也拿到研究生的学位了，但是没经过脱产全日制的研究生的那种训练，是在职读的，明显不行。

陆：讲文科方面的东西，可能功底更重要。像我们，涉及这个技术，我们讲清楚这个技术就完了，不会说再倒回捯理论上去。所以有时候也挺羡慕文科的。我们理工科的思维很那个，跟文科就是完全不同的思维。

胡：就是要互相交流。我觉得，比如现在老说，理工科学生要学人文的东西，其实我觉得学人文的学生应该更多地学习科学的东西，工程方面的东西。他们在这方面的欠缺太多了。如果严格地说，理工科院校缺人文的东西，远远比不上文科缺自然科学的东西。按我的观点，单纯的文科学生，就不叫大学生。他缺这么重要的一部分，就是我们的课程设置上，有很大的缺陷。缺自然科学这么重要的一部分，他怎么能叫完整的大学生？因为人文的东西，不是单纯上课得到的，它是整个环境的熏陶。或者他在底下的大量阅读。这些东西都可以给他带来人文的影响，不是非上课不可。

陆：可是理科就不一样了，不上课就没办法。

胡：理科自学不是不可能，但是很难。

陆：这确实是。

胡：你现在主要在做什么？在一些具体的研究上面？

陆：说实话，也挺惭愧的。现在做的一些课题偏应用层面，偏为应用服务的。基础理论上的东西，自己投入的真的很有限。主要还是指导学生。因为指导学生嘛，所以真正在做的是学生。然后就是给他们把握一点方向。真正自己的研究也就这样了。现在也在教课。

胡：主要教什么课？

陆：主要是教一些硕士生的课。本科生也上一些，然后给博士生也上课。

胡：我个人觉得，在这个阶段是提问题。你给他提出问题。你自己可能在思考上会有一点精力方面的问题，但是对学生提问还是可以的。没准就开发出一个新领域。

陆：对。现在真的仅限于这块了，觉得这块真值得去做，值得投入。老师和自己的学生，一起来做。真要让自己重新再钻进去做一个新东西，虽然我也有这个心，总是有点力不从心。如果原来一直在做一个东西，而且这个东西到现在还有的做，那也许还能继续做下去。这样也挺好的，有连续性，可以一直做下去。但是更多的时候，你需要去开拓一些新的领域。总是要创新的嘛。

胡：我感觉，也不一定对呀，就是做工程的，在方法上可能有很多种创新的可能性。

陆：对。就看创新的大小呗。

胡：那也不一定要搞大，不一定要搞基础理论。

陆：但是如果说是博士，我从博士阶段开题这种需求来说，那就要有比较长远的考虑。从我自己来说，好像越来越做不了啥了。再加上管理上也要做很多事情，乱七八糟的，刚才老有人找。不完全是课题组的人来找。我们院的传统嘛，从杨为民那时候传下来的。有什么事大家一起干。真正特别有效的工作时间还是有限。

胡：我觉得，就是没这些事，有效工作时间也有限。至少现在来说，精力集中也就一个多小时，一天也就一个多小时。你歇一会儿，最多再干个三四十分钟。要再多，就不行了。

陆：所以也就这样了。把能干的工作做好了就行了，谁也不求太什么。至少本职嘛，把本职做好了就行了。

胡：后来你读博士了吗？

陆：我就在学校读的。就在我们系读的。这种读也不是我想象的那种读。而且跟年龄什么也有关系。要说读博士应该是一个很好的提高阶段，真的能在这个阶段里头能够做出点什么事的话，那还是很不错的。但是现在看来我好像不太可能了。

胡：不能这么早就下结论，也许有一个什么灵感，或者有个什么机遇，那就不一样了。

陆：不过基础也在那儿嘛，从那样一个基础过来的。这是一个过程。所以我说把本职工作做好了就行了。我们把课上好就不错了，我总跟学生说，你们年轻的赶快上去。将来肯定是年轻人的。像我们都属于过渡的，尤其是我们这个年龄的，绝对是过渡的。我们也没接受过特别严格的那种训练。在国外那段时间也顶多算访问学者，肯定也有好处，但是不像在那儿读博士，不一样的。我读博士也不是正儿八经，就是那种在岗的读，所以不一样。所以我说，我就是个过渡人物。等年轻人上来，我差不多就快退休了。

胡：你还不到五十呢吧？

陆：那也快了。这也很快呀，不定哪天一个政策下来，说你这个教授你也甭当了。这也备不住。为什么？现在青黄不接嘛，这个年龄段青黄不接，不是很多。等下面的上来，再加上引进人才，人家都很优秀，我们就是退出历史舞台。就是这么回事，绝对是这么回事。你说我们自己去申请自然科学基金？我们现在也没有这个精力去做，除非是借别人的力量。你自己要写很好的paper（论文），说实话，都已经过了这个时候了。一天你就看学生的paper，你就在那儿忙乎呢。经常还就拖着人家的，你还自己去？就是你真的是有时间，是不是你还是有货呢，那还是另一回事呢。我相信我现在就是这样。就是有一些年轻人，我看也没有特别大的可以看到的成果。

我算有点顺，也算有点不顺

——刘彩侠（化名）老师访谈录

采访时间：2009年4月3日

采访地点：图书馆西配楼三层315室

被采访者：刘彩侠（化名，以下简称刘）

采 访 者：胡懋仁（以下简称胡）

［**访谈者按**］刘老师曾经跟我用同一间教室上课，她在上一节上课，我在下一节上课，所以会有一些多媒体教具的交接，后来也经常在锻炼时在操场上见过她。她是我采访对象中最年轻的一个吧。从某种角度说，刘老师跟我算是老乡，都是安徽人，只是她在皖南，我在江北。不知是不是这个原因，刘老师接受我的采访还是比较痛快的。当我跟她提到，对她的采访有可能发表，她就表示不太想用自己的名字，她给自己起了现在这个化名，而且她是不假思索地就写下了这个名字。

在采访刘老师的时候，她还是很平静的，只是后来再见到她，请她看记录稿的时候，她似乎没有那么平静。她对我说，她对自己不是太满意，主要是在科研上没做多少事，这原因也是由于有几年被荒废了。不过，她在教学上还是很下功夫的，她的课在学生中很受欢迎。所以，我并不同意唯有科研才能看出一个教师的水平来。要取得教学上的成就有时候比取得科研上的成就要困难不少。在科研上，只要你找出一个问题，沿着一定的方向做，多少总能有一些发现的。而在教学上，特别是那些已经有较长历史，相当成熟的课程，要想在教学上有所突破，受到学生的欢迎，确实是比较困难的。刘老师之所以对自己不是太满意，恐怕也是跟我们现在对教师的考评体系上存在的问题有些关系吧。

一、我19岁就当了教师

胡：您说一下您的情况吧。

刘：我不是一直在做同一件事，原来我在家乡所在省里上的大专。大专毕业后，当的中学老师。是这样的，我的经历还比较曲折。19岁我就当老师了。我很小就去读大专，然后19岁就去当老师了。

胡：那个时候是读的物理吗？

刘：我读的是数学，我是数学系的。我17岁上的大专，就上两年，19岁就去当老师。大专上两年，根本就没有研究方向嘛，那个学的比较浅嘛。后来当老师以后，后来又专升本，专升本之后，又上研究生。实际上，那三年研究生，我还是学了不少东西。那是1986年，1986年那时候，研究生还不是很容易考的。

胡：那你读的还是挺早的。你在哪儿读的研究生？

刘：是挺早的，我是在一所省属大学，那个大学的数学系还挺强，它那儿的数学系不见得比北航的数学系弱，它是综合性大学嘛。而且数学系，像我的导师还是挺厉害的。那个时候出国，如果跟着出去了，可能就不一样了。我是耽搁在哪儿呢？我不是1986年考研吗？然后1989年不是学潮吗？我倒没有参加闹学潮，可是受影响比较大。分配的时候，分不到好学校嘛。分到了学术氛围不是很好的那样的学校。

胡：那你分到哪儿了？

刘：分到了一所省属工科学院。这所学院现在发展还可以，但是它没有多少学术氛围。就是去了就教书呗，而且正好面临着成家立业嘛，所以在中国这个社会，我觉得女同志要发展还不是那么容易，因为你会受到很多的限制。如果你自己发展很好，就有可能放弃家庭。肯定会受到影响，孩子也会受到影响。然后在那个氛围里面，就是待了十年。不过十年，把孩子带大了。那个时候高校里面，像那种学校，不就是基础部嘛，北航数学学院和物理学院原来不也是基础部嘛。如果我厚着脸皮留在读研究生时的大学，那后面可能也不一样。我读研究生时的大学一方面是那年毕业分配特别难找工作，但是如果你厚着脸皮，不自己去找，硬留在大学也行。我们有几个同学就这样留下来了。一方面它可能对男生要好一点。对男生就是说，你即使不留在数学系，要到别的系，它有可能愿意要男生。但是女生就比较难。然后我就分到一个比较偏的学校里面嘛。

胡：你工作的工科学院在什么地方？

刘：在省会城市的南郊。就是省城的郊区。那个时候研究生很少啊，那个时候研究生很骄傲的。但是你到社会上一下子就受打击比较大。那时候研究生比现在的博士还少呢。当初我到北航来，他们也是看中我研究生的经历，反正那个时候的研究生，觉得就是个人素质各方面都还是挺好的。但是你最精华的那些年都耗费掉了。大概就是 25 岁到 35 岁之间，最重要的岁月基本上都耗掉了。我爱人跟我是同一届嘛，出来以后，他分配也差嘛，分到了省城的一所联合大学，比我那个学校还差。他在那边也待了七年吧，后来他就考博士过来了。他考博士考到北航。反正很盲目吧，你不是有导师在那里给你指导，自己也不是非常明白。实际上，人生也是这种摸索的过程。后来他认为在那里待着不是很有出路吧，然后就考博士嘛。周围也是有部分人有这种想法，肯定是受周围影响了。他考过来以后，我调过来也非常顺利，不像现在，现在博士后都不要想了。

我研究的方向还挺先进的，泛函微分方程。实际上没有接着做，我一直都很遗憾。但是到了北航以后嘛，我 1999 年调过来，2002 年上的博士。不过我觉得我现在倒有时间好好干点事。不要跟人家比了。

胡：您小孩多大了？

刘：孩子已经上大学了。当时我调过来的时候，他们都认为我已经解放了。我当时没有想到，我调到北航来那么顺利。他们都觉得，一个女同志，那个时候我女儿已经 8 岁了，可能不会太多地受孩子拖累，然后可能就会比较专心地工作嘛。工作肯定不会受影响，但是，受影响的是科研方面，你起步比人家晚嘛，就是耽搁得比较多。

胡：你现在都上什么课？

刘：我还是做微分方程的应用。没有像以前那样太过偏重理论。反正当时我上研究生的时候，也觉得挺难的。现在基本上做的是应用方面的。我觉得，我耽搁的时间太多了，反正像我这样的例子在科研方面应该是比较失败的例子吧。

胡：不能这么说吧。

刘：但是你总结一个人的人生还是看你看中什么呗。对吧，你要看中这个，你可能会要放弃一些别的。这很难说，因为也有很多自己做得非常好的。当然，我们系就有这样的老师，她自己做得很好，家里面也打理得很好。可能她走的路要比较顺一些。像我耽搁的是，一是在本科没有好的专业嘛，本科你没有受到那种最系统的教育，基本上我的本科还不如一个工科的学生。

胡：你专升本在哪儿上的？

刘：专升本就是在一个教师进修学校。它的师资配备和它的课程设置都不适合于一个做科研工作的人。我爱人跟我那个时候是同学，是专升本时候的同学。基础不是很牢，但是我觉得我们做到现在已经很不错了。你不可能跟那些一开始就很顺利的那样的人比，不能跟他们比嘛。但是如果你在后期，你花大量的精力去投入，也可以做得很好。您是对各个方面都想做一些了解？

胡：对，我对很多方面都很感兴趣。

刘：我觉得我的社会道路还是比较曲折的，而且我自己还比较满意。因为毕竟你不可能跟人家专门地在某一方面去比较，是吧？人生你需要的也多。

胡：你们现在物理系和数学系已经分开了，那工作的地方分了吗？

刘：工作的地方没有分，原来在哪儿，现在主要还在哪儿。

胡：因为我看那个数学学院现在叫9系，物理学院叫19系。

刘： 哦？物理学院叫19系啦？我当时还觉得奇怪，物理系到底怎么算呢？原来没有19系？

胡： 那你在这边算是转成物理专业了？

刘： 实际上也不是。现在导师指导学生都很宽的，就是你可以做原来你自己做的东西。

胡： 比如说，你报的专业算物理的吗？

刘： 对，算一般力学。但是，实际上还是数学。力学和数学过去是不分家的。力学基本上都是数学的应用，理论部分都是数学。

胡： 北大的数学力学系，这两个是一个系吧？

刘： 对。

二、我主要都是在上课

胡： 你现在上什么课？

刘： 我们教课与科研是没有关系的。我现在教的是概率统计。我到北航来，教的从数学分析到解析几何、线性代数之类的。

胡： 解析几何大学还上吗？

刘： 上。它是大学本科的三门基础课之一。

胡： 解析几何不是在上数学分析之前就应该学完吗？

刘： 没有。数学分析，还有高等代数，然后是解析几何。他们又改个名字，叫高等几何。反正他们想怎么改就怎么改呗。过去都是这三大基础课呗。

胡： 你觉得在教学当中，你有什么体会的东西？有什么想法？或者和别的老师讲的方法比较起来，自己有什么特点呀？

刘： 我觉得我教课，还是在对教材的把握还是比较不错的。你认识的深度肯定跟你当学生的时候是不一样的。尽量讲一些比较容易让学生接受的例子吧。把内容给它充实一下，相当于各个知识点的串联过程。我对教学方面，包括我在原来的学校，不是干了十年嘛，我觉得都有这样的问题，就是它的教学氛围不是那么浓。可能你的经历跟我的不一样，可能你当初当老师的时候，可能就会有一部分老教师帮助你。像我们就没有，全部都靠自己摸索。基本上，一个新的老师到学校里面，其实我还比较感谢我最初教过的三年中学，我不是 19 岁就当老师吗？那个中学里面还是比较讲究教学的。那个时候像组织听课呀，或者别人听你的课呀，就是这样相互地学习吧。你听别人的课还是有很多启发。有一些知识的难点，你怎么处理。还有老师和学生的互动方式。但是好像大学里面，基本上，单说基础课应该比较重视，但是现在不知道什么原因吧，可能它考核的方式也不一样，考核基本上就考核一些科研方面的，对教学方面好像不怎么考核。所以当老师上课，完全是看你自己嘛，看你自己的要求呗。具体说有哪些经验，我觉得一时我还总结不出来有多少经验。但是我觉得我教课，学生还是比较欢迎，还可以。

胡：你这个概率统计是给几年级上的？

刘：大二，一般是大二。

胡：概率统计是所有的工科专业都学吗？

刘：基本上都要学。还没有不上的。

胡：概率统计是不是要比大一的数学分析要好学一些？

刘：是。他容易接受一点。不像大一，不像学数学分析那么特别抽象。所以相对来讲，学生接受起来也容易一点。但是像我们一般搞基础数学的人，还不太愿意教这个课。我一开始比较排斥概率统计，不愿意学，我还是喜欢那种纯理论的东西。

胡：这种课是不是看上去学术水平不是太高？

刘：嗯。之所以当初学数学，也是因为我比较喜欢抽象的东西吧。

胡：那女孩子搞抽象的东西，要学数学不容易呀。

刘：所以没有成功呀（笑）。

胡：不能说没成功，还是不太容易。对吧？

三、我就是喜欢数学

刘：对，当然不容易，学到后来就很难了。一开始就是特别感兴趣，反正原来我学数学就是热爱。不像现在孩子，像我女儿，她就好像并不感兴趣。但是呢，她也能学好，就那样的。

胡：你年轻的时候就喜欢这个，是吧？

刘：就是喜欢。包括当时人家认为你做一个中学老师，为什么不老老实实当一个老师，你还要跑去读书？一般女孩子在那个时候回到家乡，人家给你介绍对象啊，很快成家呀，就都是这样。为什么你还要读书？人家以为你好像不满足现状。但是我那个时候就特想读书，就想继续学数学。就那样。现在小孩他就比较觉得要改变自己的生存环境，他就想的比较多。现在的孩子像我女儿，她就立志要出国留学。她就想得比较远。我们那时候，就不会考虑这些东西。就是考虑我想学，还想读书，所以后来考试就考出来。

胡：她所以想得远，是因为现在的环境，她周围的环境，都是这个环境。

刘：她们就比较功利嘛。这你没办法，她们想法就很功利。我们那时候想法就特别简单。就是觉得，我喜欢数学，我还想学。就这么简单。现在社会，所以她们活得也很累。

胡：你除了教概率统计，还教别的课吗？

刘：没有。这几年就是教概率统计。

胡：你做研究还是在做微分方程？

刘：做微分方程的应用，脉冲方面的应用。

胡：你这个应用是怎么一个研究法？

刘：基本上是生态数学方面的吧，属于生态数学范畴吧。

胡：生态数学是什么概念，你简单介绍一下吧。

刘：比如说环保，比如说害虫治理。再比如说物种的竞争，这些。

胡：你手边有课题吗？

刘：我没有课题，我还是挂在我导师那儿，他们做得比较好。

胡：他在做这方面的课题吧？

刘：对。

胡：你们是在做模型吗？

刘：基本上是模型，是纸上谈兵。

胡：那你们的数据是怎么来的？

刘：我们不是通过数据来算。我们自己不创造模型，不是自己去构造模型。我做的东西也不是我导师他们的主流部分，我做的还是我自己的。因为他是力学味儿比较浓嘛，他做的什么碰撞啊什么之类的东西，但是我也没有那方面的基础。

胡：比如你们这个模型提供出来以后，那么使用单位会认为这个模型的应用价值在哪里？有什么这方面的了解？

刘：实际上，我觉得数学家也挺悲哀的。实际上也没有多少。包括上次我们指导一个学生，他做的模型是癌细胞和健康细胞的竞争，相当于两个物种吧，但是，作为数学模型，对于癌症患者不是要治疗吗？你要模拟这两类细胞的竞争，健康细胞和癌细胞的竞争，你不是要治疗癌症吗？治疗这个癌症你就要杀死癌细胞，对吧？我现在做的这个脉冲微分方程，实际上相当于隔一段时间，你通过化疗去杀死癌细胞。那你在杀死癌细胞的过程中，肯定要把健康细胞杀死一部分，我们这个模型就是在模拟这两类细胞，就像两个物种在竞争。那你在杀死它的时候，实际上同时这个健康细胞也被损坏了一部分。然后做这个模型，怎么根治这个疾病，或者让它维持在一定的不会妨碍它的生命健康的范围内。对癌细胞，你也不可能根治它。特别可笑的是，这只是我们做数学的人一厢情愿地在这样做。医院里的医生才不会采取你这种方法，是不是？你只是模拟它那个。我们只是在数学上给它一个解释。

胡：这个答辩的是什么专业的老师？

刘：也是数学系的，做着玩呗。我个人认为，它实际上就是做一种数学游戏吧，它还是纯粹数学的东西。至于能解决多少实际的问题，那就很难说了。你做出来一个东西，给它一个比较合理的解释，这就已经很不错了。至于对实际问题有什么指导意义，那就说不清了。

胡：从国内整个数学领域的研究来讲，他们的研究和应用是一个什么样的状态，什么样的关系？是跟你们基本差不多呢？还是有一些别的途径？

刘：就我所知，是差不多，但我不知道别人。所以您还要多去了解。就从我的角度上来说，做科研进步不大，就是我觉得没有多大的意思。不像当初年轻的时候，觉得特别有意思，觉得它很有价值吧。现在很多时候，说白了，只是为了做它，因为你有这个任务要做，而并不是说它有多大的意义。就感到很悲哀，所以也没有太多的动力用在那儿。就像教学，你教学花了很多的工夫去把教学水平提高，也许对有些孩子还是有一些帮助。尽管现在小孩上课并不是多么专心，但是你真正讲得特别棒，他还是爱听。所以你还是有一定的价值。但是科研，你的价值可能就体现在你有没有本事去圈点钱来，我觉得也是挺悲哀的。当然也有很多人，他的一生当中，他觉得他做这些事很有意义，也有些人是这样认为的。所以我挺羡慕你的，你还觉得你做的很有意义。

胡：我觉得很有意义，但人家不一定这样认为。

刘：这个自我感觉很重要的。

胡：你觉得数学本身是不是就有这个特点，它本身很难和应用那么直接地挂钩？

刘：对，我是这样想的。

胡：你们看《数学通报》这样的刊物，是不是也是这样的特点？

刘：它那个基本上也是纯理论的。实际上我喜欢搞纯理论。

胡：那你为什么不去搞纯理论呢？它也不需要实验。

刘：我搞不动啊。而且人家也不接受啊。现在他就是要让你讲出一个道道来，除非你是北大的、复旦的，很厉害的，做得很高的那样。反正和我当时上研究生的时候不一样。我不是十年没怎么做吗？等我再回过头来再看，我觉得大部分还是要说出它的意义。否则就像一个纯粹的数学题一样，是那样的。比如，就像我刚才讲的那个细胞的问题，实际上它就是一个纯粹的数学题。但是你把它赋予一个含义，就是说是癌细胞和健康细胞的竞争，然后就仿佛它有了意义，但是实际上你根本没有解决问题，人家医院里的大夫，他也不会遵照你这个模型去治疗。比如我算出一个数据，它的治疗剂量，你每次不是要给你化疗吗？那么这个剂量要达到什么程度，我从数学上也可以给出一个数据来。但是人家大夫他不是按照你这个来的，而且本身你用数学模型去模拟它这两个不同物种的竞争，它也不是很准确的，它也不是那么精确的。

胡：有没有一种边缘的领域，就是介乎于纯理论和你这个直接应用之间的领域？

刘：也有。人家建模就是这样，我们现在不可能建模，我们没有这个能力。你建的模型人家不承认你，你要让人家承认，就要有很大的团队，还要有做实验的。必须要有实际的数据，我实际上是单枪匹马，跟谁都不靠。

胡：有没有可能请学生帮你做一些事情？让研究生来做这些东西？像收集数据这种。

刘：那可以呀，如果我愿意这样。但是实际上，你对我不是很了解。我的性格不愿意做那些不是很有把握的事，而且又耽误人家的时间。

胡：做研究不就是这样吗？谁也不能说有把握呀？

刘：但是我们没有达到那个高度呀。比如说我中间没有浪费那么多时间，比如说我还很年轻，那也许我还会走这条路。但是现在我只能这样做。而且绝大部分我想可能是智商太低。就是说有可能有那种大的项目，有各个方面的人才组建起来，他可能有一些实证的理论，既有实证，又有理论，这样就比较合适。

胡：现在数学系在郑志明[1]来了以后，应该有一个很大的提升。现在系里是不是有目的、有意识地抓一些大的、比较系统的项目？这样是不是就可以把系里的学术活动带动起来，或者把每个老师的专长都能调动起来？

① 郑志明，数学教授，原在北京大学工作，后调到北航，时任北京航空航天大学副校长。

刘：我还是比较悲观吧。真正做事的人就很难说了。也许人家有那个能力，但他不见得就会做。

胡：可能这还需要一段时间吧，毕竟学院刚建立，是吧？

刘：就像人们总说的，中国还需要一段时间吧。过去邓小平说，社会主义初级阶段，任何事情都可以原谅。不好说，你可以再向别的老师了解一下。

胡：我不是研究数学的问题，我只是想向你了解你对这些问题的看法。

刘：中国现在有很多东西都是包装啊。你在外面可能不知道，但是深入到里面就知道，有很多东西，包括课题，你也是要包装。

胡：现在国内数学方面的期刊，除了《数学通报》以外，还有什么？

刘：我还真不太了解，因为我发表论文吧，也没有全面地了解。这个在网上也可以查得到吧。

胡：学院里订的刊物有没有看到？

刘：我都没有去，我基本上都不去资料室。因为网上都可以查到，进图书馆都可以查。比如你关心的方向，都可以查，资料室我倒不怎么去。这也是一个人的习惯吧。我自己到北航来，觉得压力挺大的，也没干多少事。对了，问您一下，您是准备把这些素材收集起来，然后再怎么做？

胡：先整理，然后再看看吧。我这个事涉及的专业特别多。

刘：你这个不是很容易做。

胡：是不太容易。我想有几种方式出来这个结果，一个是最简单的，整理完了之后，出一个小册子，它有点像一种口述的历史。

刘：高校老师的生存状态？

胡：不是高校，就是北航的。

刘：北航老师的生存状态，呵呵……（笑）

胡：也不是生存状态，就是北航老师的一个口述，包括他跟北航的关系，北航的教学科研环境，他自身做的这些东西。

刘：比较阴暗的东西还是不要说吧。

胡：没有什么阴暗的，我觉得我们学哲学的都知道，辩证法嘛，两方面东西都是要有的，你才是真实的。你不能只有一面，这个不算阴暗。

刘：我就觉得我就比较遗憾。在我年轻的时候，没有一个好的环境，而且自己也不是那么觉醒嘛。因为你在那个环境把你限制了，你也不可能想得那么理想，对不对？除非有一个年纪大的人给你指点指点，然后你冲出去。一般的情况下，人生可能就是这样吧。

四、我在教学上还是很努力的

胡：其实我觉得，您是做教学这个方面，或者做一些基础性的题目，或者不是很热门的东西，这并不是一定要出什么特别杰出的成果，不是所有的人都会赶上这个机会的。大多数人都是这种情况。真正能够脱颖而出的还是少数。但是脱颖而出的和大多数人之间就是有这样一种联系，没有大多数人的积累，没有大多数人的平平常常、普普通通的这些日常的积累，就不可能有少数人、个别人的脱颖而出。它就是这么一个关系。这东西我觉得不是说，我只关注那些非常有成就的、非常有突出成绩的人，那才是真正在搞科研的。我觉得，其实也并不是那样。春节之后，我采访了一个退休的老师，是四系的。他也是做了很长时间，等到退休了，教授职称还没解决。当时他也有想法，因为整个专业，整个教研室都是他创立的，在他一手带动下创立起来的。他申请教授吧，领导说，上一年的还有两个没解决，你就先让一让吧。后来又说，你这个论文数量不够啊，反正给你找很多毛病。再一拖，退休年龄到了。那职称就不考虑你了。虽然这样的人在职称上，名号上没有什么很炫目的东西，但是不等于他没做很多工作。他们那种工程上的，就是大量的做实验，要做很多实验，掌握很多数据，实验结果的比较呀，很多这样的事。我觉得，你不能说他做得没有意义，也不能说他没有成果。这不能一概而论，不能只看那些院士，多么辉煌。想再问你一下，你对北航总的印象是什么？没有关系，好坏都可以说。

刘：还行吧。不光是北航吧，我觉得到北京来，跟老家是不同的氛围，完全不同的氛围。包括人际交往方面，总体素质肯定还是不一样。学生的素质，首先我一开始来，就让我当班主任，首先学生素质一下子提一个档次。学生给我提了很多意见，因为我当班主任，他们也跟我熟嘛。

胡：他们主要提什么意见？

刘：说我讲课比较情绪化。我的性格可能不是很理性的，学生给我提这个意见，当时我心里面特难受，可是我特别感谢这个学生。然后说你讲得自己特感性。我不是跟你讲，学数学我就是一个喜欢嘛，我遇到自己特别喜欢的东西呢，可能会讲得很快，学生反而没有听明白。作为老师，肯定每一步你要给他推理得非常仔细。这些我在原来的单位里面都没有。因为在原来单位里面，我也教了十年了，我在教学上面好像没有多大的进步。因为你自己没有这个意识，学生对老师都特别，怎么说呢？就是对你比较认可吧。就是在原来的单位，学生对老师都特别认可。比如我到原来我们单位去，我是第一个女硕士，本身你在那个地方显示出来你各方面就比较优秀嘛。因为那个学校比较一般一些嘛。到北航来，他学生就挑你毛病。因为那些学生，他本身接触的范围，和我原来那些学生接触的范围，完全不一样。那些学生很优秀，比如说他中学老师就很厉害，他到了大学就对大学老师很挑剔嘛。而且遇到挑剔的人你就会进步啊。原来的学校里，它也不讲究教学，学生对你也没有要求，所以自己也不知道对自己有多高的要求。再说大部分时间都放在家庭上面了。那时候孩子小嘛。后来我爱人出来了上博士，我一个人带孩子嘛，这样就可能各方面都没有多大的进步。但是到了这边来，学生就给你提要求了。那你可能就注重教学了。

胡：你做班主任是带本系的学生吧，是数学系的学生吧？

刘：我刚一来就叫我带，我就觉得奇怪。

胡：你给数学系本系的学生上课吗？

刘：我就是给本系的学生上课。我上数学分析上了两届，学生对我印象挺好的，学生还觉得我讲课讲得挺好的。他们提意见归提意见，对吧？但是最终他们对我的评价很高。慢慢就有自信了，我自己就很注意了。我自己上课就很注意教学方法，就是怎样让学生听懂。但是还是不如一开始到大学的人。比如说你一开始就到大学里面，就是很年轻的时候，就遇到这种事，我觉得人在一生中你遇到的事越早就越好，那你肯定就会进步得早。

胡：现在你觉得你们系制定的对老师考核的这个要求，当然这个要求跟学校的要求相一致，你觉得有些什么方面还是不是很合理的？

刘：这个我倒没有觉得有什么不好。我觉得还行吧。但是在教学方面它还是没有办法衡量，可能也不好弄。至于你在教学上投入多大的精力，那它就没有办法衡量。

胡：那其实如果他要想下功夫搞，不是不能搞。我们觉得都不太好搞，但是实际上如果下功夫思考这个问题，还是可以的。

刘：你光叫学生打分，这个很难说。

胡：当然不能光靠学生打分。它应该有各方面的因素。教学方面如果要考核的话，可能投入的成本要比较高。包括各方面的人去听课呀，听学生反映呀，或者同行听课对他的评价呀。这种综合的而不是靠单一的数据或一个方面的评价，就给老师定他的结论。但是这样做投入就特别大。那么多人去听课，要做工作去分析，座谈，然后再相互比较，这些事就比较麻烦。

刘：在教学上，在年轻人来的时候，新老师来的时候，应该有一个培训过程。这在过去肯定有，就是现在不知道怎么回事。比如原来我在那个很小的中学，现在我还特别怀念那个中学，在一个小山下，我们皖南，就是比较山清水秀的那地方。它的教学主任，经常组织听老师的课，还到外面，还到别的学校，学校与学校之间，他比较重视这个方面嘛。对一个青年老师的成长还是很有帮助的。也许那个时候，我听的好听的话太多了吧，我在中学里待了三年，因为你又年轻嘛，然后你又特别努力嘛，就特受欢迎。我一直以为我教学很好，没想到到北航来就受打击。

胡：要求不一样。

刘：那时候当中学老师的时候，本身那时候大专生也少。到一个中学里面，你学历也算高的，然后你又很努力，又那么年轻，特别重点培养。而且好听的话听得特别多，所以人家说捧杀，可能就是这个。我就觉得自己特别优秀，就没有什么缺点似的那种感觉。后来上了研究生以后，1989 年分到大学里面，我觉得在那十年里面我就没有受到什么打击，周围讲的都是好听的话，都是觉得你很不错。你就觉得你教得很好，这就跟周围的人有关系。他所接触的，比如说，我教的那些学生，他是从农村来的。并不是讲农村来的就差嘛，他接触的老师就可能不是很优秀嘛。他遇到我这个老师，他还觉得我讲得很好。但是到北航就不一样了。